Monika Becker-Fischer, Gottfried Fischer

Sexuelle Übergriffe
in Psychotherapie und Psychiatrie

Psychotraumatologie
Psychotherapie
Psychoanalyse

Herausgegeben von
PD Dr. phil. Rosmarie Barwinski
PD Dr. med. Robert Bering
Prof. Dr. Gottfried Fischer
Prof. Dr. León Wurmser

Alle Titel dieser Reihe siehe Seite 223-224

Monika Becker-Fischer
Gottfried Fischer

Sexuelle Übergriffe in Psychotherapie und Psychiatrie

Orientierungshilfen
für Therapeut und Klientin

unter Mitarbeit von
Christiane Eichenberg

Asanger Verlag • Kröning

Monika Becker-Fischer, Dr. phil, Dipl.-Psych., Psychologische Psychotherapeutin und Psychoanalytikerin (DPV); Studium der Psychologie und Soziologie in Marburg, München, Bremen; langjährige Tätigkeit in einer psychosomatischen Ambulanz. Psychotherapeutin in eigener Praxis, Lehrtätigkeit und Supervisionen an Universitäten und Psychotherapie-Aus- und Weiterbildungseinrichtungen, Vorsitzende des Deutschen Instituts für Psychotraumatologie e.V.

Gottfried Fischer, Prof. Dr., Psychotherapeut und Psychoanalytiker (IPA); Forschungsleiter des Deutschen Instituts für Psychotraumatologie in Much; seit 1994 Direktor des Instituts für Klinische Psychologie und Psychologische Diagnostik der Universität zu Köln. Auf dem Gebiet psychotherapeutischer Forschung und Theoriebildung ist er ein international bekannter und anerkannter Autor.

Christiane Eichenberg, Dr. phil, Dipl.-Psych., Wissenschaftliche Mitarbeiterin am Institut für Klinische Psychologie und Psychologische Diagnostik der Universität zu Köln; in Ausbildung zur Psychologischen Psychotherapeutin am Institut für psychotherapeutische Forschung, Methodenentwicklung und Weiterbildung an der Universität zu Köln. www.christianeeichenberg.de

Umschlaggestaltung:
liveo grafikdesign, Angelika Krikava, info@liveo.de, www.liveo.de

Druck: PBtisk, a.s., Czech Republic

Bibliographische Informationen der Deutschen Nationalbibliothek:
Die Deutsche Nationalbibliothek verzeichnet diese Publikation in der Deutschen Nationalbibliographie; detaillierte bibliographische Daten sind im Internet über http://dnb.d-nb.de abrufbar.

Das Werk einschließlich aller seiner Teile ist urheberrechtlich geschützt. Jede Verwertung außerhalb der engen Grenzen des Urheberrechtsgesetzes ist ohne Zustimmung des Verlags unzulässig und strafbar. Das gilt insbesondere für Vervielfältigungen, Übersetzungen, Mikroverfilmungen und die Einspeicherung und Verarbeitung in elektronischen Systemen.

© 5. Auflage 2018
Nachdruck der 3. neu bearbeiteten, erweiterten und aktualisierten Auflage
© 2008 Asanger Verlag GmbH Kröning • www.asanger.de
ISBN 978-3-89334-460-8

Inhalt

Vorwort zur neuen und erweiterten Auflage: Empirie und Logik		9
Danksagung		13
Vorwort zur ersten Auflage		15

1	**Sexuelle Übergriffe als Problem der psychotherapeutischen Profession**	17
1.1	Abstinenzregel und Übertragungsliebe „auf der Couch"	17
1.2	Sozialkognitive Abwehrstrategien und Schemata	23
1.3	Abwehrstrategien im sozialen Umfeld der Tätertherapeuten	27
1.3.1	Folgetherapien nach sexuellem Missbrauch in der Psychotherapie und die Rolle der Folgetherapeuten	27
1.3.2	Rechtfertigungsstrategien in den therapeutischen Schulen	29
1.3.3	Opferbeschuldigung zur Legitimation sexueller Übergriffe	30
1.3.4	Exkurs: Wissenschaftlich-virtueller Dikurs über professionelles therapeutisches Verhalten	33
1.4	Zur Logik von Rechtssystem und Psychotherapie	40

2	**Epidemiologie sexueller Übergriffe in Psychotherapie und Psychiatrie**	43
2.1	Überblick	43
2.2	Tätertypologie	45
2.3	Persönlichkeitsstruktur von Tätertherapeuten und Wiederholungstätern	48
2.4	„Grenzüberschreitende Psychotherapie" und „Liebestherapien" auf dem Prüfstand	52

3	**Das Professionale Missbrauchstrauma: Vertrauensbruch und Machtmissbrauch der Tätertherapeuten**	59
3.1	Überblick	59
3.2	Psychodynamik der missbrauchenden Beziehung und Traumaverlauf	61
3.2.1	Beziehungsentwicklung – Wer ergreift die Initiative?	61
3.2.2	Grenzüberschreitungen, Rollentausch, Sexualisierung	62

3.2.3	Helfersyndrom und Narzissmus	63
3.2.4	Reaktivierung von Traumata des Therapeuten	64
3.2.5	„golden phantasy": Versorgung und Geborgenheit	65
3.2.6	Gemeinsame Traumaabwehr und Retraumatisierung	66
3.2.7	Scripts von Wunscherfüllungstypus und Rachetypus	67
3.2.8	Hass und Kränkungswut der Wiederholungstäter	71
3.3	Folgeschäden für die Patienten	73
3.3.1	Erschütterung des Selbst- und Weltbildes	73
3.3.2	Verwirrung und Orientierungslosigkeit	74
3.3.3	Schuld- und Schamgefühle	75
3.3.4	Spezifische Folgeschäden bei Opfern des Rache- und Wunscherfüllungstypus	76
3.3.5	Symptomatische Auswirkungen sexueller Übergriffe	79
3.3.6	Art des sexuellen Kontaktes und Schwere der Folgen	84
4	**Ergebnisse der Online-Nachfolgeuntersuchung 2006**	**87**
4.1	Methodisches Vorgehen	87
4.2	Merkmale der Patientinnnen und Patienten	89
4.2.1	Geschlechterverteilung und sozioökonomische Merkmale	89
4.2.2	Eingangssymptomatik	90
4.2.3	Belastende lebensgeschichtliche Ereignisse	90
4.3	Merkmale der Therapeutinnen und Therapeuten	91
4.3.1	Geschlechterverteilung	91
4.3.2	Ausbildungshintergrund und Therapierichtungen	92
4.3.3	Problematische Lebenssituationen der Therapeuten	94
4.3.4	Persönlichkeit der Therapeuten	95
4.4	Folgen für die Patientinnen und Patienten	96
4.5	Hilfreiche Umstände und Ereignisse für die Bewältigung sexueller Übergriffe	102
4.5.1	Außertherapeutische Erfahrungen und Unterstützung	102
4.5.2	Folgetherapien	103
4.6	Rechtliche Schritte nach sexuellen Übergriffen	106

5.	**Was hilft beim Professionalen Missbrauchstrauma?**	109
5.1	Hilfreiche außertherapeutische Erfahrungen	109
5.1.1	Selbsthilfeinitiativen und soziale Netzwerke	109
5.1.2	Konfrontationen mit dem Tätertherapeut und Vermittlungsversuche	113
5.2	Ein zweiter Versuch mit Psychotherapie: Besonderheiten der Folgetherapien	116
5.2.1	„Kollegialität" der Folgetherapeuten als Problem	116
5.2.2	Die Lebensgeschichte der Folgetherapeuten als Problem	121
5.2.3	Hinderliche und förderliche Haltungen und Einstellungen von Patientin und Folgetherapeut	124
5.3	Anhaltspunkte und Regeln bei der therapeutischen Aufarbeitung des Professionalen Missbrauchstraumas	132
5.3.1	Aufbau einer tragfähigen Arbeitsbeziehung	132
5.3.2	Traumatheoretische Regeln in Folgetherapien	137
5.3.3	Symptome des Professionalen Missbrauchstraumas als normale Folgen von Strategien der Tätertherapeuten	139
5.3.4	Typische Übertragungskonstellationen beim Durcharbeiten des Professionaen Missbrauchstraumas	147
5.3.5	Zeichen produktiver therapeutischer Veränderung	150
6	**Juristisches Vorgehen gegen Tätertherapeuten nach sexuellen Übergriffen**	**157**
6.1	Vorüberlegungen zu Motivation und Konsequenzen rechtlicher Schritte gegen Tätertherapeuten	157
6.2	Einleitung rechtlicher Schritte gegen Tätertherapeuten	158
6.3	Wichtige Voraussetzugen und Rahmenbedingungen bei rechtlichen Schritten gegen Tätertherapeuten	162
6.4	Forderungen an die Rechtsprechung: Opferorientierung und verlängerte Verjährungsfrist	163
6.5	Vorbeugende Wirkungen rechtlicher Regelungen	164
6.6	Rehabilitative Maßnahmen für Tätertherapeuten und Rückfallprophylaxe	166

7	**Aufklärung der psychotherapeutischen Berufsgruppen und Folgerungen für die Ausbildung**	169
7.1	Hinweise auf missbrauchfördernde Schwachstellen der verschiedenen Therapierichtungen	169
7.1.1	Schuldzuweisungen der psychoanalytischen Therapierichtung	170
7.1.2	Schuldzuweisungen der Verhaltenstherapie	174
7.1.3	Schuldzuweisungen humanistisch orientierter Therapeuten und Körpertherapeuten	176
7.2	Therapieschulenübergreifende Unklarheiten als Ursachen für sexuelle Übergriffe	177
7.2.1	Sexuell-erotische Gefühle der Therapeuten	177
7.2.2	Persönliche Probleme und Krisen, kollegialer Austausch und Supervision	181
7.2.3	Frühe Traumatisierung der Tätertherapeuten	183
8	**Herstellung von Öffentlichkeit: Informationen und Hinweise für Betroffene und Angehörige**	187
8.1	Psychotherapie und sexuelle Übergriffe von Tätertherapeuten in den Medien	187
8.2	Patienteninformationen: Basisregeln, Warnsignale und Grenzüberschreitungen, Rechte und juristische Schritte	190
8.2.1	Basisregeln der Psychotherapie	190
8.2.2	Rechte der Patienten	193
8.2.3	Typische Grenzüberschreitungen im Vorfeld von sexuellen Übergriffen	194
8.4	Was tun, wenn es zu sexuellen Kontakten gekommen ist?	195
8.5	Was tun, wenn Partnerinnen in der Therapie missbraucht worden sind?	197

Anmerkungen	199
Sachregister	201
Literatur	207
Anhang	221

Kontaktadressen für Betroffene
Kontaktadressen für Psychotherapeuten
Dokumentationssystem

Vorwort zur neuen und erweiterten Auflage: Empirie und Logik

Anlass der Neuauflage sind die Ergebnisse einer Nachfolgeuntersuchung zum Thema sexueller Übergriffe in Psychotherapie und Psychiatrie aus dem Jahre 2006. Mit einer *veränderten Methodik* (Internetbefragung von betroffenen Personen) konnten die Ergebnisse unserer inzwischen etwa zehn Jahre zurückliegenden ersten Studie quantitativ und qualitativ reproduziert werden. Ferner sind in die Neuauflage über zehn Jahre Erfahrung in der Beratung und Therapie betroffener Patientinnen und Patienten durch das *Deutsche Institut für Psychotraumatologie*, Köln, und insbesondere *Monika Becker-Fischer* eingegangen. Heißt das nun, es hat sich innerhalb der letzten zehn Jahre beim Thema sexueller Übergriffe in Psychiatrie und Psychotherapie nichts verändert?

Dieser Schluss wäre voreilig. Seit 1998 liegt bei sexuellen Übergriffen an Psychotherapiepatientinnen in der BRD ein *Straftatbestand* vor, der mit bis zu fünf Jahren Gefängnis bestraft werden kann. Das hat vieles verändert. Bei Therapeuten und Patienten ist mehr Problembewusstsein vorhanden als zuvor. Die Stimmen der Verharmloser und Befürworter von sexuellen Kontakten mit Patientinnen und Patienten sind zumindest leiser und vorsichtiger geworden, wenn auch keineswegs verstummt. Nahezu alle seriösen Therapieverbände haben inzwischen *Ethikrichtlinien* entwickelt, in denen das *Abstinenzgebot* eindeutig verankert ist, und *Ehrengerichte* eingerichtet. Es haben einige Verfahren stattgefunden, in denen sexueller Missbrauch nachgewiesen wurde.

Diese führten jedoch, soweit uns bekannt, nur selten zu Auflagen für die Therapeuten, die zu einer *Rehabilitation* führen könnten oder alternativ zu einem *Verbot der Berufsausübung*. Die Stellungnahmen vieler Kommissionen fielen in der Regel gewunden, ambivalent und halbherzig aus. In der psychotherapeutischen Ausbildung wird das Thema immer noch selten und dann meist nur am Rande behandelt. Es verbleibt im Bereich eines teils peinlichen, teils auch amüsierten Verschweigens. Von daher wundert es nicht, wenn vieles im vergangenen Jahrzehnt so weiter gegangen ist wie vor unserer ersten Untersuchung. Die missbrauchenden Therapeuten sind nach wie vor ganz überwiegend *Wiederholungstäter*, die von dem ambivalenten sozialen Umfeld mancher Berufsverbände und „Ethikkommissionen" profitieren. Es sind nicht viele, sie richten aber nach wie vor *verheerende Schäden* an. Nur zögernd wurde die präventive Aufklärung der Patienten angegangen. Wenn sie sich beschweren, werden sie noch immer eher eingeschüchtert, als über ihre Rechte und Möglichkeiten sich zu schützen aufgeklärt. Auch nahezu 100 Jahre nach Sigmund Freuds bahnbrechender Schrift „Bemerkungen über die Übertragungsliebe" (1915) gibt es Stimmen, die sexuelle Kontakte mit Patienten für lege artis erklären, sie als eine Art *Kavaliersdelikt* verharmlosen, rechtliche Regelungen im psychotherapeutischen Bereich grundsätzlich ablehnen – von einer falsch verstandenen Solidarisierung mit unseriösen Kolleginnen und Kollegen einmal abgesehen.

Das Ergebnis der *Folgeuntersuchung* legt nahe, dass weiter gearbeitet werden muss – schwerpunktmäßig mit folgenden Mitteln:

- Aufklärung in der Öffentlichkeit;
- Gezielte Aufklärung von Psychotherapiepatienten, z.B. durch Hinweise von Seiten der Krankenkasse;
- Einrichtung spezialisierter und öffentlich finanzierter Beratungsstellen für betroffene Patientinnen und Patienten;
- Verbindlicher Nachweis über die Teilnahme an Lehrveranstaltungen zum Thema sexueller Übergriffe, sowohl postgraduiert als auch während der Ausbildung;
- Überprüfung der Richtlinien von Fachverbänden und Ethikkommissionen auf Übereinstimmung mit den gesetzlichen Regelungen.

Aufklärung und Sanktionen sind wichtig, haben aber nur eine begrenzte Wirkung. Die wichtigste Prophylaxe ist die *Professionalisierung der Psychotherapie* und die Entwicklung des Fachs zu einer eigenständigen Disziplin mit einer ebenso *eigenständigen beruflichen Identität* seiner Vertreter. Ein wichtiger Schritt auf diesem Wege war das *Psychotherapeutengesetz* von 1999. Aber nach wie vor fehlt ein übergreifendes Paradigma für die Psychotherapie als eigenständige Wissenschaft. Vielmehr befindet sich das Fach noch immer in einem – in der Terminologie des Wissenschaftsforschers Thomas Kuhn – *vorparadigmatischen Zustand.* Man erkennt ihn daran, dass die Disziplin aus zahlreichen unterschiedlichen Modellen besteht, die teilweise exkludent zueinander stehen.

So kommt es, dass gesichertes Wissen in der Psychotherapie noch längst keine allgemeine Anerkennung findet. Vielmehr scheint alles immer von neuem in Frage zu stehen und soll einer „zukünftigen Forschung" überlassen bleiben. Dies gilt auch für den Umgang mit *Übertragungsliebe* und *sexuellen Kontakten in der Psychotherapie.* „Übertragung" – gibt es das wirklich? Kommt nicht alles auf *Habituation* oder auf die *authentische therapeutische Beziehung* an? Weshalb sollten sexuelle Kontakte davon ausgeschlossen sein?

Man sieht: Die *unzureichende Paradigmenbildung* führt in Relativismus und postmoderne Beliebigkeit, die sich wiederum in mangelnder Professionalisierung und einer unsicheren beruflichen Identität auswirken, womit sich ein zirkulos vitiosus schließt. Wie findet die Psychotherapie da heraus? Wie kann sie sich zu einer eigenständigen Disziplin entwickeln, die kompetente und in ihrer *therapeutischen Identität* gesicherte Fachkräfte hervorbringt?

Hier scheint eine gründliche Auseinandersetzung auch mit den *philosophischen Fragen* und mit jener „Logik" notwendig zu sein, die einer psychotherapeutischen Behandlung zugrunde liegt. Die Mühe der philosophischen Reflexion und Begründung ihres Paradigmas glaubte sich die Psychotherapie bisher ersparen zu können. Sie verabsolutierte teils die klinische Erfahrung und verließ sich andernteils auf den empiristischen Zug der Zeit: Die zukünftige Forschung wird es schon klären. So aber entsteht weder ein wissenschaftliches Paradigma noch eine *professionelle Identität.* Erst wenn beides zusammenkommt – Empirie und begründungstheoretische Reflexion –, entsteht in den Humanwissenschaften gesichertes Wissen.

Konvergenz von „Logik und Empirie" (Fischer, 2008) – was bedeutet das am Beispiel von sexuellem Missbrauch in der Psychotherapie? Zunächst zur Empirie: Die *empirische Evidenz* für die Schädlichkeit und Unprofessionalität von sexuellem Missbrauch in der Psychotherapie, die sich in beiden in diesem Buch wiedergegebenen Untersuchungen zeigt, könnte kaum deutlicher ausfallen. Das allein aber befriedigt noch nicht das *philosophische Bedürfnis nach logischer bzw. apriorischer Evidenz*. Auch wenn zwei empirische Erhebungen übereinstimmen, vielleicht relativiert eine dritte dann die Ergebnisse, und wenn nicht die dritte, dann die vierte usf. – ad infinitum. Andererseits: Kann es denn so etwas wie *logische Evidenz*, die nicht empirisch, sondern a priori gewonnen wird, in der Psychotherapie überhaupt geben?

Doch, allerdings! Überraschend vielleicht für postmoderne Poststrukturalististen und Relativisten unterschiedlichster Couleur. Manche Begriffe einer wissenschaftlichen Disziplin haben – einmal gebildet – durchaus einen a priorischen Status, wie er in gleicher Weise einer Regel der Logik oder der Mathematik zukommt. In der *Psychotherapiewissenschaft* fällt der Begriff „Übertragung" in diese Kategorie. Er entspricht einer logischen Notwendigkeit des psychotherapeutischen Gegenstandes, unabhängig davon, ob im übrigen Psychoanalyse, Verhaltenstherapie oder ein humanistisches Verfahren praktiziert wird.

Der Begriff „Übertragung und Gegenübertragung" ist für den Psychotherapeuten ebenso grundlegend wie für den Neurobiologen der Begriff des Transmitters. Wer ihn nicht kennt und in der Therapie nicht berücksichtigt, kann sich nicht wirklich professionell verhalten. Er verwechselt *Übertragungsliebe* mit *Liebe* und *Gegen-Liebe* mit *Gegen-Übertragung*. Es wäre, als wollte ein Neurobiologe die Informationsweiterleitung an den Synapsen allein durch physikochemische Prozesse erklären statt durch „Botenstoffe", die Träger biosemiotischer Informationen sind.

So gibt es epochale Entdeckungen in den begrifflichen Grundlagen einer Wissenschaft, hinter die wir nicht zurückfallen können, ohne jegliche Professionalität zu verlieren. Dazu zählt in der Psychotherapiewissenschaft der Begriff *Übertragung und Gegenübertragung* – als unverzichtbarer Baustein des entstehenden Paradigmas dieser Wissenschaft.

Verstößt ein Wissenschaftler gegen die logisch begründeten, begrifflichen Grundlagen seiner Disziplin, sind im empirischen Bereich deseaströse Folgen zu erwarten. Genau diese Folgen lassen sich beobachten, wenn ein Psychotherapeut außerstande ist, Übertragungsliebe von Liebe und Gegen-Liebe von Gegen-Übertragung zu unterscheiden.

Der Verstoß gegen die begriffliche Logik der Psychotherapiewissenschaft verstößt zugleich gegen die Regeln der Professionalität, was wiederum empirisch belegt wird durch die verheerenden Folgen für die Patientinnen. Begriffliche Logik und empirische Daten *konvergieren* – eine Konstellation, die nicht nur in der Psychotherapie, sondern in allen Wissenschaften ein Kriterium für gesichertes Wissen ist.

Über die allmähliche *Konvergenz von Empirie und Logik* wird die Psychotherapie zu einer paradigmatischen Disziplin. Das wiederum verleiht ihren Lehrenden und Lernenden die Kompetenz und sichere *professionelle Identität*, die nötig ist, um mit „Übertragungsliebe" in liebevoller statt destruktiver Weise umzugehen. Der Lohn für den professionellen Psychotherapeuten ist die Freude darüber, wenn Menschen ihre Liebesfähigkeit (wieder)finden und ihre Fähigkeit zu arbeiten. Liebes- und Arbeitsfähigkeit entwickelt sich aus der Logik therapeutischer Abstinenz.

Literatur:

Fischer, G. (2008). Logik der Psychotherapie. Philosophische Grundlagen der Psychotherapiewissenschaft. Kröning: Asanger.

Freud, S. (1915). Bemerkungen über Übertragungsliebe. Gesammelte Werke, 10.

Much, im Februar 2008   *Monika Becker-Fischer*
                                  Gottfried Fischer

Danksagung

Wir danken *Frau Dr. Christiane Eichenberg* für ihre Mitarbeit an der 2. Auflage dieses Buches. Dank ihr und der Unterstützung der Nachfolgeuntersuchung durch *Frau Dipl.-Psych. Judith Dorniak* im Rahmen ihrer Diplomarbeit können wir auf eine fundierte empirische Basis zur aktuellen Situation im Zusammenhang mit sexuellen Kontakten in Psychotherapie und Psychiatrie zurückgreifen. Weiter danken wir *Herrn Prof. Dr. jur. Dr. phil. Dr. h.c. Günter Jerouschek M.A.* für die Prüfung der juristischen Formulierungen im 6. Kapitel.

Vorwort zur ersten Auflage

Dieses Buch entstand im Zusammenhang mit dem Forschungsprojekt „Sexuelle Übergriffe in Psychotherapie und Psychiatrie", das das Freiburger Institut für Psychotraumatologie unter unserer Leitung zeitweise mit Unterstützung des Bundesministeriums für Senioren, Familie, Frauen und Jugend durchführte. Für diese Unterstützung möchten wir dem Ministerium, insbesondere Renate Augstein, noch einmal sehr herzlich danken. Die Untersuchung selbst und die Forschungsergebnisse sind in zusammenhängender Form in einer Schriftenreihe des Ministeriums veröffentlicht.

Im Verlauf unserer Forschungsarbeiten stellten wir fest, dass wir mit ganz spezifischen Schwierigkeiten konfrontiert waren, deren Art und Ausmaß wir zunächst nicht vermutet hatten. Einige dieser Schwierigkeiten lernten wir im Laufe der Zeit als dem Thema inhärente psychotraumatologische Abwehrmechanismen zu verstehen. Im ersten Kapitel werden wir diese näher analysieren. Vor allem aber waren wir entsetzt über die große Not der Betroffenen, die nicht ohne Grund in den USA inzwischen als „Überlebende" bezeichnet werden, die ablehnenden Reaktionen, auf die sie z. T. bei der Suche nach fachlicher Hilfe stießen. Selbst viele gutwillige Fachleute reagierten verunsichert und hilflos.

Deswegen entschlossen wir uns, wichtige Forschungsergebnisse und praktische Erfahrungen zusammenzufassen, um damit den Betroffenen, interessierten Fachleuten und potenziellen Psychotherapiepatientinnen und -patienten einen Überblick über das komplexe Gebiet zu vermitteln und Hilfsmöglichkeiten aufzuzeigen.

Unser Dank gilt allen, die uns auf diesem – manchmal sehr mühsamen – Weg unterstützt haben. Zunächst danken wir den vielen in ihrer Therapie ausgebeuteten Patientinnen und Patienten, die sich an den Untersuchungen beteiligt haben und bereit waren, ihre Erfahrungen darzustellen. Wir danken ihnen ganz besonders, da wir wissen, dass sich mit dem traumatischen Erleben erneut zu konfrontieren nicht leicht und oftmals sehr belastend ist.

Zahlreiche Kolleginnen und Kollegen haben sich bereit erklärt, als erste „Anlaufstelle" für Betroffene und als Folgetherapeuten bzw. Folgetherapeutinnen zur Verfügung zu stehen. Diese spontane Bereitschaft hat uns sehr ermutigt und vielen Betroffenen geholfen.

Allen Freundinnen und Freunden, Kolleginnen und Kollegen, die uns unterstützt, wichtige Anregungen gegeben und in unserem Vorhaben bestärkt haben, vor allem Claudia Heyne, Günter Jerouschek und Martin Ehlert-Balzer, möchten wir hier ebenso danken wie unseren Mitarbeiterinnen und Mitarbeitern für ihr großes Engagement und die ungewöhnlich kooperative Zusammenarbeit: Gabriele Popp, Roland Billian, Claudine Lautenschläger, Oliver Rajki.

Freiburg, im Februar 1996 *Monika Becker-Fischer*
  Gottfried Fischer

1 Sexuelle Übergriffe als Problem der psychotherapeutischen Profession

1.1 Abstinenzregel und Übertragungsliebe „auf der Couch"

Von sexuellen Kontakten zwischen Psychotherapeuten, Psychiatern, Psychologen und psychologisch beratenden Ärzten und ihren Klientinnen oder Patientinnen war lange Zeit wenig zu hören. Wir (G.F. und M.B.-F.) haben beide nach unserem Psychologiestudium eine psychotherapeutische Ausbildung begonnen, zuerst in Gesprächspsychotherapie (G.F.), dann in der Psychoanalyse. In der psychoanalytischen Ausbildung war klar, dass die *Abstinenzregel* u.a. *sexuelle Kontakte* mit Patienten oder auch *private Beziehungen* allgemein ausschließt. Zudem hatte die psychoanalytische Technik Gesichtspunkte für den Umgang mit *erotisierter Übertragung* entwickelt, die teilweise schon auf Freuds Aufsatz von 1915 „Bemerkungen über Übertragungsliebe" zurückgingen, teilweise seither weiterentwickelt und verfeinert wurden.

Von sexuellem Missbrauch in Psychoanalysen und Psychotherapien hatten wir nichts gehört. Es war für uns – wie für die Berufsverbände generell – kein Thema. Wir hätten damals eine ähnliche Auskunft geben können, wie später ein führender Funktionär einer der großen deutschen psychoanalytischen Vereinigungen. Dieser wurde von einem unserer Kollegen, der über sexuellen Missbrauch in der Psychotherapie forschte, telefonisch befragt, ob es in seiner Vereinigung solche Fälle gebe. Seine Antwort war schlicht und knapp. In der Psychoanalyse gäbe es seit Freud die Abstinenzregel, deshalb käme so etwas nicht vor.

Natürlich traf dies nicht zu. Wer sich umsah, hätte auch damals schon auf Beispiele stoßen können. Aber niemand achtete darauf. Es gab die Abstinenzregel, die angeblich selbstverständlich befolgt wurde, und damit war das Thema erledigt.

Erst als wir in unserer Praxis Patientinnen sahen, die Opfer von „Ausnahmen von der Regel" geworden waren und die uns mit den bis in *lebensbedrohliche Dimensionen* gehenden Folgen solcher „Ausnahmen" konfrontierten, wurden wir aufmerksamer. Wir bemerkten, welches Maß an Unwissen und Abwehr, bis hin zu Beschimpfung und Verfolgung der Opfer, nämlich der von *Regelbrüchen* betroffenen Patientinnen und Patienten, bei einigen Kolleginnen und Kollegen verschiedener „Schulrichtungen" zu beobachten war, selbst bei solchen, die wir als persönlich seriös und integer schätzten.

Wenn sich mit zunehmender Diskussion des Themas auch in den *Medien* mit der Zeit nicht mehr leugnen ließ, dass Brüche der Abstinenzregel aufgetreten waren, so war jetzt von bedauerlichen Einzelfällen die Rede, oder die Berichte wurden verächtlich zum „Modethema" erklärt. Man sprach jetzt vom „Missbrauch des Missbrauchs". „Exhibitionistische" Patientinnen, denen es um Selbstdarstellung in der Öffentlichkeit ginge, hätten sich mit sensations- und im Übrigen natürlich geldgierigen Journalisten oder Verlagen verbündet, um ihrerseits aus dem bedauerlichen Thema Kapital zu schlagen.

Auch wenn dies in einzelnen Fällen sicher nicht ganz falsch ist, ist dennoch die Generalisierung des Arguments und vor allem die Konsequenz bemerkenswert: Angesichts dieser betrüblichen Entwicklung sahen sich daraufhin manche Kollegen, die diese Auffassung vertraten, in ihrem Nichtstun und der *Ignorierung tatsächlicher Vorkommnisse* vollauf bestätigt. „Abstinenz" wurde jetzt in einem ganz anderen Sinne als Tugend verstanden.

Gegenüber Modethemen und Sensationsmache Abstinenz zu üben, ist natürlich ehrenwert und wird als Zeichen einer intellektuell überlegenen „analytischen" Haltung betrachtet. Das reale Verhalten gegenüber den „bedauerlichen Ausnahmeerscheinungen" wird durch diesen Argumentationswechsel natürlich nicht verändert. Vorher tat man nichts, da das Problem verleugnet wurde, später nichts, da man sich ja unmöglich am „Missbrauch des Missbrauchs" beteiligen konnte[1].

Eine ähnliche *Dialektik der Meinungsbildung* lässt sich in der Bundesrepublik Deutschland annähernd zeitgleich beim Thema des *sexuellen Kindesmissbrauchs* beobachten, zu dem sich die Journalistin Rutschky (1994) mit z.T. auffallend ähnlichen Argumenten als Wortführerin der *Anti-Antimissbrauchsbewegung* profiliert hat (zur Analyse der „Missbrauch des Missbrauchs"-Argumentation vgl. Bormann & Sieg, 1995). Aus psychoanalytischer und sozialpsychologischer Sicht liegt natürlich die Vermutung nahe, dass es sich bei den beschriebenen Argumentationsstrategien um „Abwehrmechanismen" im weitesten Sinne handelt (zum Abwehrkonzept speziell gegenüber psychotraumatischen Phänomenen s. Kap. 1.2 und 1.3). Man will mit dem Problem nichts zu tun haben. Vorher, solange man es ignorieren konnte, war die Welt in Ordnung. Diejenigen, die jetzt darauf hinweisen, betreiben *Missbrauch mit dem Missbrauch*. Nicht das Problem missbrauchender Kollegen wird verfolgt, sondern diejenigen werden angegriffen, die sich für die Rechte missbrauchter Patienten einsetzen. Vorher waren sexuelle Übergriffe von Therapeuten gegenüber Patienten kein Thema. Jetzt ist es plötzlich ein *Modethema*, dem gegenüber sich ein wirklich aufgeklärter und kritischer Kollege doch skeptisch verhalten sollte.

Dieses „Argumentationskarussel" lässt vermuten, dass es auch für kritische und aufgeklärte psychotherapeutische Kollegen nicht einfach ist, einen Ausweg aus der *Verleugnung eines unliebsamen Themas* zu finden, eines Themas, das die *Integrität des Berufsstandes* in Frage stellt und damit zugleich die *berufliche Integrität* des einzelnen, die ja als soziale immer auch Bestandteil einer *Gruppenidentität* ist. Welch heftige Ängste die öffentliche Diskussion bei einigen Kollegen auslöst, ist allerdings erstaunlich. Manche steigern sich in eine existenzielle Dimension, sie fürchten, der psychotherapeutische Berufsstand könne durch diese Auseinandersetzung soweit geschädigt werden, dass die Existenzgrundlage gefährdet ist.

Dies ist eine recht *irrationale Verdrehung*, denn gerade durch sachgerechte Auseinandersetzung mit der Problematik und Maßnahmen zum Schutze der Patientinnen vor ausbeutenden Kolleginnen und Kollegen könnte der Berufsstand der Psychotherapeuten seine *ethische Integrität* beweisen. Tatsächlich lässt sich nur so der Öffentlichkeit verdeutlichen, dass das Wohl der Patientinnen und Patienten wichtiger ist als vorübergehende Schatten, die auf den Berufsstand (und z.T. ja mit Recht) fallen bzw. fallen könnten.

Wir haben im Jahre 1990 mit einer *empirischen Untersuchung zu sexuellen Übergriffen in Psychotherapie und Psychiatrie* (SÜPP) begonnen, die wir im Jahr 2006 repliziert haben. Wir wollten erfahren, ob sich in diesem Zeitraum u. a. aufgrund von veränderten gesetzlichen Regelungen ein modifiziertes Bild zeigt (vgl. Kap. 4) Aus eigenen Behandlungen hatten wir erfahren, wie schwerwiegend die *Schädigungen* solcher Übergriffe sind, und waren darüber sehr erschüttert. Ähnlich betroffen waren wir über die Reaktionen, auf die wir z. T. auch bei Kollegen trafen, wenn wir darüber sprachen. Einige davon haben wir oben erwähnt. Da große *Unwissenheit auch in Fachkreisen* über die Thematik herrschte, hofften wir, auf diese Weise vielleicht etwas Klarheit in das verwirrende Durcheinander von Thema und Modethema, von Missbrauch und Missbrauch des Missbrauchs zu bringen und herauszufinden, was eigentlich „dran" ist an der ganzen Angelegenheit.

Als Psychoanalytiker hatten wir noch ein anderes Interesse. Immer wieder war in diesen ersten Jahren in Deutschland, das sich traditionellerweise ja eher feindselig und ablehnend gegenüber psychoanalytischen Ideen verhalten hat, die Rede vom Missbrauch auf der „Couch". Offenbar übt dieses „Arbeitswerkzeug" – die Couch – des Psychoanalytikers eine derartige *Suggestivwirkung* aus, dass es quasi zum *Symbol des Missbrauchs* wurde und dadurch die Psychoanalyse möglicherweise über Gebühr in den Mittelpunkt des Geschehens rückte. Wir nahmen allerdings an, dass Psychoanalytiker – wie andere gründlich ausgebildete Therapeuten – wenn überhaupt nur in seltenen Ausnahmen ihre Patienten sexuell missbrauchen, dass also der Hauptgrund in einer *schlechten oder fehlenden Ausbildung* liegen müsse. In diesem Fall wäre das Problem durch geregelte und gründliche Ausbildungsgänge auch relativ leicht in den Griff zu bekommen.

Leider hat sich diese ursprüngliche Hoffnung inzwischen etwas relativiert. Es trifft zwar zu, dass sich unter den missbrauchenden Therapeuten zahlreiche schlecht ausgebildete befinden. Andererseits sind aber auch erstaunlich viele darunter, die nach üblichen Maßstäben als gründlich ausgebildet gelten müssen. Die verschiedenen Therapieschulen sind nach den Ergebnissen unserer Untersuchungen an inzwischen mehr als 100 Fällen, ähnlich wie in den internationalen Vergleichsstudien, allesamt vertreten. Um nur die wichtigsten zu nennen: Verhaltenstherapie, Gesprächspsychotherapie, Gestalttherapie und Psychoanalyse nehmen annähernd *gleiche Rangplätze* in den entsprechenden Häufigkeitsskalen ein.

Diese annähernde Gleichverteilung der Fälle über die einzelnen Schulrichtungen hinweg lässt den sexuellen Missbrauch von Patienten als ein *Problem der psychotherapeutischen Profession überhaupt* erscheinen. Wir werden deshalb im Folgenden überwiegend von der Disziplin „Psychotherapie" sprechen, obwohl in angrenzenden Fächern wie *Psychiatrie oder Klinischer Psychologie,* in *Sozialpädagogik* und *Seelsorge* der Missbrauch – amerikanischen Umfragen zufolge – ebenso häufig vorzukommen scheint. Diese Wortwahl sollte nicht dahingehend ausgenutzt werden, dass hier nun ein spezifisches Problem der Psychotherapie unterstellt wird. Wir werden uns nur der Einfachheit halber im Folgenden schwerpunktmäßig auf die *psychotherapeutische Beziehung* konzentrieren. In den anderen *Berufen im Sozial- und Gesundheitswesen* bestehen jedoch analoge Verhältnisse, und zwar immer dann, wenn eine Berufsrolle im Sinne einer psychotherapeutischen oder psychologisch-beratenden Funktion wahrgenommen wird. In Kapitel 3 wird noch deutlich werden, dass die Folgeschäden des durch helfende Professionen im Sozial- und Gesundheitswesen verursachten Missbrauchstraumas an die *Ausübung dieser Funktion* gebunden sind und nicht an den jeweiligen Grund- oder Ausgangsberuf des professionellen Helfers.

Für die Psychotherapie stellt der sexuelle Missbrauch ein Problem dar, das ihre Fundamente grundsätzlich in Frage stellt. Wir schätzten in unserem Forschungsbericht für das Bundesministerium für Frauen, Jugend, Familie und Senioren (Becker-Fischer & Fischer, 1995) das jährliche Vorkommen auf minimal 300 Fälle pro Jahr im Rahmen der krankenkassenfinanzierten Psychotherapieverfahren. Nimmt man die außerhalb der *Krankenkassenregelung* stattfindenden Psychotherapien hinzu, so muss diese Zahl noch einmal verdoppelt werden. Das menschliche Leiden, das hier verursacht wird, ist enorm und steht *in striktem Widerspruch zu den ethischen Standards der Psychotherapeuten als Berufsgruppe.* Diese Form von psychotherapeutischem Fehlverhalten verursachte damals nach unseren

Berechnungen einen volkswirtschaftlichen Schaden von mindestens 20 Millionen Mark pro Jahr. Psychotherapeuten aller Fachrichtungen und das Fach Psychotherapie als therapeutische und wissenschaftliche Gemeinschaft haben allen Grund, diese Probleme ernst zu nehmen, den Missbrauch nicht als „Kavaliersdelikt" zu bagatellisieren oder mittels der eingangs dargestellten „Drehtürargumentation" von Missbrauch und „Missbrauch des Missbrauchs" abzuschieben.

Psychotherapie wird in vielen ihrer Varianten in einer *exklusiven Zweierbeziehung* durchgeführt. Nur die *Integrität des Therapeuten* kann garantieren, dass Patientinnen und Patienten, die in einer seelischen Notlage nach Hilfe suchen, nicht noch zusätzlich Opfer ausbeuterischen Verhaltens ihrer Behandler werden. Die meisten *Therapieverbände* der Bundesrepublik Deutschland haben das Problem und ihre diesbezügliche Verantwortung inzwischen erkannt. Einzelpersönlichkeiten und berufliche Gruppierungen, die weiterhin glauben, sich mit einer „kritischen" Haltung gegenüber dem „Missbrauch von Missbrauch" ihrer Verantwortung entziehen zu können, geraten zunehmend in die Isolierung und müssen sich fragen lassen, ob sie nicht dazu beitragen, das Vertrauen der Öffentlichkeit und der Patienten in die Psychotherapie zu verspielen.

Die meisten Psychotherapieverbände wie auch die meisten Kollegen, mit denen wir gesprochen haben, haben inzwischen ein deutliches *Problembewusstsein* von der bedenklichen Lage der Psychotherapie ausgebildet. Diese lässt sich folgendermaßen kennzeichnen: Die Psychotherapie ist existenziell darauf angewiesen, den Patienten ein Behandlungsverfahren zu garantieren, in dem diese trotz der exklusiven Zweiersituation, welche die Psychotherapie nun einmal erfordert, zumindest vor den gröbsten Behandlungsfehlern, vor Übergriffen und Ausbeutung geschützt sind. Gelingt es uns in den nächsten Jahren und Jahrzehnten nicht, hier einen wirksamen „Verbraucherschutz" herzustellen, so steht nicht nur der eine oder andere Therapeut oder Täter in Frage, sondern die berufliche und wissenschaftliche Gemeinschaft der Psychotherapeuten insgesamt.

Wir werden in diesem Buch die wichtigsten Problemkonstellationen und Lösungsansätze aufzeigen, die in der internationalen Literatur dargestellt sind bzw. praktisch entwickelt wurden, und eigene Vorschläge ausarbeiten. Vor die Therapie, die Problemlösung, aber haben die Götter die *Diagnose* gestellt. Und Diagnose sollte zunächst immer auch *Selbstdiagnose* sein. Das heißt, wir werden uns zunächst noch genauer mit den *psychosozialen Abwehrstrategien* beschäftigen, denen wir automatisch ausgesetzt sind. Wir werden also das Thema unserer Einleitung noch weiter vertiefen und der Frage nachgehen, welche Faktoren ein angemessenes Problembewusstsein hintertreiben können. Was mag verhindert haben, dass sexuelle Übergriffe in Psychotherapien, die ja nicht erst seit heute vorkommen (vgl. z.B. Krutzenbichler, 1991), nicht schon früher zu einem „Modethema" wurden?

1.2 Sozialkognitive Abwehrstrategien und Schemata

Als erste psychologische Forschungsrichtung hat bekanntlich die Psychoanalyse zahlreiche *Abwehrmechanismen* beschrieben und in ihrer Wirkungsweise erforscht, wie Verdrängung, Verleugnung, Verkehrung ins Gegenteil, Projektion, projektive Identifikation, Rationalisierung oder Intellektualisierung. Diese Abwehrmechanismen können heute als Sonderfall der generellen Fähigkeit des Menschen zur kognitiven „Selbstmanipulation" betrachtet werden.

Aus der Theorie und Forschung zur „kognitiven Dissonanzreduktion" haben wir inzwischen genauere Kenntnis von den mehr oder weniger unbewussten Strategien, mit Hilfe derer die Menschen Diskrepanzerlebnisse, z.B. zwischen Einstellung und Verhalten zu „reduzieren", d.h. letztlich zu vertuschen suchen. Forschungsergebnisse zu den Mechanismen der „Selbstdarstellung", des „impression management" in sozialen Kontaktsituationen erweitern unsere Kenntnisse von *Strategien der kognitiven Selbstmanipulation* und „Selbsttäuschung" (Löw-Beer, 1990). Das weite Feld der sozialpsychologischen *Vorurteilsforschung* hat unser Wissen über interpersonelle Stabilisierung und soziale (Re-)Inszenierung interessengebundener und oftmals *erfahrungsresistenter sozialkognitiver Schemata* vertieft.

Bei der Analyse dieser Strukturen erscheint das ursprünglich auf den kognitiven Psychologen David Rummelhart (1978) zurückgehende *„Script"- oder Drehbuch-Modell sozialkognitiver Schemata* bedeutsam. Hier lassen sich gleichsam die „Regieanweisungen" studieren, nach denen die standardisierten, manchmal sogar ritualisierten sozialen Erwartungsmuster inszeniert und aufrechterhalten werden. Sozialkognitive Abwehrstrategien folgen Scripts, die einerseits rituell, andererseits aber selbstwidersprüchlich erscheinen – gemessen am Außenkriterium eines *erkenntnisgeleiteten Selbst- und Weltverständnisses*.

Eric Berne hat mit „Spiele der Erwachsenen" (1967) in pionierhafter Weise zahlreiche persönliche Inszenierungen beschrieben. Nach Lindsay und Norman (1981) können wir neben den *personengesteuerten* noch *situationsgesteuerte und kulturell genormte Scripts* unterscheiden. Diese unterschiedlichen Ebenen können bei der Scriptanalyse sozialkognitiver Abwehrstrategien berücksichtigt werden. Zur Bezeichnung einzelner Elemente eines Scripts verwenden wir als unterste Einheit die Szene und für eine ausgearbeitete Teil- oder Substrategie den Begriff des „Szenarios".

Beim Themenbereich sexueller Missbrauch in der Psychotherapie und vielleicht auch bei anderen Tabuthemen dieser Art finden wir ein Script mit zwei *unterschiedlichen sozialkognitiven Prämissen*. Entweder wird das Thema nicht recht ernst genommen, bagatellisiert, oder es wird ernst genommen, dann aber „überdramatisiert". Ein rationaler Umgang mit diesem und anderen Tabuthemen läge natürlich in der Mitte: Die Problematik ernst zu nehmen und wirksame Gegenmaßnahmen zu ergreifen. Bagatellisierung und Überdramatisierung enden jedoch, ähnlich wie die zuvor erwähnte Argumentationsstrategie „Missbrauch des Missbrauchs" zu beklagen im Wechsel mit der Verleugnung des Themas, letztlich in Passivität.

Leider hat die psychoanalytische Abwehrforschung nicht immer genügend verdeutlicht, was eigentlich die Kriterien sind, nach denen wir Abwehrstrategien von *rationaler Problembewältigung* unterscheiden können. Neben der Vermeidung von Erkenntnissen ist die *Vermeidung von Handeln* eines der wichtigsten Merkmale, die Abwehrstrategien auszeichnen. Der emotionale oder motivationale Gewinn liegt in Spannungs- und

„Dissonanzreduktion" sowie in der „narzisstischen" Selbstaufwertung der Autoren des Scripts. Diese können sich als „kritisch"-überlegen verstehen, ohne sich in den unangenehmen „Niederungen" des Tabuthemas aufhalten zu müssen. Mit milder Verachtung lässt sich von dieser Position aus auf die betroffenen Patienten oder auf Kollegen herabsehen, die sich für deren Interessen engagieren. Bagatellisierung und Dramatisierung sind, wie sich noch zeigen wird, *Bestandteile eines übergreifenden Scripts.* Sie führen, mal auf diesem, mal auf jenem Wege, zum gleichen Resultat: einer Art von *selbstwertsteigernder Untätigkeit.*

Eine der wichtigsten *sozialkognitiven Strategien bei der Bagatellisierung* ist die „blaming the victim solution" (Ryan, 1971), die auf Täter und Opfer gleichermaßen erfolgende Schuldverteilung, im Extremfall sogar die *Schuldattribution an das Opfer.* Der Vorteil dieses Mechanismus liegt in der *zirkulären Rechtfertigung der ursprünglichen Bagatellisierung,* also der Prämisse: Wenn Opfer schuldig oder mindestens mitschuldig sind, brauchen wir diese Vorfälle nicht so ernst zu nehmen – nach dem Motto: „Zu so etwas gehören immer zwei". Nur ein kleiner Schritt fehlt jetzt noch, um den sexuellen Missbrauch von Patienten zum „Kavaliersdelikt" zu erklären und evtl. eher noch die „Triebstärke" jener Kollegen zu bewundern, die sich in ihrer Praxis in der bewussten Weise „engagieren".

Bei einem anderen Kreis von Personen, mit denen wir uns über sexuellen Missbrauch in der Psychotherapie unterhalten, stoßen wir zunächst auf Ungläubigkeit, dann nach einiger Zeit auf heftige Empörung. Ob sich aus dieser Empörung das *Abwehrszenario der Überdramatisierung* entwickelt, hängt vor allem davon ab, ob unser Gesprächspartner die *Erschütterung seines persönlichen Sicherheitsempfindens* ertragen kann, die mit Informationen über die dunkle Seite des sozialen Lebens, z.B. den Missbrauch von Machtverhältnissen, in der Regel verbunden ist. Regelbrüche der „Grundannahmen" unseres sozialen Zusammenlebens verunsichern uns alle, auch wenn wir nicht unmittelbar betroffen sind.

Um unser Sicherheitsgefühl wiederherzustellen, das teilweise „illusorischen" Charakter hat – wie von der Traumaforscherin Janoff-Bulman in verschiedenen Untersuchungen herausgearbeitet wurde –, kann die anfängliche Empörung und Erschütterung in die *Abwehrstrategie der Über-*

dramatisierung umschlagen (Janoff-Bulman, 1992). In diesem Szenario wird betont, hier läge ein so ungeheuerliches Verbrechen vor, dass nur die härtesten Strafen für den Täter angemessen seien. Somit lädt derjenige eine kaum noch tragbare Verantwortung auf sich, der den Mut hat, gegenüber einer Kollegin oder einem Kollegen einen solchen Vorwurf zu erheben.

Die Tat selbst wird mit dieser Strategie immer weiter der Realität entrückt, jener „Banalität des Bösen", die Hannah Arendt an den Verbrechen totalitärer Regimes hervorhebt (Arendt, 1995). Haben wir es aber einmal mit einem so ungeheuerlichen Frevel zu tun, so ist es – dieser Abwehrstrategie zufolge – eine *Forderung der Vernunft*, im Problemfeld weitgehend Abstinenz zu üben. Jedenfalls sollte man sich nicht auf Handeln, das dann im psychoanalytischen Jargon abwehrend verächtlich „Agieren" genannt wird, einlassen. Schuldig oder mitschuldig sind immer alle: bei der *Bagatellisierung* das Opfer, bei der *Überdramatisierung* derjenige, der gegen einen möglichen Täter den „ungeheuerlichen" Vorwurf erhebt. Dieser *existenziellen Verurteilung zum Schuldigwerden* ist das Nichtstun allemal vorzuziehen. Übersehen wird allerdings dabei, dass sich auch und gerade derjenige, der nichts unternimmt, mitschuldig macht – eine Haltung, die besonders in Deutschland eine lange Tradition hat.

Vernunft ist u.a. eine Frage der *Balance*, des dialektischen Ausgleichs und der Spannungstoleranz. Die Beschäftigung mit Tabuthemen, mit physischer und psychischer Traumatisierung und ihren Folgen, untergräbt unsere Illusionen von einer heilen Welt und erschüttert unser basales Sicherheitsgefühl. Bagatellisierung und Überdramatisierung vermeiden diese – oft ja heilsame – Erschütterung, die zur Problemdefinition führen kann, jeweils auf ihre Weise.

Man kann die beiden Teilstrategien des Abwehrscripts mit *mikroskopischem oder makroskopischem Sehen* vergleichen. In der *Mikropsie*, die z.B. bei Zwangsneurosen als psychopathologisches Symptom auftritt, erscheint das Wahrnehmungsbild extrem verkleinert und weit entrückt, so, als würden wir durch ein umgedrehtes Fernglas schauen. *Makropsie* dagegen verzerrt das Wahrnehmungsbild in entgegengesetzter Weise, so, als würden wir einen nahegelegenen Gegenstand durch ein Fernglas betrachten, dieses Mal aber in der normalen, auf Fernsicht gerichteten Einstellung. Beide Wahrnehmungsstrategien jedoch, die mikro- und makroskopische, kommen letztlich zum gleichen Resultat: Sie verhindern die Entfernungsregulierung, die das Auge benötigt, um klar sehen und damit – handlungstheoretisch – ein effektiv problemlösendes Handeln vorbereiten zu können.

1.3 Abwehrstrategien im sozialen Umfeld der Tätertherapeuten

1.3.1 Folgetherapien nach sexuellem Missbrauch in der Psychotherapie und die Rolle der Folgetherapeuten

Repräsentative Untersuchungen in den USA haben ergeben, dass jeder zweite Psychotherapeut schon einmal Patienten in Therapie hatte, die von einem Kollegen missbraucht worden waren (u.a. Aghassy & Noot, 1987; Bouhoutsos et al., 1983; Gartrell et al., 1986; Pope, 1991; Stake & Oliver, 1991). Eine Befragung des *Instituts für Psychotraumatologie in Deutschland* an Mitgliedern der großen Psychotherapieverbände der Deutschen Gesellschaft für Psychotherapie, Psychosomatik und Tiefenpsychologie (DGPT) zeigte, dass 85 % der Befragten mindestens eine missbrauchte Patientin in Folgebehandlung gehabt hatten. Durchschnittlich sind sie sogar mit 4,2 Fällen konfrontiert gewesen.

Hier liegt zwar kein repräsentatives Befragungsergebnis vor, da auf die Anfrage vor allem diejenigen Kolleginnen und Kollegen geantwortet hatten, die bereit waren, *Zweittherapien nach sexuellem Missbrauch* in der Psychotherapie oder Psychiatrie zu übernehmen, eine Untergruppe also mit expliziter Bereitschaft, sich im Problembereich zu engagieren. Diese Untergruppe könnte mit überdurchschnittlich vielen Fällen konfrontiert gewesen sein. Allerdings kommen die erwähnten amerikanischen Untersuchung zu einem vergleichbaren Ergebnis.

Psychotherapeuten, die von Kollegen missbrauchte Patienten selbst behandelt haben oder in diagnostischen Vorgesprächen mit ihnen in

Kontakt kamen, sehen sich in einer *schwierigen Lage*. Ihre Rolle als Berater oder als „Folgetherapeuten" und ihr Verständnis von „Abstinenz" verbieten ihnen im Allgemeinen, gegen den missbrauchenden Kollegen, ihren therapeutischen Vorgänger, eigene Schritte zu unternehmen, auch wenn sie dies für angemessen halten würden. Viele kennen den missbrauchenden Kollegen persönlich, begegnen ihm auf Institutsversammlungen, bei Fortbildungen, in Supervisionsgruppen etc. In vielen psychotherapeutischen Berufsverbänden oder Gruppierungen fehlen zur Zeit noch ausgearbeitete, verbindliche Richtlinien für ein Vorgehen in solchen Fällen und evtl. *ehrengerichtliche Schritte*. Selbst wenn die Kollegen bisher nicht persönlich dem defensiven Script von Bagatellisierung vs. Dramatisierung folgten, so geraten sie durch ihr Nichtstun doch zunehmend in eine *kognitive Dissonanz* zu ihrer Einstellung.

Eine Möglichkeit, diese Dissonanzen aufzulösen, besteht nun darin, auf *Bagatellisierung* oder eine vergleichbare Strategie der *Herstellung von Irrelevanz* zurückzugreifen. Die Tätertherapeuten können sich ihrerseits durch Untätigkeit der Kollegen und die hieraus folgende Bagatellisierungsstrategie bestätigt fühlen. Solche vielfältig verzahnten sozialkognitiven Strategien können verständlich machen, dass die deutschen Berufsverbände lange Zeit weitgehend untätig blieben. Inzwischen verfügen glücklicherweise dank intensiver Bemühungen engagierter Kolleginnen und Kollegen fast alle seriösen Berufsverbände und auch die Psychotherapeutenkammern über in dieser Hinsicht deutliche *Ehrengerichtsordnungen*. Die einzelnen Verfahrensvorschriften scheinen allerdings nicht immer so klar zu sein, wie es wünschenswert wäre.

Bei dem *Berufsverband Deutscher Psychologinnen und Psychologen* (BDP), der wohl am längsten über eine verbindliche Ehrengerichtsbarkeit verfügt, wurde bis zum Jahre 1991 lediglich ein Mitglied wegen sexuellen Missbrauchs in der Therapie aus dem Verband ausgeschlossen. Seit einiger Zeit hat der BDP dank der Initiative einiger engagierter Mitglieder andere Richter beauftragt und ein wirksames *Ehrengericht* auch gegenüber sexuellem Missbrauch etabliert. So bezogen sich von den sechs Urteilen, die im Jahre 1993 ausgesprochen wurden, vier auf sexuelle Übergriffe. Die Urteile reichten von Geldstrafen, Aberkennung der Behandlungsberechtigung bei der Techniker-Krankenkasse bis zum Verbandsausschluß (BDP-Jahresbericht, 1993).

Das Beispiel BDP zeigt, dass Konsequenzen gezogen werden. Aus der früheren Passivität der Verbände kann allerdings nicht geschlossen werden, dass die Mehrzahl der Verbandsmitglieder Sympathisanten der Täter seien bzw. gewesen seien, zu denen sie oft erklärt werden. Es müssen vielmehr die erwähnten *sozialpsychologischen Mechanismen* berücksichtigt werden, die nicht bewussten Entschlüssen oder Einstellungen einzelner Personen folgen. Dabei entstehen kollektive Handlungen nach Gesetzen, die niemand geplant oder gewünscht hat, die sich jedoch trotzdem als Regelhaftigkeiten eines Kollektivs durchsetzen.

Von philosophischer Seite hat als erster Jean-Paul Sartre in seiner „Kritik der dialektischen Vernunft" (1960, dt. 1967) solche sozialkognitiven Mechanismen als Strukturen des „Praktisch-Inerten" (S. 81 ff.) beschrieben. Soziale Kollektive funktionieren oft nach solchen praktischen *Trägheitsgesetzen*. Allerdings gibt es hinreichend Grund für unsere Berufsgruppe, die Psychotherapeuten, sich diesen Trägheitsgesetzen entgegenzustellen und problemadäquate Entscheidungsstrukturen zu entwickeln.

1.3.2 Rechtfertigungsstrategien in den therapeutischen Schulen

Wir befragten die betroffenen Patientinnen unserer Untersuchung, wie ihre Therapeuten den Missbrauch jeweils begründet haben. So kann man auf *empirischem Wege* Rechtfertigungsstrategien erfassen, die den Missbrauch nicht nur *vertuschen* und tolerieren, sondern auch *legitimieren* sollen. Die *Inhaltsanalyse* ergab acht unterschiedliche Strategien, von denen fünf die größte Besetzungsfrequenz einnahmen:
- der Übergriff als Schicksal,
- der Übergriff als therapeutische Maßnahme,
- Schuldzuweisung an die Patientin bzw. Mitschuld der Patientin,
- Leugnung des Vorfalls,
- Beteuerung von Liebe und emotionaler Authentizität.

Dabei unterscheiden sich die einzelnen psychotherapeutischen Schulen in ihren Rechtfertigungsstrategien. Die Stichprobengrößen unserer Untersuchungen (vgl. Kap. 4) lassen gegenwärtig nur *Trendaussagen* zu:
- Demnach bevorzugten die *Verhaltenstherapeuten* tendenziell die „therapeutische" Rechtfertigungsstrategie. Sie stellten den Missbrauch als *therapeutisch erforderlich* hin.
- Die *psychoanalytisch orientierten Therapeuten* waren zusammen mit den Gesprächstherapeuten auf *Schuldzuweisung* an die Patientinnen spezialisiert.
- *Adlerianer* und *Jungianer* bestritten den Vorfall – auch gegenüber der Patientin.
- *Humanistische Therapeuten* beriefen sich zur Rechtfertigung des Missbrauchverhaltens auf ihre *authentischen Gefühle*.

Die schulenspezifischen Schwerpunkte bildeten nur eine Tendenz in unserem Datenmaterial und schließen nicht aus, dass quer durch die unterschiedlichen psychotherapeutischen Schulen hindurch von den *anderen Legitimationsstrategien* ein „flexibler" Gebrauch gemacht wird.

1.3.3 Opferbeschuldigung zur Legitimation sexueller Übergriffe

Vielleicht am stärksten verbreitet ist die *Schuldzuweisung an die Patientinnen*. Dies entspricht dem populären Vorurteil „Dazu gehören immer zwei" – mit den Folgen der Opferbeschuldigung bzw. einer „gerechten" Verteilung der Schuld auf Opfer und Täter. Für diese Argumentationsfigur liegt mittlerweile auch ein Videobeispiel vor. In einer Sendung des Spiegel TV vom 21.9.1994 trat, zusammen mit einer Betroffenen und einer Expertin, ein Psychologe und Psychotherapeut auf. Er gab an, Folgetherapien mit Betroffenen durchgeführt zu haben, und teilte seine Strategie dabei unumwunden mit. Er würde den Betroffenen klarmachen, dass sie selbst schuldig oder zumindest mitschuldig wären an dem Vorfall, danach ginge es ihnen besser, und sie seien geheilt. Auch als er in der Sendung auf Widerspruch der betroffenen Patientin und der Expertin stieß, mochte er von dieser Strategie, die im gesamten Kollektiv der Therapeuten die häufigste Rechtfertigungsstrategie ist, nicht abrücken. Er hielt daran fest, die Patientinnen seien „irgendwie" immer mitschuldig, und die Einsicht in diese ihre Mitschuld habe für sie eine therapeutische Wirkung.

Hier wird eine im therapeutischen Berufsstand weitverbreitete Abwehrstrategie zur *Legitimation der sexuellen Übergriffe* verwendet und deren Übernahme durch die Patientin sogar noch als Therapieziel ausgegeben. Wie bei Rationalisierungen überhaupt, wird von vernünftigen Argumenten nur scheinbar Gebrauch gemacht.

Die Unlogik der Argumentation besteht vor allem in der *Verwechslung unterschiedlicher logischer Stufen und Realitätsebenen,* nämlich von physischer Beteiligung und Schuldfrage. Beteiligt sind Opfer an ihrem Schicksal immer. Wer z.B. bei einem Überfall auf den Kopf geschlagen wird, ist insofern beteiligt, als er immerhin zu dieser Zeit anwesend war und seinen Kopf nicht rechtzeitig beiseite gezogen hat. Um aus dieser „Beteiligung" nun aber eine Mitschuld zu konstruieren, bedarf es einer „Theorie", die die Mitbeteiligung in Mitschuld der Opfer umdefiniert. Hierzu eignet sich u.a. ein allerdings falsches Verständnis des sogenannten neurotischen Wiederholungszwanges.

Von den Probandinnen unserer ersten Untersuchung werden mehrere *Freudianer* zitiert, die mit diesem Argument ihren sexuellen Übergriff rechtfertigen: „Opfer finden immer ihren Täter", „Wenn ich es nicht gemacht hätte, wäre es ein anderer gewesen". Die Anwendung von Begriffen wie *Wiederholungszwang, Traumatophilie* oder neuerdings *addiction to the trauma* (Traumasucht), widerspricht hier jeglicher Logik. Zweifellos existieren in der klinischen Erfahrung solche Phänomene und sind auch relativ gut wissenschaftlich untersucht und bestätigt. Die Psychotherapie ist allerdings dazu da, die Wiederholung solcher Abläufe zu verhindern und die Patienten vom Wiederholungszwang zu befreien. Therapeutisches Fehlverhalten darf nicht mit Hinweis auf diese klinischen Phänomene begründet oder gar gerechtfertigt werden.

Allerdings sind Vorurteile und Abwehrstrategien der logischen Widerlegung nur begrenzt zugänglich. Solange eine größere Gruppe therapeutischer Kollegen von diesen Strategien Gebrauch macht, dürfen wir uns nicht wundern, wenn die Täter sie zur Rechtfertigung ihres Verhaltens heranziehen werden. Das *Mitschuldargument* verstärkt darüber hinaus noch die bei den Opfern ohnehin vorhandene *Tendenz, sich selbst für den Vorfall anzuklagen* oder zumindest dafür, ihn nicht verhindert zu haben.

Solche eingespielten Mechanismen können nur durch bewusstes Umdenken in Fachkreisen und Öffentlichkeit unterbrochen werden. Dabei ist zu berücksichtigen, dass das Mitschuldargument („Verstrickung") Bestandteil der aufgezeigten Bagatellisierungsstrategie ist. Diese Strategie erspart uns die seelische Erschütterung, welche mit der Einfühlung in schwere Verletzungen und Einsicht in Unrechtsverhältnisse einhergeht. Ihr Vorteil ist allerdings teuer erkauft. Sie verschleiert die Tatsache, dass für die Gestaltung und Aufrechterhaltung der psychotherapeutischen Situation der *Behandler* die alleinige Verantwortung trägt.

Wenn Patienten ihre „Wiederholungszwänge" in die Therapie einbringen, bleibt es seine Aufgabe, den Verlauf der therapeutischen Interaktion anders, eben korrektiv zum Wiederholungszwang, zu gestalten. Äußern Patienten erotische Fantasien auch bezüglich des Therapeuten, so ist dies notwendiger Bestandteil der Psychotherapie, die ja die Offenlegung ganz persönlicher Gefühle, Empfindungen und Fantasien verlangt. Und es ist die Aufgabe und Pflicht des Therapeuten, damit in einer hilfreichen Weise umzugehen und nicht etwa Phänomene der „Übertragungsliebe" (Freud, 1915) als persönliche Zuwendung und Zuneigung zu verstehen und sie zu Zwecken *persönlicher Befriedigung* zu missbrauchen. Eine Patientin, die in ihren Therapeuten verliebt ist und sexuelle Beziehungen mit ihm wünscht, ist natürlich emotional „beteiligt", wenn es zu sexuellem Missbrauch kommt. Sie ist aber weder mitschuldig noch für den Vorfall und die gravierenden Folgen mitverantwortlich, die sich aus ihm ergeben.

1.3.4 Exkurs: Wissenschaftlich-virtueller Dikurs über professionelles therapeutisches Verhalten

Wie verschwommen diese Zusammenhänge bis heute von manchen Psychotherapeutinnen und – insbesondere – Psychotherapeuten gesehen werden, kann einem Beitrag in der Zeitschrift *„Psychotherapie Forum"* Vol.15, No 1 aus 2007 entnommen werden.

Der Diskussionsbeitrag ist überschrieben mit *„Verwicklung, Verstrickung, Verstehen und die Wächter professionellen Verhaltens: ein wissenschaftlich-virtueller Diskurs"*.

Zu diesem Thema diskutieren die Psychotherapeutinnen und -therapeuten Gerd Böttcher, Ilka Burucker, Marion Henze, Waldemar Schuch, Ulrich Schulz-Venrath, Werner Traub und Jens Ulshöfer. Wir sehen hier einmal von der Frage ab, was ein „wissenschaftlich-*virtueller*" Diskurs sein könnte. Einer Antwort auf diese Frage sind wir leider auch nach wiederholter Lektüre nicht näher gekommen.

Im Folgenden geben wir einzelne **Textstellen** wieder, von denen wir einige **kommentieren**. Die Sequenz der Textstellen folgt, wenn nicht anders vermerkt, dem Diskussionsverlauf.

Textstelle (1):
Jens Ulshöfer (Verhaltenstherapeut, Hypnotherapeut, lösungsorientierte Kurzzeittherapie):
„Es geht mir nicht um die Frage, ob sexuelle Handlungen oder andere Formen des Missbrauchs im Rahmen einer Therapie Platz haben oder nicht. Ich glaube, der Schutz des Patienten diesbezüglich ist in der Tat unstrittig. Es geht aber um das Vorhandensein und Wahrnehmen von entsprechenden Bedürfnissen, Fantasien, Gedanken usw., sowohl bei mir als auch bei meinem Gegenüber ... Wenn eigene Bedürfnisse hier als ‚unerlaubt', ‚ethisch verwerflich' und ‚justiziabel' vor der Wahrnehmung unterdrückt, verdrängt werden, kann dies den therapeutischen Prozess empfindlich stören oder gar verhindern.

Wenn ich befürchten muss, für die Äußerung entsprechender Fantasien sanktioniert zu werden, dann tue ich eben so, als ob ich derlei ‚Anfechtungen' gegenüber unanfechtbar sei." (33).

Kommentierung (Textstelle 1):
Wir vermuten, dass dieses Problem in den stärker erlebnisorientierten Therapieformen, wie der gesprächspsychotherapeutischen oder psychodynamischen Richtung, weniger existiert, da es hier üblich ist, z.b. in einer Supervision über die eigenen Gefühle der Therapeutin nachzudenken und darüber zu sprechen. Allerdings stellen manche Therapeuten die Abstinenzregel so dar, als würde sie die Selbstreflexion des Therapeuten be- oder gar verhindern. Unserer Meinung nach ist das Gegenteil der Fall. Die Patientin kann erotische, auf den Therapeuten gerichtete Fantasien nur zulassen und äußern, wenn sie sich sicher sein kann, dass dieser sie nicht, wie im Alltagsleben, als Anbahnung einer erotischen Beziehung missversteht. Und auch dem Therapeuten dürfte es schwerer fallen, etwa in einer Supervision, eigene erotische Wünsche in bezug auf seine Patientin zu diskutieren, wenn er Zweifel an der Abstinenzregel hegt.

Textstelle (2):
Marion Henze (Psychiatrie und Psychotherapie, Tiefenpsychologie und Gestalttherapie).
„Ich merke, dass ich die Betonung dieses Themas allerorten zunehmend überzogen finde und auch allmählich ärgerlich werde – es ist ein richtiges Modethema geworden. Es würden mich handfeste Zahlen zur Häufigkeit sexuellen Missbrauchs in der Therapie interessieren ... Meiner Erfahrung und Vermutung nach ist das Phänomen in therapeutischen Grauzonen mit unzureichend ausgebildeten Möchtegern-Therapeuten häufiger." (loc. zit.)

Kommentierung (Textstelle 2):
Die vorliegende, neu aufgelegte Studie erschien im Jahr 1996, der Forschungsbericht für die Bundesregierung 1995. 1998 wurde die von allen psychotherapeutischen Fachverbänden unterzeichnete Broschüre der deutschen Bundesregierung publiziert, in der auf die vorliegende Studie und andere Untersuchungen verwiesen wird. Versagt unser Aus- und Weiterbildungssystem bei Fragen von sexuellem Missbrauch in der Psychotherapie?

Textstelle (3):
Marion Henze: *"Das konkrete Ausleben in einer Realbeziehung zum Patienten … zerstört den Rahmen der Therapie, und wir werden damit dem Behandlungsauftrag, den Patienten aus seinen Verstrickungen und Neurosen herauszuführen, nicht mehr gerecht – im Gegenteil re-inszenieren wir mit hoher Wahrscheinlichkeit eine für beide Seiten destruktive neurotische Dynamik".*

Textstelle (4):
Gerd Böttcher (wird im Heft als „Psychoanalytiker" und „Lehranalytiker" angegeben, lt. Interneteintrag ehemaliger Studentenpfarrer in Freiburg i. Br.):
"Es ist aber noch aus einer anderen Sicht wichtig, sich mit dem Thema (sexueller) Missbrauch, (sexuelle) Verstrickungen in der Psychotherapie zu befassen: Weil es der eigenen Lüsternheit die Möglichkeit bietet, sich im Gewand der Entrüstung zu äußern, wobei die Gewänder modischen Richtungen angepasst werden: Moral, Ethik, Abstinenz, Verantwortung usw.

Ich schreibe (spreche?, Anmerkung der Autoren) *hier über die Wächter unseres professionellen Verhaltens, auch über den eigenen persönlichen Wächter, etwas veraltet-modisch von einigen ‚Über-Ich' genannt.*

Es wird den Psychoanalytikern nachgesagt, eine besondere Affinität zu diesem Thema zu haben. Kein Wunder, haben sie doch besonders viel über dieses Thema veröffentlicht; mit einem Quantensprung besonders seit der Entdeckung des Tagebuchs der Sabina Spielrein. Die anderen Fachverbände hüllen sich da eher noch in Schweigen.

Ich bin mit meinem Alter Zeitzeuge verschiedener Ethik-Kulturen.

In den 1960er Jahren war es unter jüngeren Patientinnen und Patienten üblich, sich über ihre sexuellen Erlebnisse und Erfahrungen mit Therapeut(inn)en auszutauschen. Wilhelm Reichs ‚Die Sexualität im Kulturkampf' war für viele ‚die Bibel'. Befreiung der Sexualität bringe Befreiung von krankmachenden inneren Strukturen. Es hätten damals wohl nur wenige erwartet, dass 40 Jahre später bei solchen Geschichten der Staatsanwalt vor der Tür steht oder, meist noch schlimmer, so genannte kollegiale Ethikausschüsse zu urteilen sich anmaßten.

Die Zeiten haben sich geändert. In den kasuistischen Blick rückten unterschiedlich zu bewertende Folgen von krankmachendem Liebeskummer bei

Nichterwiderung der sexuellen Wünsche von Patienten an den Therapeuten; krankmachende Enttäuschungswut, wenn der (die) kurzfristig sexuelle Wünsche erfüllende Therapeut(in) dieses ‚sexuell-therapeutische Verhältnis' beendete, bis hin zu schweren Traumatisierungen, wenn die Therapeut(innen) zur Erzielung ureigener Befriedigung die Patient(inn)en verführten oder gar pseudo-therapeutisch überredeten, also die Beziehung als ‚Machtinstrument missbrauchten'. Um dem Thema tiefer gerecht zu werden, bedarf es differenzierter kasuistischer Beobachtungen und Erfahrungen und nicht nur modischer Gemeinplätze" (S. 33/34)

Kommentierung (Textstelle 4):
Weiter unten im Text der Diskussion teilt Herr Böttcher folgendes mit: *„In den letzten Jahren ... kommen immer mehr junge Ausbildungskolleginnen und -kollegen zu mir, weil sie sich nicht mehr trauen, sich über ihre Fragen und auch Anfechtungen bei jüngeren Supervisoren und Supervisorinnen im Rahmen ihrer üblichen Supervisionen ganz offen auszusprechen, und weil sie wissen, dass ich diese schreckliche Prozedur der Falschbeschuldigung einmal über mich ergehen lassen musste"* (S. 38).

Textstelle (5):
Ilka Burucker (Klientenzentrierte Gesprächspsychotherapie, Psychotraumatologie):
„Es geht ... darum, dass der Therapeut seine eigenen Wünsche wahrnimmt und sich deren Befriedigung im therapeutischen Setting versagt. Dies zum Selbst- und Fremdschutz und daher, dass er tatsächlich empathiefähig seinen Patienten gegenüber sein kann. Lege artis und nicht lege nomos.
Ich spreche nicht von sexuellem Missbrauch, auch wenn es so im StGB genannt wird. Das ist irreführend. Tatsächlich und fachlich müssen wir von Missbrauch der (vertrauensvollen, übertragungsfördernden) therapeutischen Beziehung sprechen, damit subtile Formen der Sexualisierung bewusst und einbezogen werden". (S. 35).

Kommentierung (Textstelle 5):
Der Ausdruck *„sexueller* Missbrauch" wurde vom deutschen Gesetzgeber gewählt, um eine Kategorie strafbarer Handlungen eingrenzen zu können.

Der traumatogene Faktor und das „zentrale traumatische Situationsthema" (Fischer & Riedesser, 2003) beim Professionalen Missbrauchstrauma (s. Kap. 3) ist selbstverständlich nicht die sexuelle Handlung als solche, sondern ihre *Funktion*, das Vertrauen zu zerstören und die Übertragungsbeziehung zu missbrauchen. Insoweit stimmen wir mit der Aussage von Frau Kollegin Burucker überein. Dennoch folgt daraus nicht, dass der Ausdruck „sexueller Missbrauch" ungeeignet wäre, die Problematik angemessen zu benennen. Er steht hier klassifikatorisch für eine Untergruppe von möglichem Missbrauch von Patienten bzw. von Menschen im Allgemeinen: Sexueller Missbrauch im Unterschied zu finanziellem Missbrauch, sozialem, emotionalem, physischem Missbrauch qua körperliche Gewalt, was alles ebenfalls in Psychiatrie und Psychotherapie zu beobachten ist.

Bisweilen wird der Ausdruck „sexueller Missbrauch" generell mit der Begründung abgelehnt, dann müsse es als Gegenteil schließlich auch einen sexuellen „Gebrauch" von Patienten geben. Das trifft nicht zu. In der deutschen und anderen europäischen Sprachen ist der Ausdruck „Gebrauch" dem *Umgang mit Sachen* vorbehalten und schließt den Umgang mit Personen aus. Man gebraucht ein Werkzeug, ein Fahrzeug, ein Konsummittel, aber nicht eine andere Person. Der Gebrauch einer anderen Person in der Art einer Sache ist vielmehr per se ein Missbrauch derselben – womit zugleich das wesentliche Merkmal auch beim sexuellen Missbrauch in der Psychotherapie, aber auch bei Kindern getroffen ist.

Textstelle (6):
Marion Henze:
„Es ist schwierig, im Diskurs dieses Thema wirklich zu klären.
Man kann diskursiv auch eine Vergewaltigung oder Pädophilie rechtfertigen – da finden sich immer irgendwann überzeugende Argumente –, ist auch oft genug versucht worden. Die Vergewaltigung einer Frau war früher bei uns und ist heute noch in manchen islamischen Gesellschaften durchaus unter gewissen, sogar alltäglichen Umständen gesellschaftlich akzeptiert.
Es geht um die Regeln, die sich eine Gesellschaft gibt, um u.a. auch Abhängige und Minderheiten zu schützen. Da Regeln begrenzen und auch aus-

grenzen sowie als Strafgesetz Sanktionen nach sich ziehen, wird es nie für jeden passen und es wird im Einzelfall Ungerechtigkeiten geben.

Gehe ich in eine Psychotherapie, ist der Zielauftrag ganz klar: Lösung meiner wie auch immer gearteten Lebens- und Beziehungsschwierigkeiten und Symptome. Dies ist nur angemessen in einer Psychotherapie möglich, wenn mein Psychotherapeut nicht emotional mit mir verwickelt ist. Wie tiefgreifend mein Problem ist, ob sich hinter dem harmlos anmutenden, schnell lösbar erscheinenden „Arbeitsplatzkonflikt" vielleicht eine schwere Borderline-Störung verbirgt oder eine maskierte suizidfähige Depression, kann auf den ersten Blick trügerisch verdeckt sein und zeigt sich manchmal erst Jahre später. Deshalb an der Schwere der Störung unterscheiden zu wollen, wann eine erotische Affäre sein darf und wann nicht, ist wie mit dem Überfahren der roten Ampel, wenn die Kreuzung frei ist: Es sieht doch alles so harmlos aus, keine Gefahr – dann braust urplötzlich ein Porsche vorbei und wir hängen beide zerquetscht im Blech." (35/36).

Textstelle (7):
Ulrich Schultz-Venrath (Prof. Dr. med., Psychoanalytiker DPV, Leiter einer Klinik für Psychotherapie und Psychosomatik):
„Leider ist der Zielauftrag in der Psychotherapie oft nicht so klar, wie man ihn formulieren möchte.

Aus behandlungstechnischer psychoanalytischer Perspektive ist die emotionale Verwicklung – nicht Verstrickung – obligat, denn ohne diese findet keine „Mentalisierung" statt, d.h., dass Patient und Therapeut die mental states des jeweils anderen erkennen lernen ... Und die Verstrickung ist bei Verwicklung nicht weit; und hier greift meines Erachtens letztlich keine Rechtsauffassung, sondern nur das Verstehen, worin die Verstrickung beider besteht. Meines Erachtens ist es öfters gerade die fehlende Wertschätzungskultur der Ausbildungsinstitute, die den Therapeuten sich seine „Anerkennung" durch eine falsch verstanden „omnipotente" Verstrickung holen lässt. Der Patient wird damit dauerhaft leider verfehlt, möglicherweise, weil dieser es unbewusst will ..." (S. 36).

Kommentierung (Textstelle 7):
Bei Schultz-Venrath tauchen die Begriffe auf, die in der Überschrift des Beitrags genannt sind: Verwicklung, Verstrickung, Verstehen. Dieses Ver-

stehen wird einer „Rechtsauffassung" gegenübergestellt. Bei „Verstrickung" solle *Verstehen* weiterhelfen, nicht aber die *Rechtsauffassung*.

Ähnlich wie – zumindest implizit – Schultz-Venrath unterscheidet Ulrich Sollmann, Gestalttherapeut und Herausgeber dieses Heftes, im Vorwort auf Seite 2, zwischen einer juristischen und der psychotherapeutischen Logik. *„In diesem Heft geht es ... vornehmlich um eine eher klassisch psychotherapeutische Zugangsweise zum Thema. Es geht um individuelle Perspektiven, um historische und kulturelle Unterschiedlichkeiten, aber auch um die Gefahr, wenn man sich denn zu deutlich und persönlich äußert, dass man eine ethisch-moralische Grundsatzdebatte lostritt, die, wie es nicht selten der Fall ist, inquisitionsähnliche Züge bekommen kann. Spätestens dann wird deutlich, dass man die eher psychotherapeutische Logik mit der juristischen Logik verwechselt. Somit besteht die Gefahr, dass die juristische Logik instrumentalisiert wird."*

In dieser Auffassung, so scheint uns, wird die Spaltung noch weiter vorangetrieben. Wieviele „Logiken" kann es geben? Darf man sich einige von ihnen aussuchen und die anderen beiseite lassen? Stellt man juristische und therapeutische „Logik" einander gegenüber, wie Schultz-Venrath und Sollmann, so gehören Verwicklung, Verstrickung und Verstehen offenbar zur psychotherapeutischen Logik, während auf der juristischen Seite ein trockener Straftatbestand übrigbleibt. Aber sind das wirklich zwei „Logiken"? Wozu dann beispielsweise Psychotherapie bei Strafgefangenen? Hier bewegen sich Klienten und Therapeuten im Rahmen einer juristischen Institution mit deren besonderen Prozeduren. Das schließt psychotherapeutisches Handeln und Verstehen aber nicht aus – *rechtsstaatliche Verhältnisse und Schweigeverpflichtung der Therapeuten* vorausgesetzt. Als Gedankenexperiment stelle man sich einmal vor, eine im Strafvollzug tätige Psychotherapeutin würde einem Vergewaltiger eröffnen, dass eine „Rechtsauffassung" bei ihm nicht weiterführe, sondern ein „Verstehen, worin die Verstrickung beider besteht." Ein erfolgversprechender Interventionsansatz ist hier kaum zu erkennen. Denn für die psychotherapeutische Behandlung von Straftätern ist unabdingbar, *dass juristische und psychotherapeutische Logik nicht dissoziiert werden.*

Zwar bestreiten viele Personen im Strafvollzug ihre Taten und/oder betonen, dass sie unschuldig seien. Im Übrigen seien Gesetzgebung und Rechtspflege ohnehin „kulturell und historisch relativ" oder „fehlende Wertschätzungskultur" ihrer Gesellschaft sei für ihre Taten verantwortlich. Kommt die Psychotherapeutin aufgrund ihrer möglicherweise umfangreichen Informationen zum Schluss, ihr Klient könne tatsächlich zu Unrecht verurteilt worden sein, so hat sie nicht nur das Recht, sondern auch die *Verpflichtung*, ihre Einsichten – mit Zustimmung ihres Klienten – weiterzugeben und sich für seine Freilassung einzusetzen. Andernfalls aber hilft es nicht weiter – wie jeder Kollege und jede Kollegin wissen – „Verstehen" und „Rechtsauffassung" gegeneinander auszuspielen. Vielmehr ist die *Einsicht in die Folgen der Handlung und in die Schädigung, die sie dem Opfer zugefügt hat,* ein unerlässlicher Schritt jeder psychotherapeutischen Behandlung, die für den Klienten Aussicht auf eine günstige Entwicklung und gelingende Rehabilitation mit sich bringt.

1.4 Zur Logik von Rechtssystem und Psychotherapie

Psychotherapie und Rechtssystem folgen zweifellos unterschiedlichen institutionellen Regeln und Prozeduren. Richter, Staatsanwalt und Rechtsanwalt können keine Psychotherapie ausüben, und umgekehrt nehmen Psychotherapeuten normalerweise weder die Rolle von Anklage oder Verteidigung ein noch unterstützen sie die eine oder andere Seite. Diesen institutionellen Freiraum braucht die Psychotherapie. Das aber setzt voraus, dass beide, Rechtssystem und Psychotherapie, *ein und derselben Logik* sowie letztlich auch der gleichen Zielsetzung folgen. Der Grundsatz „Rehabilitation vor Strafe" ist ein Beispiel, dass eine „Logik der Psychotherapie" (Fischer, 2008), die auf der „Konvergenz logisch-apriorischer und empirischer Bedingungen" (ebd.) beruht, das Rechtssystem beeinflussen und sogar prägen kann. Bei einem Wesensunterschied zwischen juristischer und therapeutischer Logik wäre genau das ausgeschlossen. Im Gegenteil: Psychotherapie im Rechtssystem, die nicht in den logischen und ethischen Grundlagen der Psychotherapiewissenschaft verankert ist, liefe Gefahr, zum Handlanger der Justiz zu werden, insbesondere einer solchen, die sich keinen ethischen oder moralischen Prinzipien verpflichtet fühlt.

Der Herausgeber Sollmann hatte es in seiner Einführung schon angekündigt: Es gehe in diesem Heft „um individuelle Perspektiven, um historische und kulturelle Unterschiedlichkeiten ..." (S. 2) – eine eher allgemein gehaltene Formulierung, die von Böttcher, wie vielleicht erinnerlich, folgendermaßen konkretisiert wurde: *„Es ist aber noch aus einer anderen Sicht wichtig, sich mit dem Thema (sexueller) Missbrauch, (sexuelle) Verstrickungen in der Psychotherapie zu befassen: Weil es der eigenen Lüsternheit die Möglichkeit bietet, sich im Gewand der Entrüstung zu äußern, wobei die Gewänder modischen Richtungen angepasst werden: Moral, Ethik, Abstinenz, Verantwortung usw."* (loc. zit.).

Bilden Verantwortung, Moral, Ethik und psychotherapeutische Abstinenz „modische Richtungen"? Das nun wäre ein sehr betrübliches Urteil über unsere psychotherapeutische Gemeinschaft. Werden sie vor allem herangezogen, um *Lüsternheit und Verfolgungseifer von professionellen Wächtern* zu bemänteln? Selbst Nietzsche, dem wir tiefe Einblicke in eine ressentimentbedingte, verlogene Moral verdanken, würde diese Behauptung kaum unterschreiben. War Freud mit seiner Forderung, die analytische Kur müsse in der Abstinenz durchgeführt werden, ein lüsterner Moralist, der eine dieser wechselnden moralistischen Moden begründet hat (wenn immerhin auch so erfolgreich, dass seine Konzepte von Abstinenz und Übertragung noch heute von anderen Moralisten zur Bemäntelung ihrer Lüsternheit verwendet werden können)? Oder sind diese Konzepte möglicherweise sehr vernünftig, und in jeder nur denkbaren „psychotherapeutischen Logik" (Fischer, 2008) wohl begründet?

So besteht ein wesentlicher Unterschied zwischen einer *Relativierung von Normen*, die das menschliche Zusammenleben erschweren oder sogar verhindern einerseits und der *Relativierung von Werten* andererseits, die Menschen in einer Situation vorübergehender Abhängigkeit, wie in der Psychotherapie, vor der *Ausbeutung durch ihr Hilfspersonal* bewahren. Zweifellos begünstigen viele gesellschaftliche Normen die Stärkeren und

Herrschenden. Untergräbt der relativistische Diskurs erfolgreich aber auch jene Werte, die Schwächere vor der Ausbeutung durch die Mächtigen schützen, dann wird die soziale Welt um viele Grade kälter und verliert am Schluss ihren sozialen Sinn.

Wilhelm Reich, den Böttcher in seinem „historischen" Rückblick erwähnt, hat mit der „sexuellen Revolution" keineswegs einen Aufruf zur Sexualität zwischen Analytiker und Patientin verbunden, ebenso wenig wie einen Aufruf zum Inzest. Vergewaltigung, Inzest und sexueller Missbrauch von Schutzbefohlenen sind vielmehr seit je das *Privileg jener Unterdrücker*, denen eine falsch verstandene „Aufklärung" noch die letzten „neurotischen Hemmungen" (Schultz-Hencke, 1940) nimmt.

Blickt man zurück auf die in Auszügen wiedergegebene Diskussion zwischen Psychotherapeutinnen und Psychotherapeuten (s. Abschnitt 1.3.4), so drängt sich ein *deutlicher Unterschied zwischen den Geschlechtern* auf. Die Position der weiblichen Teilnehmer ist klarer und weniger „gebrochen" als die der männlichen, jedenfalls tendenziell.

Dieser Eindruck bestätigt sich auch, wenn man den *vollständigen Text der Diskussion* heranzieht, was aus Raumgründen hier nicht möglich ist. Von der statistischen Beteiligung der Geschlechter am sexuellen Missbrauch in der Psychotherapie her gesehen, müsste diese Proportion umgekehrt ausfallen. Daraus geht hervor, dass gerade bei *männlichen Psychotherapeuten*, insbesondere bei den älteren Jahrgängen, in Deutschland besonderer Aufklärungsbedarf besteht.

2. Epidemiologie sexuelle Übergriffe in Psychotherapie und Psychiatrie

2.1 Überblick

Wir haben bereits einige Angaben zur Epidemiologie sexueller Übergriffe in der Psychotherapie gemacht: Wir rechnen mit mindestens 300 Fällen pro Jahr im Rahmen der *kassenfinanzierten Psychotherapie* und noch einmal mit mindestens 300 Fällen, wenn man die *außerhalb der Kassen* praktizierten Psychotherapieformen, wie Gestalttherapie, Transaktionsanalyse, Psychotherapie im Rahmen des Heilpraktikerberufes, Körpertherapien, Bioenergetik, Tanz- und Atemtherapien usw. mit hinzu zählt.

Unsere Berechnung beruht auf einem Ansatz, den K. M. Bachmann vom *Psychiatrischen Landeskrankenhaus der Universität Bern* vorgeschlagen hat. Die meisten Befragungen von Psychotherapeuten danach, ob sie in ihrem Leben jemals sexuelle Kontakte zu Patienten hatten, kommen auf eine Quote von ca. 12 % der männlichen Therapeuten und ca. 3 % der weiblichen Therapeuten, die diese Frage bejahen. Die amerikanischen Haftpflichtversicherungen schätzen, dass ca. 20 % der Therapeuten mindestens einmal in ihrer Laufbahn sexuelle Intimitäten mit Patientinnen oder Patienten aufnehmen (z.B. Kardener et al., 1973; Holroyd & Brodsky, 1977; Gartrell et al., 1986; Pope & Tabachnick, 1993).

Diese Zahl liegt also *mindestens doppelt so hoch wie die Selbstangaben der Psychotherapeuten*. Wenn wir jedoch lediglich von den Selbstangaben ausgehen, so kämen wir bei 1.000 befragten Psychotherapeuten durchschnittlich auf 100, die angeben, mindestens einmal in ihrer beruflichen Laufbahn sexuelle Kontakte mit Patienten gehabt zu haben.

Nun bleiben bei einem nicht geringen Anteil der Therapeuten sexuelle Kontakte kein einmaliges Vorkommnis. Die Angaben über den relativen Anteil von Wiederholungstätern schwanken in den vorliegenden Studien zwischen 80 % und 33 % (Holroyd & Brodsky, 1977; Gartrell et al.,

1986). Nimmt man einen Durchschnittswert von 50 % an, wären zu den 100 Übergriffen weitere 50 hinzuzuzählen. Bei 1.000 Therapeuten sind mindestens 150 Patienten betroffen. Wenn ein Therapeut ca. 30 Jahre praktiziert, kann bei 1.000 Therapeuten auf mindestens 5 Fälle pro Jahr geschlossen werden (Bachmann, persönliche Mitteilung). Bei mindestens 10.000 Therapeuten, die im Rahmen der kassenärztlichen Versorgung tätig sind (vgl. dazu Meyer et al., 1991) ergeben sich als äußerste Minimalschätzung ca. 50 Fälle in der Bundesrepublik Deutschland – auf der Basis von *Eigenangaben der Therapeuten*.

Andere Datenquellen, wie *Befragungen von Folgetherapeuten*, weisen einen etwa doppelt so hohen minimalen Schätzwert aus. Berücksichtigt man zusätzlich *Direktbefragungen von Patientinnen und Patienten* („Petra", 1991), so erscheint die Zahl von 300 Betroffenen pro Jahr im Rahmen der krankenkassenfinanzierten Psychotherapie und 600 Betroffenen pro Jahr im Rahmen der in der Bundesrepublik insgesamt praktizierten Psychotherapie als eine realistische Minimalschätzung

Infolge der schwerwiegenden *Folgeschäden*, die sexuelle Übergriffe in der Psychotherapie in der Regel nach sich ziehen, ist die jährliche Kostenbelastung, die in der Gesundheitsversorgung durch dieses Fehlverhalten von Psychotherapeuten entsteht, hoch. Allein für gescheiterte Ersttherapien und die ambulanten und stationären Folgetherapien, d.h. ohne die Kosten, die durch *Langzeitschäden* wie Arbeitsunfähigkeit und Berentung verursacht werden, betragen sie bei 600 Betroffenen jährlich – damals – ca. 20 Mio. DM (vgl. Becker-Fischer & Fischer, 1995).

Die *Täter* sind zu ca. 90 % männlichen Geschlechts, die *Opfer* zu ungefähr 90% Frauen. Wegen dieser typischen Verteilung der Geschlechter sprechen wir im Folgenden von *dem* Therapeuten und *der* Patientin bzw. *der Klientin*. Zwar weisen neuere Ergebnisse eine höhere Anzahl sexuell missbrauchender Therapeutinnen auf (vgl. Kap. 4); auch häufen sich die Hinweise auf eine *erhöhte Dunkelziffer bei (männlichen) Patienten*. Diese höheren Dunkelziffern gehen vermutlich auf *geschlechtsspezifische Rollenstereotypen* zurück. Männern fällt es schwerer, sich als „Opfer" eines sexuellen Übergriffs zu verstehen, insbesondere, wenn der Übergriff von einer Frau ausgeht. Hingegen haben Frauen als Therapeutinnen heftigere Widerstände dagegen, sich aktiv-verführend und somit als Täterin zu erleben. Trotz dieser verborgenen Bereiche scheint es realistisch, die Konstellation zwischen Therapeut und Klientin als die absolut häufigste anzusehen.

2.2 Tätertypologie

Im Frühjahr 1994 haben wir eine Einrichtung in den USA besucht, die seit etwa 20 Jahren klinische Erfahrungen in der Beratung von *betroffenen Patientinnen* und *grenzüberschreitenden Therapeuten* gewonnen hat, das Walk-in-Counseling-Center in Minneapolis. Die dortigen Mitarbeiter, Gary Schoener, Janette Milgrom und Ellen Luepker, haben aufgrund ihrer klinischen Erfahrungen die folgende Tätertypologie erstellt.

1. Uninformierte Naive:
Zu ihnen zählen sie Paraprofessionelle oder Therapeuten, deren Ausbildung unzureichend war, speziell im Hinblick auf die Frage der Grenzziehung zwischen dem persönlichen und beruflichen Bereich. Im persönlichen Kontakt erweckt diese Gruppe einen extrem naiven Eindruck. Offensichtlich fehlt es ihnen an der persönlichen Reife für den therapeutischen Beruf.

2. Gesunde oder durchschnittlich Neurotische:
Bei ihnen ist der sexuelle Kontakt mit Klientinnen begrenzt oder ein einzelnes Erlebnis. Sie wiederholen die sexuellen Kontakte normalerweise nicht, sind sich darüber im klaren, dass es sich dabei um etwas Unethisches handelt, und machen sich Vorwürfe. Sie stehen im Allgemeinen zu dem, was geschehen ist, sind bereit und motiviert zu Supervision oder einer eigenen Psychotherapie und haben eine eher günstige Prognose im Hinblick auf rehabilitative Maßnahmen.

3. Schwer Neurotische und/oder sozial Isolierte:
Sie haben meistens deutliche emotionale Probleme, die schon länger bestehen, und leiden speziell unter Depressionen, Selbstwertproblemen und Einsamkeit. Die therapeutische Arbeit ist ihr Lebensinhalt,

mit dem fast alle ihre persönlichen Bedürfnisse befriedigt werden sollen. Während bei der vorhergehenden Gruppe aktuelle, situative Probleme eine wesentliche auslösende Rolle spielen, kommen diese hier zwar auch vor, sind aber bei weitem nicht so ausschlaggebend für die sexuelle Kontaktaufnahme mit Patientinnen. Wenn auch Schuldgefühle bestehen können, so gewannen Schöner und Gonsiorek doch den Eindruck, dass diese Gruppe von Therapeuten kaum in der Lage ist, ihr Verhalten zu verändern, und dass ihre Schuldgefühle eher zu unbewusst selbstbestrafendem Verhalten führen als zu konstruktiven Veränderungen. Die Rehabilitationsmöglichkeiten sind bei diesen Personen begrenzt.

4. *Impulsive Charakterstörungen:*
Diese Gruppe bilden Therapeuten mit Schwierigkeiten in der Triebkontrolle, die im Allgemeinen schon lange bestehen. Meistens finden sich in ihren Lebensgeschichten schon einige frühere Grenzüberschreitungen wie sexuelle Belästigungen von Mitarbeitern oder Auszubildenden, kleinere Betrügereien oder auch schwerwiegendere Sexualdelikte. Sie haben normalerweise sehr viele Kontakte mit sehr vielen Patientinnen, gleichzeitig oder nacheinander. Schuldgefühle, Depression oder Reue zeigen sie nur, solange ihnen Konsequenzen drohen. Sie sind sich anscheinend nicht bewusst, welchen Schaden ihr Verhalten bei den Patientinnen anrichtet, und verleugnen jegliche Folgeschäden. Sie sind im Allgemeinen nicht rehabilitierbar.

5. *Soziopathische oder narzisstische Charakterstörungen:*
Diese ähneln in vielerlei Hinsicht den impulsiven Charakteren, sind jedoch im Unterschied zu diesen „cool", berechnend. Sie sind „Experten" nicht nur im Verführen von Patientinnen, sondern auch im Vertuschen ihrer Handlungen und darin, Kollegen zu manipulieren. Im Allgemeinen haben sie eine lange Reihe von früheren Opfern aufzuweisen, die jedoch fast immer sehr gut versteckt ist. Wenngleich sie bei Entdeckung und Konfrontation mit ihrem Verhalten manchmal eine bemerkenswerte Fähigkeit haben, die Reaktionen der gesünderen Therapeuten zu imitieren und beispielsweise Betroffenheit

vorzutäuschen, sind diese Reaktionen jedoch nicht echt. Die Aussichten für rehabilitative Maßnahmen sind dementsprechend schlecht.

6. *Psychotische oder Borderline-Persönlichkeiten:*
Hervorstechendstes Merkmal dieser Gruppe ist die schwache soziale Urteilsfähigkeit bzw. der gestörte Realitätsbezug. Sie benutzen häufig im Vergleich zu den oben beschriebenen Gruppen ausgesprochen bizarr wirkende Rationalisierungen für ihr Verhalten. Einige gehören „Psychosekten" an, zeigen paranoide Züge, ideologische oder „ethisch" rationalisierte Wahnbildungen usf. Sie sind nicht rehabilitierbar.

Nicht nur für psychotherapeutische Berufskolleginnen und -kollegen stellt sich aber die schockierende Frage, wie Persönlichkeiten mit diesen Strukturen elaborierte Ausbildungsgänge durchlaufen können. Dies geschieht offensichtlich nicht nur in Deutschland, sondern auch in den USA, wo die Leistungsanforderungen an lizenzierte Psychotherapeuten gegenwärtig bedeutend höher sind als bei uns. Selbst strengere Richtlinien können offenbar nicht verhindern, dass ca. 10 % der später praktizierenden Psychotherapeuten in dieser Weise gegen die fundamentalen ethischen und praktischen Normen ihres Berufsstandes verstoßen. *Auswahlverfahren* und *Aufmerksamkeit der Lehrenden* und *Supervisoren* im Rahmen der Ausbildung sollten zwar auf spezifische Hinweise für die Psychopathologie potenzieller Täter gerichtet werden, unseres Erachtens sollte man hieraus jedoch nicht die Folgerung ziehen, ausgearbeitete Auswahlverfahren und Ausbildungsgänge schlichtweg zu verschärfen und zu erschweren.

Ein Beispiel, dass diese Strategie nicht unbedingt zu Erfolgen führt, ist die *Psychoanalyse*. Dort werden von Lehranalytikern mit den Bewerbern zunächst ausführliche *Aufnahmeinterviews* geführt. Danach durchlaufen die Auszubildenden persönliche *Lehranalysen*, die viele Jahre dauern und sie finanziell sehr belasten. Die analytische Ausbildung dauert im Durchschnitt ca. 10 Jahre (Pohlmann, 1985). All diese Maßnahmen haben jedoch keineswegs dazu geführt, dass Psychoanalytiker unter den missbrauchenden Therapeuten seltener anzutreffen sind als Vertreter anderer Therapieverfahren

Zwar sammeln sich in der Gruppe 1 der „uninformierten Naiven" zahlreiche nicht, kaum oder schlecht ausgebildete Psychotherapeuten. Die hartgesottenen Fälle, vor allem der *soziopathischen Täter*, sind jedoch in den etablierten und durchorganisierten Therapieverfahren genauso häufig vertreten wie anderswo auch. Sie bekleiden in *etablierten Therapieverfahren* wie der Psychoanalyse und Verhaltenstherapie häufig sogar *berufspolitische und therapeutisch-wissenschaftliche Führungspositionen* und bemühen sich um Mitarbeit oder gar Vorsitz in Ethikkommissionen. Gegen diese Persönlichkeiten ist offenbar in den üblichen Ausbildungsgängen „kein Kraut gewachsen". Was hier im Rahmen der *Therapieverbände* weiterführen kann, ist

- eine verbesserte Aufklärung des gesamten Berufsstandes,
- eine Sensibilisierung für grenzlabiles Verhalten,
- geregelte Verfahrensvorschriften bei Kenntnis von Missbrauch im Kollegenkreis und
- eine Einstellungsänderung insbesondere zur Glaubwürdigkeit von Patientinnenaussagen auf diesem Gebiet (s. Kap. 5.).

2.3 Persönlichkeitsstruktur von Tätertherapeuten und Wiederholungstätern

Zur *Persönlichkeitsstruktur* sexuell missbrauchender Psychotherapeuten liegen bislang noch keine abschließenden Untersuchungen vor. Dennoch legen alle bisherigen Studien nahe, dass zunächst zwischen zwei Gruppen unterschieden werden muss. Bei einigen scheinen primär *akute situative Krisen und Belastungen* zu Grenzüberschreitungen zu führen (Gruppe 1, 2 und zum Teil 3, nach Schoener; vgl. auch Reimer, 1990). Diese sind sowohl für präventive als auch für rehabilitative Maßnahmen im Allgemeinen ansprechbar. Zu psychopathologischen Aspekten, die bei ihnen eine Rolle spielen, ist die Analyse der „liebeskranken" (lovesick) Therapeuten von Twemlow und Gabbard (1989) lesenswert. Da ihre Probleme sich weitestgehend im Bereich der „Normalität" bewegen, es sich also um *ubiquitäre neurotische Phänomene und Belastungssituationen* handelt, die therapeutisch aufarbeitbar sind, gehen wir hier auf diese Gruppe nicht weiter ein. Obwohl bei einem großen Teil dieser „Liebeskranken" erhebliche *Über-Ich-Defizite* vorzuliegen scheinen, scheint es doch einen nicht geringen Teil zu geben, der unter dem missbräuchlichen Verhalten leidet und es verändern möchte.

Ein zweiter Täterkreis scheint unter erheblichen, allerdings oft schwer erkennbaren Persönlichkeitsstörungen zu leiden. Wenig oder gar nicht einsichtsfähig, bilden sie den Kern der *Wiederholungstäter*. Unter präventiven Gesichtspunkten ist es daher besonders bedeutsam, diese Störungsformen genauer zu analysieren. Es gibt Hinweise darauf, dass hier *Spaltungsphänomene* eine besondere Rolle spielen. Diese Spaltungen betreffen nicht nur, wie für die Borderline-Persönlichkeit beschrieben, die guten und bösen Objektrepräsentanzen, sondern es handelt sich um *verstärkte dissoziative Tendenzen* in der gesamten Persönlichkeitsorganisation. Sie werden z.B. in der Art deutlich, wie diese Therapeuten mit Fragen eigener Schuld und Verantwortung umgehen.

Lifton (1986) hat diese Dissoziationen sehr eindrucksvoll bei der *Persönlichkeit von Nazitätern* und den sogenannten *Nazidoktoren* beschrieben. Er spricht hier im Gegensatz zur Spaltung von *Verdopplung* (doubling) der Persönlichkeit. So hatte Dr. Mengele beispielsweise eine eigene „Auschwitz-Persönlichkeit" entwickelt, wenn er mit weißen Handschuhen angetan auf der Verladerampe über Tod und Leben der eingehenden Häftlinge entschied. Strikt getrennt davon war die *Familienpersönlichkeit* des Dr. Mengele. Hier war er ein treusorgender Familienvater und humanistisch gebildeter Musikliebhaber.

Ein ähnliches „Doubling-Phänomen" wurde im Jahre 1984 von dem amerikanischen Psychoanalytiker Smith bei einem prominenten missbrauchenden Berufskollegen beschrieben. Dieser Psychotherapeut und Psychiater war Vorsitzender zahlreicher berufspolitischer Gremien, genoss einen ausgezeichneten Ruf als praktizierender Psychotherapeut und Theoretiker seiner Disziplin. Er wirkte im persönlichen Kontakt vertrauenerweckend und seriös. Als einige Patientinnen begannen, sich über sexuellen Missbrauch mit Gewaltanwendung in seiner Praxis zu beklagen, wurden sie von den Berufskollegen mit verschiedenen psychopathologischen Diagnosen versehen. Die *persönliche Ausstrahlung* des Kollegen war zu überzeugend, um auch nur den Schatten eines Verdachts aufkommen zu lassen. In einem langwierigen *ehrengerichtlichen Verfahren,* das sich über viele Jahre hinzog, wurde der behauptete Vorwurf der Patientinnen in allen Einzelheiten bestätigt. Man musste sich schließlich davon überzeugen, dass dieser liebenswürdige und beruflich führende Kollege, der sich in Öffentlichkeit und Berufsstand so verdient gemacht hatte, im Schutz der *exklusiven Zweisamkeit* seine Patientinnen sexuell missbrauchte und sogar vor Drohungen und Gewaltanwendung nicht zurückschreckte. Die in der „offiziellen Persönlichkeit" abgespaltenen, im sexuellen Missbrauch jedoch agierten und „delegierten" Anteile, betreffen eine – möglicherweise traumatisch bedingte – extreme *eigene Bedürftigkeit und Sehnsucht* sowie *massive destruktive bis hin zu sadistischen Motivationen.*[2)]

Die Frage, ob es bestimmte *Eigenschaften bei den Patientinnen* gibt, die Opfer eines sexuellen Übergriffs werden, wird in der Literatur unterschiedlich behandelt. Während einige Autoren spezifische Persönlichkeitszüge wie masochistische Züge, Selbstwertprobleme oder Borderline-Störungen hervorheben (Belote, 1974; Smith, 1984; Marmor, 1976; u.v.a.), wird diese Frage in der neueren Literatur eher verneint (z.B. Holroyd & Brodsky, 1977; Schoener, 1984; Wohlberg et al., 1999).

Abgesehen davon, dass psychopathologische Klassifikationen leicht in die Gefahr geraten, der oben erwähnten Abwehrstrategie der *Opferbeschuldigung* zu folgen, unterscheiden sich die Probandinnen, die an unseren beiden Studien teilgenommen haben, weder in den sozialstatistischen Daten noch in den Eingangssymptomen in auffälliger Weise vom Durchschnitt der Psychotherapiepatientinnen. Allerdings waren über die Hälfte unserer Probandinnen bereits *in ihrer Kindheit sexuell missbraucht* worden. Ob dies ein für Psychotherapiepatientinnen ungewöhnlich hoher Anteil ist, lässt sich nicht sicher sagen. Dennoch erscheint es uns bemerkenswert. Auch in anderen Untersuchungen wird von den entsprechenden Autoren jeweils ein vergleichsweise häufiges Vorliegen *früherer sexueller Gewalterfahrungen* bei den Opfern professioneller sexueller Übergriffe bemerkt (z.B. Ben-Ari & Somer, 2004; Benowitz, 1991; Disch & Avery, 2001; Luepker, 1999).

Wie Schoener, Wohlberg, Holroyd und Brodsky (s.o) gewannen auch wir den Eindruck, dass es letztlich nur *einen* verlässlichen Prädiktor dafür gibt, ob es in einer therapeutischen Beziehung zum sexuellen Missbrauch kommt oder nicht. Der liegt allerdings nicht bei der Patientin, sondern in der *Persönlichkeitsstörung des Therapeuten*. Hat der Therapeut schon früher Patientinnen sexuell missbraucht, so liegt hierin das zuverlässigste prognostische Kriterium für die Wahrscheinlichkeit von Missbrauch in einer späteren Therapie. Auch deswegen werden wir der Frage nach der *Psychopathologie von Wiederholungstätern* in den folgenden Abschnitten besondere Aufmerksamkeit widmen.

Bei manchen Autoren stoßen Erwägungen über die potenzielle Pathologie der Wiederholungstäter auf grundlegende Missverständnisse. Einerseits werden solche Analysen als Aufforderung zum „Mitleid" mit den ausbeutenden Therapeuten aufgefasst, denen doch als Opfer früherer Verletzungen keine Schuld zugesprochen werden dürfe. Im Kurzschlussverfahren wird Verstehen mit *Ent-Schuldigung* der Täter gleichgesetzt. Es wird unterstellt, mit der Explikation möglicher psychischer Hintergründe werde um Verständnis für die Täter geworben, um diese ihrer Schuld zu entheben.

Dass dies nicht der Fall ist, lässt sich an einem einfachen Beispiel verdeutlichen. Niemand wird bezweifeln, dass man analysieren kann, wie Atomenergie funktioniert, ohne damit zwangsläufig Atomkraftwerke zu rechtfertigen. Im Gegenteil: Ein genaues Verständnis der atomaren Wirkungsweise und Auswirkungen ist eine notwendige Voraussetzung dafür, ihre Gefährlichkeit wirklich beurteilen und begründen zu können. Analog hierzu hat die Frage der Verstehbarkeit bestimmter Handlungsweisen mit der Frage nach der *Verantwortlichkeit* grundsätzlich nichts zu tun. Unabhängig von ihren früheren oder aktuell belastenden Erfahrungen sind die Therapeuten verantwortlich für ihr Tun. Sie bieten sich als fachkundige Psychotherapeuten an und müssen als solche ihre *Möglichkeiten und Grenzen* kennen. Wenn sie eigene Konflikte haben, sind sie dafür verantwortlich, diese unabhängig von ihren Patientinnen zu lösen. Das sollten sie wissen und entsprechende Wege kennen. Dies gehört zu ihrer *fachlichen Kompetenz.*

Einem ähnlichen logischen Kurzschluss unterliegen diejenigen, die meinen, allein der durch einige Untersuchungsergebnisse nahegelegte Befund, dass Frauen mit vorgängigen sexuellen Gewalterfahrungen häufig in der Therapie erneut missbraucht werden, diskriminiere die betroffenen Frauen. Diese Aussage setzt entweder voraus, sexuelle Gewalterfahrungen seien diskriminierend, oder geht selbst von dem Schuldvorwurf aus, aufgrund ihrer Vorerfahrung seien die Frauen dann an der Wiederholung durch den Therapeuten schuld.

Wieder werden zwei voneinander unabhängige Ebenen vermischt. Die Frage, ob und warum diese Frauen öfter in der Therapie missbraucht werden, ist logisch unabhängig von der Frage der Verantwortung oder gar Schuld für das Geschehen. Im Gegenteil: In beiden Fällen, der Frage nach den potenziellen früheren Traumatisierungen von Opfern wie von Tätern, geht es darum, die Zusammenhänge besser zu verstehen um daraus *präventive Möglichkeiten* abzuleiten – und zwar zum *Schutze der Patientinnen und Patienten.*

2.4 „Grenzüberschreitende Psychotherapie" und „Liebestherapien" auf dem Prüfstand

Anything goes als Lösung des Problems? Wenn es in Psychotherapien bisweilen zu einer sexuellen Beziehung zwischen Patientin und Therapeut kommt, ist es nicht besser, „Toleranz" zu üben, die Realität solch ungewöhnlicher „Liebesbeziehungen" zu akzeptieren bzw. nach Möglichkeit alles zu vermeiden, was zu ihrer Diskriminierung beitragen könnte? Ist die *postmoderne Regel* des „anything goes" nicht vielleicht die angemessene Haltung? Lassen sich erotische Beziehungen möglicherweise sogar als *therapeutischer Wirkfaktor* einsetzen?

Diese Fragen muss sich eine um Erklärungen bemühte Psychotherapieforschung natürlich stellen. Denn es ist ja alles andere als naheliegend, dass eine sexuelle Beziehung zwischen erwachsenen Partnern, sofern sie ohne Gewalt zustande kommt, nun ausgerechnet „traumatische" Folgen haben soll, wie die empirischen Studien leider belegen. Welche genauen Umstände und Wirkfaktoren ruft eigentlich das Trauma hervor?

In der vergleichsweise kurzen Geschichte der Psychotherapie haben sich nur wenige Therapeuten offen zu sexuellen Beziehungen mit Patientinnen und Patienten bekannt. Ein frühes Beispiel ist der US-amerikanische „Liebestherapeut" McCartney. In einer Arbeit aus dem Jahre 1966 berichtet er von zahlreichen erfolgreichen Psychotherapien, die er u.a. durch sein persönliches, erotisches und sexuelles Engagement zu einem positiven Abschluss gebracht haben will. Die *eigenkatamnestischen Angaben* dieses Autors geben jedoch zu skeptischen Fragen vielfältigen Anlass, allein schon im Bereich der Quantitäten. Kritiker haben berechnet, dass McCartney nach seinen eigenen Angaben 40 Jahre lang jeden Tag nahezu 150 Fälle „behandelt" haben muss (Pope & Bouhoutsos, 1992). Leider teilt dieser Psychotherapeut nur seine eigenen Angaben vom Therapieverlauf mit. Es liegen keine unabhängigen katamnestischen Angaben seitens der zahlreichen Patientinnen vor. Als Datenquelle für die Erfolgsbeurteilung aber alleine den Therapeuten zu akzeptieren, ist in der Psychotherapieforschung seit langem obsolet.

Drei-Parteien-Modell. Strupp und Hadley (1977), bekannte Psychotherapie-Forscher, haben eine Art von „Drei-Parteien-Modell" (tripartite model) vorgeschlagen – drei Parteien, die sich an der *Erfolgsbeurteilung* beteiligen können. Die erste Partei, deren Aussage berücksichtigt werden muss, sind die *Patienten*. Wenn sie sich nach der Psychotherapie wohler fühlen als zuvor, ist eines der drei Teilziele erreicht. Die zweite Partei bildet die *soziale Umwelt*, die ja nun mit der psychotherapeutisch veränderten Persönlichkeit konfrontiert ist und ihrerseits möglicherweise andere Erfolgsmaßstäbe anwendet als die Patienten selbst. So kommt es nicht selten vor, dass Patienten hiernach weit weniger umgänglich oder „pflegeleicht" erscheinen als zuvor und sich besser durchsetzen können. Für Partner, Familienangehörige, Freunde und Arbeitgeber kann das eine Enttäuschung sein. Die Psychotherapie wird im Zweifelsfall auf seiten der Patienten stehen. Eine dritte Dimension der Erfolgsbeurteilung stellen *Expertenurteile und* *objektive Daten* dar, wie Ergebnisse von Testverfahren, Reduktion der Eingangssymptome und die Frage eventueller Symptomverschiebungen, Zahl von Arztbesuchen oder Krankenhausaufenthalten usf.

Alle drei Kriteriengruppen können in einem gewissen Ausmaß unabhängig voneinander variieren. Ihre verschiedenen *Kombinationsmöglichkeiten* lassen verschiedene Interpretationen dessen zu, was wir oft sehr pauschal als „Erfolg" oder „Misserfolg" einer Psychotherapie ausgeben. Allerdings sollten Informationen aus den drei Datenquellen zumindest verfügbar sein. Es reicht nicht aus, wenn allein der Therapeut mit dem „Erfolg" seiner Therapien zufrieden ist. Wird uns als Lesern einer Untersuchung nur das „Expertenurteil" des Therapeuten mitgeteilt, so reagieren wir befremdet über die doch etwas einseitige Kriterienbildung.

Fehlendes Methodenbwußtsein von genzüberschreitenden Therapeuten. Die gleichen methodischen Vorbehalte sind gegenüber der sog. „grenzüberschreitenden Psychotherapie" des Züricher Psychotherapeuten Pintér am Platz (1994). Er berichtet von zahlreichen gelungenen Therapien unter Einsatz seines „erotischen Potenzials". Die Effekte beurteilt er differenziell, entsprechend seiner *fachmännischen Einschätzung als Therapeut*. Manche Patientinnen hätten sich „recht gut entwickelt", andere hätten aus sich nicht das gemacht, was ihnen die Therapie eigentlich ermöglicht hätte. Auf die Idee, seine ehemaligen Patientinnen *katamnestisch* zu befragen, scheint auch dieser Forscher nicht gekommen zu sein.

In der Presse ist hingegen von der – allerdings unerbetenen – „Forschungsbeteiligung" einer früheren Patientin von Pintér berichtet worden. Diese hatte ihre Therapieerfahrung gegenüber der Züricher Staatsanwaltschaft so eindrucksvoll geschildert, dass der Pionier der „grenzüberschreitenden Psychotherapie" in Untersuchungshaft genommen wurde (Süddeutsche Zeitung v. 22.4.95). Wahrscheinlich würden sich interessante weitere Perspektiven ergeben, wenn noch weitere Patientinnen zu katamnestischen Äußerungen bereit wären.

Leider scheint auch sonst das Methodenbewusstsein von Pionieren auf dem Gebiet *erotischer Psychotherapien* nicht sehr ausgeprägt zu sein. Weder McCartney noch Pintér schildern ihr konkretes therapeutisches Vorgehen hinreichend genau, um einige Fragen beantworten zu können, die für die Einschätzung des Verfahrens allerdings wesentlich wären, wie etwa die folgende: Werden die Patientinnen und Patienten *vor Beginn der Therapie* über das Verfahren aufgeklärt, also darüber, dass der Therapeut grundsätzlich sexuelle Beziehungen als Bestandteil der Therapie betrachtet? Dies müsste natürlich in eindeutigen Worten und Begriffen geschehen und nicht oder zumindest nicht nur in blumigen Verkleidungen wie „Einbringen des persönlichen erotischen Potenzials" des Therapeuten „zur Gestaltung der therapeutischen Nähe" usf.

Würde z.B. *vor Therapiebeginn* die schriftliche Zustimmung der Patientin zu dieser eindeutig beschriebenen Therapieform eingeholt, so würde hier zumindest mit „offenen Karten" gespielt. In unseren Untersuchungen zum sexuellen Missbrauch in der Psychotherapie ist uns diese Offenheit allerdings noch nicht begegnet. *Betrug und Irreführung der ahnungslosen Patientin* scheinen im Gegenteil fester Bestandteil nicht nur der unterschiedlichen Scripts und Szenarios der *grenzlabilen Psychotherapeuten*, sondern auch ihrer *Libidostruktur* zu sein. Pintér und McCartney erwähnen die Frage, ob die Patientin informiert wurde, gar nicht erst.

Gehen wir aber einmal hypothetisch von der Annahme aus, die Patientin habe vor Therapiebeginn der möglichen sexuellen Beziehung mit dem Therapeuten zugestimmt (wobei sie allerdings auf die „Risiken" und den experimentellen Charakter dieser unüblichen „Therapiemethode" ausführlich hätte hingewiesen werden müssen): Können wir dann noch von „Missbrauch" sprechen, von sexuellen Übergriffen in der Psychotherapie usf., wenn es zur sexuellen Beziehung kommt?

Unsere Antwort ist: Von sexuellem Missbrauch kann unter dieser Voraussetzung tatsächlich nicht mehr die Rede sein. Fraglich ist nur, ob es sich noch um „Psychotherapie" handelt. Hier haben die Vertreter grenzüberschreitender Liebestherapien dann allerdings eine *Beweispflicht*. Sie müssten in Studien, die den Standards der Psychotherapieforschung entsprechen, nachweisen, dass ihr Verfahren unschädlich und darüber hinaus im Sinne umschriebener erwünschter Therapieziele wirksam ist, und zwar nach Kriterien, die alle drei Parteien, Patienten, Experten sowie das soziale Umfeld berücksichtigen. Sollte ein solcher Nachweis erbracht werden, so wären Bedenken gegen die Anerkennung der „grenzüberschreitenden Psychotherapie" nur mehr mit Argumenten zur *Sexualmoral* zu begründen, nicht länger jedoch wissenschaftlich-therapeutisch.

Von einem wissenschaftlichen Psychotherapieverständnis sind McCartney und Pintér allerdings weit entfernt. Im Gegensatz zu den zahlreichen Therapeuten, die ihr Geschäft nur im Verborgenen betreiben, kann man ihnen zugute halten, dass sie sich zumindest offen zu ihrer Neigung bekennen. Das Ziel von Psychotherapie und zugleich ihre u.e. wichtigste Wirksamkeitsbedingung besteht in der *Klärung doppelbödiger Argumentation und zwischenmenschlicher Verhältnisse*. Dazu sollte auch die Selbstverständigung in der psychotherapeutischen Gemeinschaft dienen. Pintér und McCartney haben mit ihrem Bekenntnis zur Sexualität in der Psychotherapie insoweit klare Verhältnisse geschaffen.

Dem müssen allerdings weitere Schritte folgen wie rechtzeitige *Patientenaufklärung und Evaluierung dieser Therapieform*. Ohne Evaluation sollte die Bezeichnung „Psychotherapie" für „Liebestherapien" nicht mehr verwendet werden (dürfen), da sonst die Patienten und Leser hintergangen werden. Dann ist es ehrlicher, etwa von „Service" oder „Begegnung" zu sprechen – wie in anderen gesellschaftlichen Angeboten auch, in denen für Geld sexuelle Beziehungen ausgetauscht werden. Wenn „Therapeuten" gegen Bezahlung Frauen Sex anbieten und dies offen – ohne mystifizierende Verkleidung – tun, so dürften sie damit ebenso viel oder wenig Schaden anrichten wie andere vergleichbare Angebote käuflicher Liebe auch. Offeriert jedoch unter dem Etikett „Psychotherapie", müssen wir bei den „Liebestherapien" mit jenen *Folgeschäden* rechnen, die sich in der Untersuchung zum professionalen Missbrauchstrauma bisher gezeigt haben.

Besondere Aufmerksamkeit muss den vorliegenden Untersuchungen mit *Vergleichsgruppendesign* gewidmet werden, in denen das Befinden nach der Therapie von Opfern professionaler sexueller Übergriffe mit dem von Psychotherapiepatientinnen verglichen wird, die keinen sexuellen Übergriffen von Seiten der Therapierenden ausgesetzt waren. Diese Studien geben eindeutige Hinweise auf die *negativen Effekte* der sogenannten „Liebestherapien".

Feldman-Summers und Jones (1984) verglichen drei Gruppen hinsichtlich ihres Befindens nach Beendigung der Therapie:
- Betroffene von sexuellen Kontakten in einer Psychotherapie im engeren Sinne,
- Betroffene von sexuellen Kontakten in therapeutischen Beziehungen im weiteren Sinne (speziell Organmedizinern) und
- Patientinnen und Patienten, in deren Psychotherapie keine sexuellen Kontakte stattgefunden hatten.

Insgesamt schilderten 96% der beiden erstgenannten Gruppen den sexuellen Kontakt als *negatives Erlebnis*. Darüber hinaus nannte die erste Gruppe im Vergleich zur dritten Gruppe *größeres Misstrauen und stärkere Wut* gegenüber Männern und ihren früheren Therapeuten, es wurden hier signifikant mehr Symptome für den Zeitpunkt einen Monat nach Therapieende angegeben. Es fanden sich keine signifikanten Unterschiede bezüglich der Folgen des sexuellen Kontaktes zwischen erster und zweiter Gruppe.

Dieses Ergebnis, wonach das Befinden von Opfern therapeutischen sexuellen Missbrauchs nach der Therapie deutlich schlechter ist als das von Patienten, in deren Therapie es nicht zu sexuellen Grenzüberschreitungen kam, ist mehrfach bestätigt worden. Moggi und Brodbeck (1997) fanden in ihrer Vergleichsstudie zwischen 57 Frauen mit sexuellen Kontakten zu Therapeuten und 43 Frauen ohne derartige Erfahrungen, dass in der Indexgruppe *signifikant weniger positive Veränderungen und weniger Verbesserungen der Ausgangssymptome* vorkamen als in der Vergleichsgruppe. Darüber hinaus nahmen die Opfer sexueller Kontakte in therapeutischen Beziehungen auch *mehr ambulante Folgetherapien* in Anspruch. Auch Somer und Saadon (1999) fanden bei den 27 von ihnen untersuchten weiblichen Opfern sexueller Übergriffe durch Therapierende im Gegensatz zu den 26 Frauen der Kontrollgruppe *signifikante Verstärkungen der PTBS-Symptome* als Folge des Geschehens. Außerdem wurde bei den erstgenannten Patientinnen eine *signifikante Verschlimmerung der Symptome der generalisierten Angststörung* und eine *tendenzielle Verschlechterung der Symptome der Major Depression* festgestellt.

3. Das Professionale Missbrauchstrauma: Vertrauensbruch und Machtmissbrauch der Tätertherapeuten

3.1 Überblick

Zur Beschreibung von Lebensereignissen, die das Ausmaß solcher traumatischer, seelisch verletzender Effekte erreichen, haben Fischer und Riedesser (1998) ein *Verlaufsmodell der psychischen Traumatisierung* vorgeschlagen, das seelische Verletzungen über drei Phasen hinweg verfolgt:
- die Phase der traumatischen Situation,
- der traumatischen Reaktion und
- des traumatischen Prozesses, also der Langzeitwirkungen einer traumatischen Erfahrung.

Die Psychopathologie hat bislang kaum angemessene Modelle für die Auswirkung traumatischer Erfahrungen entwickelt. Die üblichen Klassifikationssysteme nach Symptomen, Syndromen und nosologischen Einheiten werden der Verlaufsgestalt traumatischer Erfahrungen nicht gerecht. Eine *Beschreibung auf der Symptomebene* ist natürlich für sich genommen aussagekräftig, lässt aber kaum Rückschlüsse auf die Entstehung der Symptome, die Ätiologie der Störung und die pathogenetischen Wirkmechanismen zu, also auf den Zusammenhang zwischen Erfahrung und Symptombildung. Das Verlaufsmodell von Situation, Reaktion und Prozess stellt demgegenüber eine *Heuristik* dar, die darauf abzielt, den Zusammenhang der traumatischen Erfahrung in der Lebensgeschichte näher erfassen und beschreiben zu können.

Wir verstehen das Trauma sexuellen Missbrauchs in der Psychotherapie als „professional", auf die Berufsrolle und Rollenkonstellation der Psychotherapie bezogen, weil es durch den Missbrauch bzw. die Pervertierung dieser beruflichen Funktion verursacht wird. Die traumatische Situation beim *Professionalen Missbrauchstrauma* ist in ihrem Kern durch ein erhebliches *Machtgefälle* zwischen Therapeut und Patientin gekennzeichnet. Die psychotherapeutische Dienstleistung ist in unserer Gesellschaft dadurch charakterisiert, dass der Therapeut die *Verantwortung* für den therapeutischen Prozess übernimmt mit allen dazu notwendigen Schutzfunktionen, dass er die psychische Entwicklung nach *fachlichen Regeln* fördert und begleitet, ohne eigene Bedürftigkeiten einfließen zu lassen. Nur im Vertrauen darauf, dass diese Bedingungen eingehalten werden, können sich dann die Patienten so weit öffnen und anvertrauen, wie es für eine gelingende Behandlung unabdingbar ist.

Wenn nun der Therapeut aus dieser beruflichen Rolle heraustritt und über eine persönliche, intime Beziehung seinerseits als bedürftig in Erscheinung tritt, so hat diese *Rollenumkehr* Auswirkungen für die Patientin und deren Rollendefinition im therapeutischen Geschehen. Wenn von der therapeutischen Funktion in die Rolle des bedürftigen (Sexual-)Partners gewechselt wird, werden die vertrauensvolle Offenheit und Abhängigkeit der Patientin für egoistische Ziele missbraucht und die Therapie zerstört. Kern dieser traumatischen Erfahrung sind der *Vertrauensbruch* und die *Ausnutzung von Macht*, die aus dem vorgeblich „selbstlosen" Therapieverhältnis resultiert, zu *egoistischen Zwecken*.

Wir werden im Folgenden die *spezifischen situativen und Beziehungskonstellationen* herausarbeiten, die die traumatische Situation beim Professionalen Missbrauchstrauma charakterisieren und ihrerseits die traumatische Reaktion und den traumatischen Prozess bestimmen.

Diese Definition des Professionalen Missbrauchstraumas impliziert, dass selbstverständlich nicht nur Psychotherapeuten mit anerkannter Ausbildung das Trauma auslösen können, sondern unabhängig von ihrem jeweiligen Grundberuf und ihrer Therapieausbildung *alle Menschen, die anbieten, fachkundig seelisches Leiden lindern zu können*. Dazu zählen Psychologen und Ärzte ebenso wie Pädagogen, Seelsorger, Sozialarbeiter, Heilpraktiker, Anhänger von Psychosekten etc., sofern sie beruflich in diesem Sinne tätig werden.

3.2 Psychodynamik der missbrauchenden Beziehung und Traumaverlauf

3.2.1 Beziehungsentwicklung – Wer ergreift die Initiative?

In der überwiegenden Mehrzahl, nach den Ergebnissen unserer beiden Studien in 78 % (Becker-Fischer & Fischer, 1995, S. 43) bzw. 80 % (Nachfolgestudie im Jahre 2006) der Fälle, ging die Initiative zum sexuellen Kontakt vom Therapeuten aus. Dabei handelte es sich in der Regel nicht um einen plötzlichen unvermittelten Überfall, sondern der sexuelle Kontakt wurde mit *subtilen Mitteln* vorbereitet. *Narzisstische Formen des Missbrauchs* sind fast immer die Vorläufer (vgl. Heyne, 1991, 1994, 1995; Hirsch, 1993; Reimer, 1990).

Sicher gibt es auch Fälle, in denen die sexuellen Aktivitäten von den Patientinnen ausgingen oder provoziert wurden. Von den 58 Probandinnen unserer ersten Untersuchung, die diese Frage beantwortet haben, gab allerdings nur eine an, sie habe die Initiative ergriffen. Die übrigen 12 Frauen, bei denen nicht eindeutig der Behandler initiativ wurde, gaben gegenseitige Prozesse an. In der zweiten Studie war die Verteilung äquivalent. Auch nach den Befunden der internationalen Forschung sind klare sexuelle Initiativen von Patientinnen als Auslöser des Missbrauchs ausgesprochen selten (vgl. Benowitz, 1991; Rutter, 1991; Marmor, 1972; Moggi & Brodbeck, 1997; Luepker, 1999; Somer & Nachmani, 2005; Simon, 1989; Heyne, 1991, 1994, 1995).

Wenn Patientinnen aktiv werden, sind häufig Abläufe zu beobachten, die dem von Ferenczi (1933) für *Inzest* beschriebenen Muster folgen. Die Frauen nähern sich dem Therapeuten mit dem kindlichen Wunsch nach Halt, körperlicher Nähe und Zärtlichkeit. Diese Annäherung wird jedoch von dem Therapeuten als "erotisch" missverstanden und beantwortet.

Becker-Fischer (1995) hat an anderer Stelle typische Aspekte der Beziehungsentwicklung im Vorfeld des sexuellen Übergriffs beschrieben. Die der therapeutischen Beziehung grundsätzlich immanente Abhängigkeit und die für Anfangsphasen charakteristische *Idealisierung* des Therapeuten wird zunächst von ihm massiv forciert. Einerseits wird die Patientin in untherapeutischer persönlicher Weise aufgewertet, andererseits wird ihr indirekt vermittelt, dass sie ohne die Hilfe ihres Therapeuten nicht lebensfähig sei.

Der Therapeut hilft ihr oft ganz konkret und lebenspraktisch. Er gibt ihr durch kleine Hinweise zu verstehen, dass sie für ihn eine besondere Bedeutung hat. Er bietet ihr an, immer für sie da zu sein, stellt sich dar als derjenige, der alles versteht und immer hilft. Gleichzeitig wird mit Bemerkungen wie „der ist doch nicht der Richtige für Sie" darauf hingewirkt, die Patientin aus ihrem sozialen Umfeld zu isolieren. Der Therapeut nimmt die Idealisierung an und macht sich quasi zum „Alleinherrscher", zum „Retter", zu „Gott".[3]

3.2.2 Grenzüberschreitungen, Rollentausch, Sexualisierung

Kleine Grenzüberschreitungen, die sich in dieser Zeit schon angedeutet hatten, werden sukzessive erweitert (vgl. z.B. Benowitz, 1991; Chesler, 1986; D´Addario, 1977; Luepker, 1999; Somer & Saadon, 1999). Nicht nur werden Stunden überzogen, Honorare gesenkt, oder es wird gar kostenlos behandelt, auch private Treffen etwa in Restaurants finden statt. Langsam entwickelt sich eine Beziehung, die in der Literatur als „Rollentausch" beschrieben wird (vgl. Pope & Bouhoutsos, 1992). Der Therapeut weiht die Patientin in seine persönlichen Probleme ein. Sie wird zu seiner *Vertrauten*, die mit ihm seine Sorgen und Nöte teilt. Die Patientinnen spüren die große *Bedürftigkeit des Therapeuten*, fühlen sich besonders geehrt, sein Vertrauen zu genießen, und gehen auf seine Wünsche ein.

Gleichzeitig wird die Beziehung durch verbale Äußerungen des Therapeuten (z.B. detaillierte Berichte aus seinem Sexualleben oder Bemerkungen, dass ja alle Patientinnen „so scharf darauf seien", mit ihm zu schlafen) zunehmend *sexualisiert*. Viele Frauen spüren die drängende *narzisstische Bedürftigkeit*, die sich hinter der Sexualisierung verbirgt. Um sowohl seine Wünsche zu befriedigen und sich zugleich seine „besondere" Zuwendung zu sichern, geben sie ihrem Therapeuten dann das Gefühl, in ihn verliebt zu sein, selbst wenn sie es gar nicht sind. Besonders bei Frauen, die in der Kindheit bereits missbraucht wurden, wird das Schema „ich bin nur liebenswert, wenn ich mich auf der sexuellen Ebene anbiete" wiederbelebt.

Bewusst genießen die meisten Patientinnen diese *pseudoharmonische Verliebtheit*. Warnzeichen, die fast alle direkt oder über Träume wahrgenommen haben, werden verleugnet und als „eigenes Problem" umgedeutet. Mit solchen Umdeutungen reagieren auch die Therapeuten, wenn die Patientinnen ihr Unbehagen zu artikulieren wagen. So werden Kritik und Ärger gern als Abwehr „eigentlicher Liebe" interpretiert und damit Ängste der Patientinnen vor Aggression und Abgrenzung verstärkt. Dass es auf dieser Basis ein leichtes ist, schließlich zur direkten Aktion zu schreiten, ohne inneren oder äußeren Widerstand befürchten zu müssen, liegt auf der Hand.

Durch die forcierten gegenseitigen Idealisierungen bei gleichzeitiger Verarmung der sozialen Beziehungen wird ein besonders intensives *Macht- und Abhängigkeitsverhältnis* etabliert. Abgesehen von ganz direkten *sexuellen Ausbeutungswünschen*, scheinen viele Therapeuten, entweder aufgrund einer hochverletzlichen Persönlichkeit oder infolge akuter eigener Belastungen, die mit der Entidealisierung verbundene negative Übertragung – den Hass und die Wut – nicht ertragen und folglich nicht bearbeiten zu können. Zum Teil sind sie so sehr in aktuelle persönliche Probleme verstrickt, dass ihre Wünsche nach einer harmonischen, verständnisvollen Beziehung schwer kontrollierbar sind und sie zum Ausagieren mit den Patientinnen drängen.

3.2.3 Helfersyndrom und Narzissmus

Andere Therapeuten scheinen extrem bedürftig nach Bestätigung als „Retter", „Messias" oder potenter Liebhaber zu sein und zugleich danach, selbst „gerettet" zu werden. Dass Menschen in helfenden Berufen in ihrer Kindheit oft unter mangelnder Liebe gelitten haben und diesen Mangel in altruistischer Abwehr im „Helfersyndrom" zu befriedigen versuchen, ist hinlänglich bekannt (vgl. u.a. Schmidbauer, 1983; Gabbard & Menninger, 1988). Die vielfältigen Befriedigungen, die die therapeutische Arbeit als solche mit sich bringt, z.b. Patienten in ihrem Heilungsprozess zu fördern und zu begleiten, erreichen sie nicht bzw. reichen ihnen nicht aus. Identifiziert mit dem (möglicherweise projizierten) „Liebesmangel" ihrer Patientinnen geben sie ihnen, was sie selbst vermissten und überschreiten dabei den therapeutischen Rahmen. Dieses „Gebenmüssen" können sie allerdings aufgrund ihrer eigenen Defizite auf die Dauer nicht ertragen, ohne selbst etwas zu bekommen. So fordern sie schließlich ihrerseits „Gratifikationen" von den Patientinnen ein (vgl. Smith, 1984).

Narzisstische Probleme missbrauchender Therapeuten werden in der Literatur immer wieder hervorgehoben (z.B. Heyne, 1994, 1995; Reimer, 1990). Hirsch (1993) gewann den Eindruck, dass von einigen dieser Therapeuten bereits Abstinenzforderung selbst als eine narzisstische Kränkung erlebt wird. Zudem werde die Kränkung des Alterns mit dem Gefühl, von einer jungen Patientin begehrt zu werden, und durch die sexuelle Verbindung mit ihr abgewehrt (vgl. u.a. Rutter, 1991; Dujovne, 1983; Hirsch, 1993). Andere scheinen sich narzisstischen Ausgleich für *Inkompetenz- und Ohnmachtsgefühle* durch Demonstration ihrer sexuellen (Omni-)Potenz zu verschaffen.

3.2.4 Reaktivierung von Traumata des Therapeuten

Wir gewannen den Eindruck, dass den Verwicklungen der Therapeuten, bei denen nicht primär mangelnde Ausbildung oder aktuelle Belastungssituationen zu narzisstisch-sexuellem Missbrauch der Patientinnen führen, *gravierende Persönlichkeitsstörungen* vorliegen. Diese Störungen scheinen in vielen Fällen auf *unaufgearbeiteten traumatischen Kindheitserfahrungen* zu beruhen (vgl. dazu z.B. Jackson & Nutall, 2001; Pope & Feldmann-Summers, 1992).

Um Missverständnissen vorzubeugen: Damit soll, kann und darf den Therapeuten selbstverständlich keineswegs die Verantwortung für ihr Tun abgesprochen werden. Als Fachleute müssen sie sich mit ihren Schwierigkeiten auseinandersetzen und die Grenzen therapeutischen Handelns sowohl kennen als auch einhalten (s. Kap. 7 und 8). Insbesondere aus präventiven Gründen halten wir es jedoch für wichtig, die *spezifischen Konfliktkonfigurationen* dieser missbräuchlichen therapeutischen Beziehungen näher zu beleuchten.

Vieles spricht dafür, dass bei bestimmten Therapeuten in der Begegnung mit schwer traumatisierten, etwa sexuell ausgebeuteten Patientinnen, *eigene frühere Traumata reaktiviert* werden. Aufgrund der unbewussten Identifikation mit dem Trauma der Patientin ist der Therapeut weder in der Lage, dieses als ihr Problem zu erkennen, noch es zu bearbeiten. Therapeuten, die früher von ihren Müttern subtil missbraucht wurden, können Verführungsversuche ihrer Patientinnen wie eine *Reinszenierung des kindlichen Traumas* erleben. Frühe diffuse und schwer kontrollierbare Erregungszustände werden wiederbelebt und so überwältigend, dass sie ohne Umweg in Handeln umschlagen. Bei weniger brüchiger Kontrolle mögen vornehmlich massive *Rettungsfantasien als Abwehrmaßnahmen* eingesetzt werden (vgl. Rutter, 1991; Smith 1984). Es entsteht ein drängender Wunsch, ihr das zu geben, was er sich selbst wünschte. Die oben beschriebene innige, verständnisvolle Verbundenheit und der Drang, die *Bedürftigkeiten des Therapeuten* zu stillen, die so viele Patientinnen beschreiben, mögen u.a. in ihrem seismographischen Gespür für ähnliche Verletzungen ihre Wurzeln haben.

3.2.5 „golden phantasy": Versorgung und Geborgenheit

Smith (1984) beschreibt die damit verbundene *gemeinsame unbearbeitete Wunschvorstellung* mit dem Begriff der „golden phantasy". Er meint damit die Vorstellung eines Zustands von *absoluter Versorgung und Geborgenheit.* Traumatheoretisch würde man vielleicht eher von dem Wunsch nach einem Menschen sprechen, der vor den Verletzungen schützt, nach einer Welt, in der „so etwas" nicht passieren kann, oder dem Wunsch danach, die traumatische Erfahrung ungeschehen zu machen, in einen *prätraumatischen Zustand* zurückkehren zu können.

Da jedoch einerseits das Trauma in der *ausagierten Pseudoharmonie* nicht rückgängig gemacht werden kann und andererseits der Therapeut sich in sehr einseitiger Rolle als der „nur Gebende" erlebt, der „nichts bekommt", werden in ihm *Hass- und Destruktionsimpulse* verbunden mit *Wünschen nach Gratifikation* immer drängender. Die Gefahr, dass das Trauma mit all den dazu gehörigen Gefühlen von Ohnmacht und Hilflosigkeit wiederbelebt wird, muss zu verstärkten Abwehrmaßnahmen führen.

3.2.6 Gemeinsame Traumaabwehr und Retraumatisierung

Dass (männliche) Therapeuten aus Abwehrgründen vornehmlich auf die *Übernahme der Täterposition* zurückgreifen, ist sicher eine Folge gesellschaftlicher Rollenstereotype. Bekanntlich begegnen Männer Frauen gegenüber Ängsten und Unterlegenheitsgefühlen generell häufig mit „sexuellen Bemächtigungen" dieser Art. In der Identifikation mit dem Täter werden gleichzeitig Hass-, Wut- und Rachegelüste gegenüber den früheren Tätern und Wünsche nach Verschmelzung, nach prätraumtischem Urvertrauen befriedigt. Das heisst: Der Therapeut verführt die Patientin zunächst zur *gemeinsamen Traumaabwehr.*

Er ist der mächtige, omnipotente Retter, der die Patientin, indem er sie zu seiner „Geliebten" macht, zugleich schützt und an seiner „Göttlichkeit" teilhaben lässt. Er „rettet" sie in die Illusion einer Welt, in der es keine Verletzungen geben kann, in der die Patientin sowohl sicher als auch „etwa ganz Besonderes" und überaus wertvoll ist. Schließlich benutzt er die Patientin im sexuellen Übergriff durch *Retraumatisierung* zur Verstärkung seiner eigenen Traumaabwehr bei gleichzeitiger Befriedigung verschiedenster, in der Begegnung mit der Patientin *reaktivierter Triebimpulse.*

Diese *Kompromissbildung* zwischen der Befriedigung traumatisch bedingter Sehnsüchte, sexueller Erregung sowie destruktiver Kräfte und Abwehr des Traumas ist dann für den Therapeuten sehr befriedigend. Sie kommt vielen unterschiedlichen Strebungen entgegen. Daraus, dass das Trauma jedoch unaufgearbeitet bleibt, resultiert dann der fast suchtartig anmutende *Wiederholungszwang der Routinetäter*. Gleichzeitig erklärt die Verbundenheit durch einen gemeinsamen traumatischen Hintergrund und dessen Abwehr in der „golden phantasy" die für Außenstehende, Berater und Folgetherapeuten oft schwer verständliche intensive Bindung und Fixierung der Betroffenen an den traumatisierenden Therapeuten.

3.2.7 Scripts von Wunscherfüllungstypus und Rachetypus

Diese Konstellation der Bindung und Fixierung an den traumatisierenden Therapeuten scheint eine der häufigsten zu sein, dennoch gibt es selbstverständlich zahlreiche Varianten. Wir haben in unserer ersten Untersuchung (Becker-Fischer & Fischer, 1995, S. 45 ff.) aus den Interviews und ausführlichen schriftlichen Berichten unserer Untersuchungsteilnehmerinnen *vier Scripts* herausdestillieren können:
- „golden phantasy",
- „distanzierter Gott",
- „hilfloser Messias"
- „des Gurus Sextherapie".

Bei der unbewussten Motivation habituell missbrauchender Therapeuten unterscheiden wir zwischen dem *Wunscherfüllungstypus* (oder auch: *Wunscherfüllertypus*) und dem *Rachetypus*. Beide sind sozusagen die Kehrseite derselben Medaille. Bewusste und handlungsbestimmende Motivationen des einen sind beim anderen unbewusst und umgekehrt.

Beim *Rachetypus* steht die Motivation, sich an den Patientinnen zu rächen im Vordergrund und leitet sein Handeln. Es ist zu vermuten, dass dieser Therapeutentypus potenzielle traumatische Enttäuschungen aus der Kindheit im sexuellen Übergriff reinszeniert und an die Patientinnen weitergibt. Er wehrt das Trauma primär in *Identifikation mit dem Täter* ab und schützt sich damit vor der Erinnerung an die unerträgliche Hilflosigkeit und Ohnmacht der früheren traumatischen Situation. Er wünscht sich, selbst so mächtig wie der Täter zu sein, in der Hoffnung, dann wäre die Tat nicht geschehen und er hätte nie in eine so verletzende Lage geraten können. In Rollenumkehr befriedigt er schließlich seinen Hass und seine Rachegelüste, die dem ursprünglichen Traumatisierer gelten, an den Patientinnen. Ihn beherrscht die Wunschfantasie des Allmächtigen, der sich allein helfen und nie in eine verletzende Lage geraten kann. Daher baut er auch nicht so intensive Beziehungen zu seinen Patientinnen auf (i.S. der „golden phantasy"), sondern wechselt seine Opfer häufiger und missbraucht eher mehrere Patientinnen innerhalb desselben Zeitraums.

Allerdings ist seine Abhängigkeit von ihnen mindestens so groß wie die des *Wunscherfüllungstypus*, denn er benötigt dringend mindestens *ein* Opfer, um seine äußerst fragile und gefährdete Abwehr aufrecht zu erhalten. Zudem ist die Gefahr, dass eines seiner Opfer das Schweigen bricht oder ein anderes trifft, bei ihm erheblich größer, weil er sie nicht so intensiv psychisch an sich gebunden hat wie der Wunscherfüllungstypus. Dieser hingegen verfolgt – vermutlich auf ähnlichen lebensgeschichtlichen Hintergründen – eine *Rettungsfantasie und -strategie*. Traumatheoretisch betrachtet herrschen bei ihm *Verleugnung und Ungeschehenmachen des Traumas* vor. Gemeinsam versetzt er sich mit seiner Patientin in die Illusion eines prätraumatischen Zustands, in eine „heile Welt". Er verwickelt die Patientin in eine exklusive Zweiersituation und teilt mit ihr über kurz oder lang die Fantasie, dass sie mit ihm an den einzig richtigen Therapeuten geraten ist und nur er sie retten kann. Als einzige, von diesem idealen Therapeuten Auserwählte ist sie in der Beziehung mit ihm allem Irdischem enthoben.

Für seine exklusive Hilfe sucht der Wunscherfüllungstypus dann allerdings eine *Gegengabe*, indem er allmählich selber in die Rolle des Patienten, des verletzten, hilfsbedürftigen Teiles gerät und die Patientin zu seiner Helferin macht. So wird die Patientin zu einem einzigartigen *Rettungsengel* des Therapeuten aufgewertet, und in dieser Situation ist dann die sexuelle „Hilfeleistung" gewissermaßen inbegriffen. Er braucht demnach die Patientin als einen Menschen, der ihn vor der traumatischen Situation hätte schützen können. Im Unterschied zum Rachetypus sucht er Rettung nicht in der Illusion, sich selbst retten zu können, indem er mächtig wie der Täter wird, sondern er hofft auf andere. Da es die jedoch nie gab und gerade die Patientin diese Funktion nicht erfüllen kann, geschweige denn es ihre Aufgabe wäre, stößt die illusionäre Hoffnung zunehmend an ihre Grenzen, und die abgewehrten traumatischen Erfahrungen treten mit den ihnen inhärenten destruktiven Kräften im *sexuellnarzisstischen Missbrauch* in Erscheinung: Der Therapeut zerstört die Therapie, schädigt die Patientin und mit allem letztlich auch sich selbst. Er ist, in seinem Wunsch gerettet zu werden, zwar abhängig von der jeweiligen Patientin, die er in die „golden phantasy" verwickelt hat, letztendlich allerdings über längere Zeit sicherer als der Rachetypus, da er die Patientinnen intensiver an sich gebunden hat und diese in der Regel erheblich länger brauchen, bevor sie sich des Missbrauchs überhaupt bewusst werden.

Der Wunscherfüllungstypus bevorzugt die Scriptfolgen „hilfloser Messias" und „golden phantasy", der Rachetypus dagegen die Scripts „distanzierter Gott" und „Gurus Sextherapie".

Wunscherfüllungstypus	**Rachetypus**
Der hilflose Messias	**Der distanzierte Gott**
golden phantasy	**Des Gurus Sextherapie**

Beim *Rachetypus* mit dem Script „Sextherapie" kommt die *Rachemotivation* oft schon in den Sexualpraktiken zum Ausdruck: Therapeuten dieses Typus finden ihre Befriedigung nur bei z. T. recht obskur anmutenden Praktiken, die den Gestus von Herrschaft, Überlegenheit auf Seiten des Therapeuten, von Unterwürfigkeit und Dienstleistung der Patientinnen symbolisieren. Das Script des „distanzierten Gottes" auf der Grundlage der Rachemotivation sieht, kurz skizziert, etwa folgendermaßen aus. In den Anfangsszenarien der Therapie hält der Therapeut sich extrem distanziert und gebunden an die Regeln seines jeweiligen Therapieverfahrens. Aus dieser Distanz und kühlen Überlegenheit kommt es dann wie aus heiterem Himmel zum sexuellen Übergriff. Der Rachetypus bevorzugt ganz allgemein eine *Überrumpelungstaktik*. Er wird vor allem dann aktiv, wenn er *Distanzierungs- und Verselbstständigungsbestrebungen* seiner Patientinnen spürt.

Ganz anders ist die Atmosphäre beim *Wunscherfüllungstypus*. Hier bekommt die Patientin selbst das Gefühl eigener Wichtigkeit und Einzigartigkeit vermittelt. Sie ist die einzige, die dem „hilflosen Messias" helfen und ihn davor bewahren kann, dass er in seiner verkannten Größe zahlreiche Demütigungen erfährt. Sie ist die einzige, die ihrem Therapeuten seine einzigartige Hilfeleistung zurückzahlen kann. Fragen wir nach Gemeinsamkeiten in der Dramaturgie, im Script des sexuellen Missbrauchs, so ist beim Wunscherfüllungstypus mit den beiden Scripts, „golden phantasy" und „hilfloser Messias", jeweils die *Rollenumkehr* charakteristisch (Pope & Bouhoutsos, 1992). Es kommt zu einer *Vertauschung von Klienten- und Therapeutenrolle*. Der Therapeut beginnt mehr und mehr über sein eigenes Leben zu sprechen und der Patientin Einblick in seine Probleme zu gewähren, so lange, bis sie selbst in die Therapeutenrolle gerät. Die Patientinnen erleben dies als *persönliche Aufwertung und Erfüllung eigener Wünsche*, sind sie doch von ihrer weiblichen Geschlechtsrollensozialisation her gewöhnt, dadurch, dass sie sich auf andere einstellen und eigene Bedürfnisse vernachlässigen, Anerkennung zu finden. Das zentrale dramaturgische Element beim Wunscherfüllungstypus ist somit die *Umkehr der therapeutischen Rollenverteilung*.

Die Scripts „Sextherapie" und „distanzierter Gott", die für den Rachetypus charakteristisch sind, weisen ebenfalls in sich gegensätzliche dramaturgische Elemente auf. Im Script „Sextherapie" werden erst gar keine professionellen Grenzen gesetzt. Relativ rasch und unumwunden wird die Legitimationsstrategie „Sex als Therapie" eingeführt. Sie wird allerdings *nicht* im Erstgespräch als solche deklariert. Sex wird nicht offen als Therapie dargestellt, sondern zunächst wird eine therapeutische Beziehung aufgebaut. Sie wird allerdings von vornherein auf eine mehr oder weniger private Ebene verlagert. In dieser *Atmosphäre von Privatheit* erscheint es dann nur natürlich, dass sich die therapeutische Beziehung auf den sexuellen Intimbereich erstreckt.

Anders ist das Vorgehen beim Script „distanzierter Gott". Hier werden die Grenzen der therapeutischen Beziehung über längere Zeit oft sogar sehr formell eingehalten. Der „distanzierte Gott" hüllt sich gern in bedeutungsvolles Schweigen und zieht sich emotional in weite Ferne zurück. Die Patientinnen erleiden so eine Art *emotionalen Deprivationszustand*, in den hinein abrupt der sexuelle Übergriff erfolgt. Dieses Script birgt für die Patientin ein ganz besonderes *Verwirrungspotenzial*. Die Rachemotivation des Therapeuten kommt hier vor allem im *sadistischen Charakter* des Übergriffs und der sexuellen Szenarios zum Ausdruck.

3.2.8 Hass und Kränkungswut der Wiederholungstäter

Rache- und Wunscherfüllungstypus bilden das große Kontingent der Wiederholungstäter und dürften unter strukturellen Gesichtspunkten teilweise den *schwer Neurotischen* und *sozial Isolierten*, den *Soziopathen, Borderline-Persönlichkeiten, multiplen Persönlichkeiten* und den *Meistern des „doubling"* zuzurechnen sein. Sicher sind dies nur einige von vielen dynamischen Möglichkeiten, die bei sexuellem Missbrauch in der Therapie eine Rolle spielen können. Selbstverständlich müssen nicht immer traumatische Hintergründe bestehen, es gibt zahlreiche andere Konstellationen, in denen schlichte *Machtbedürfnisse, sadistische Neigungen* u.v.a.m. bei den Therapeuten vorzuliegen scheinen. So wurde z.B. bei den Teilnehmerinnen unserer Untersuchungen in auffällig vielen Fällen nicht nur psychische, sondern sogar körperliche Gewalt angewendet (Becker-Fischer & Fischer, 1995). In der Nachfolgestudie gaben 30 % der Betroffenen an, dass der Therapeut *körperliche Gewalt* ausübte; 40 % berichteten über Bedrohungen.

Auch sind nicht nur schwer traumatisierte Patientinnen verführbar, in ihrem Therapeuten eine einzigartige *Paradiesfigur* zu sehen, von der sie sich in allem verstanden fühlen, besonders aufgewertet werden und real vieles bekommen, was sie brauchen. In Krisensituationen – und in diesen befinden sich Psychotherapiepatientinnen in der Regel – sind sicher die meisten Menschen solchen Verführungen zugänglich. Die *narzisstische Verführung* mit dem Versprechen, dass eine „golden phantasy" lebbar wäre, lässt wohl jeden belasteten Menschen aufblühen.

Was auch immer die jeweiligen spezifischen psychologischen Hintergründe der Therapeuten sein mögen, in allen Fällen werden im sexuellen Agieren in der Therapie im Gewande von Verständnis, Liebe und Leidenschaft tiefster Hass und Kränkungswut des Therapeuten befriedigt. Die sexuelle Ebene hat dabei eher eine „Mediator"-Funktion. Sie wird zum geschlechtsspezifischen Träger seiner mehr oder weniger bewussten *Rachegelüste und Zerstörungsimpulse*. Dass die Patientin dabei gerade nicht als Besondere, d.h. in ihrer Besonderheit, wahrgenommen werden kann und schon gar nicht behandelt wird, wird den Frauen meist erst viel später bewusst. Sie sind in diesem Szenario für den Therapeuten tatsächlich nur *Objekt*, nicht nur seiner sexuellen Begierde, sondern darüber hinaus seiner tiefen Zerstörungslust. Gleichzeitig zerstören die Täter sich damit allerdings auch selbst. Mit dem sexuellen Übergriff zerstören sie die Therapie mit der Betroffenen, sich als Therapeuten, und sie gefährden ihre Zukunft.

Diese *destruktive Dimension* durchdringt, zum Teil von Beginn an, zum Teil erst in ihrem Verlauf, immer deutlicher die Beziehung zwischen Patientin und Therapeut. Spätestens das Ende, egal, durch wen es herbeigeführt wurde, ist qual- und grauenvoll. Letztlich kulminiert die inhärente Zerstörungskraft in den schwerwiegenden Schädigungen der Patientinnen. Sie dringt in die familiären oder partnerschaftlichen Bindungen der Frauen ein. Nicht zuletzt die Kinder leiden unter den Veränderungen der Mutter und den dramatischen Auseinandersetzungen der Eltern (s. Kap. 5).

Die *angepriesene Liebestherapie* (vgl. Pintér, 1995), die als tiefstes Verständnis und innigste Freundschaft angeboten wird, entlarvt sich als ihr krasses Gegenteil. Dass von zahlreichen Therapeuten die sexuelle Beziehung als therapeutisches Mittel zur Behandlung bestehender sexueller Schwierigkeiten ausgegeben wurde, erweist sich als reiner *Zynismus*: Sexuelle Lust zu empfinden war nach diesen Erfahrungen nur noch wenigen Frauen möglich.

3.3 Folgeschäden für die Patienten

3.3.1 Erschütterung des Selbst- und Weltbildes

Die Schädigungen, die durch sexuelle Übergriffe in der Psychotherapie hervorgerufen werden, haben ihren Hintergrund u.a. darin, dass die abgespaltene „Schattenseite" des Therapeuten aufgrund spezifischer Mechanismen der Traumaverarbeitung von den Patientinnen übernommen wird. Dieser Mechanismus wurde zuerst von Ferenczi (1933) mit dem Begriff einer „Introjektion" von Problemen des Aggressors beschrieben (dazu u.a. Ehlert & Lorke, 1988). Klarer verständlich wird dieser auf den ersten Blick recht absurd wirkende Mechanismus im Lichte der Traumatheorie (Fischer & Riedesser, 1998). Traumatische Gewalterfahrungen führen generell zu einer *tiefgreifenden Erschütterung des Selbst- und Weltverständnisses,* des „Urvertrauens" in die Welt (Janoff-Bulmann, 1992).

So finden wir auch bei sexuellen Übergriffen in der Psychotherapie als eine der verbreitetsten Schädigungen *tiefes Misstrauen* – sowohl gegenüber anderen Menschen als auch gegenüber den eigenen Wahrnehmungen und Gefühlen. Es ist direkt verständlich als *Folge des massiven Vertrauensbruchs,* den die Patientinnen erlebt haben. Jede therapeutische Beziehung lebt von der grundlegenden Voraussetzung, dass Patienten darauf vertrauen können und müssen, dass die Grenzen gewahrt bleiben, dass der Therapeut sie schützt und nicht eigennützig agiert. Dieses Grundvertrauen auf eine berufsethisch eindeutige und verlässliche Haltung (schützende Eltern) wird zerstört, wenn der Therapeut eigene Bedürfnisse auf Kosten der Patientin ausagiert.

Der gute, verständnisvolle, geliebte Therapeut entpuppt sich plötzlich als sein Gegenteil, als egoistisch, eiskalt, unempathisch, brutal. Die Patientinnen sehen sich mit seiner *abgespaltenen Schattenseite* konfrontiert. Um diese Erschütterung quasi ungeschehen zu machen, übernehmen sie Einstellungen des Therapeuten und auch solche, die er vermissen lässt. Einer der ersten Versuche, ihr Vertrauen in sich und die Welt zu retten, besteht darin, an der Vorstellung festzuhalten, zwischen ihnen sei es etwas

„ganz Besonderes", „wahre Liebe" gewesen. Wenn es doch „wahre Liebe" war, war es kein Vertrauensbruch, kein unmoralisches Verhalten, keine Ausbeutung. Sie wären nicht erniedrigt und zur Prostituierten degradiert worden. Dann wäre der Therapeut doch ein „guter Mensch", und die Welt wäre wieder in Ordnung. Dies ist einer der Gründe, warum die Patientinnen so lange und verbissen an der „guten" Beziehung zum Therapeuten festhalten.

3.3.2 Verwirrung und Orientierungslosigkeit

Die *Liebesvorstellung* aufrechtzuerhalten ist jedoch schwer, wenn gleichzeitig die Folgeschäden immer schlimmer und die Wut auf den Therapeuten immer schwerer abweisbar wird. Dieser *Selbstrettungsversuch* kostet nicht nur einen enormen Aufwand an seelischer Kraft, sondern zieht weitere Schädigungen nach sich, die für fast alle Betroffenen zuvor unbekannt waren, nämlich eine tiefgreifende *Verwirrung und Orientierungslosigkeit*. Dazu typische Zitate aus den Interviews unserer ersten Untersuchung: „Ich wußte nicht mehr, wer ich wirklich bin und ob ich meinen Gefühlen und Wahrnehmungen trauen kann". „Ich konnte nicht mehr recht unterscheiden, was ich gemacht habe und was der Therapeut".

Die Grenzen zwischen Selbst und Anderem, Fantasie und Realität werden verwischt. Im Rahmen dieses *Selbstrettungsversuchs* unterstellen sich die Patientinnen sexuelle Wunschfantasien, die nicht unbedingt ihre gewesen sein müssen. Durch dementsprechende Äußerungen der Erst-Therapeuten werden diese Unterstellungen gefördert und gefestigt. Wenn sie tatsächlich den Therapeuten in dieser Phase sexuell begehrten, dann verschwimmen Traum und Wirklichkeit. Die Patientinnen bekommen Angst zu fantasieren oder können es gar nicht mehr. Träume könnten gleich gefährliche Realität werden, fürchten sie.

Schon die leisesten *Verliebtheitsgefühle* oder gar *Verführungswünsche* sind mit heftigen Ängsten besetzt und werden als „zerstörerische Kraft" interpretiert. Alles Schmutzige, Zerstörerische und Böse, das der Therapeut ihnen angetan und wie er sie behandelt hat, wird als eigener Anteil erlebt und mit sexuellem Begehren amalgamiert. Weibliche Lust wird zu einem mit Schuld und Scham besetzten „bösen" Selbstanteil. Nicht nur die Unterscheidung zwischen Selbst und Anderen, auch die zwischen Liebe und Hass ist verwirrt.

3.3.3 Schuld- und Schamgefühle

Besonders leiden die Betroffenen unter dem *Fehlen von Verantwortungs- und Schuldbewusstsein* der Therapeuten, unter der Uneinsichtigkeit in den destruktiven Charakter ihres Tuns und dem Desinteresse an den schädigenden Auswirkungen an ihnen als Person. Zumeist sind die Therapeuten nicht einmal zu einem klärenden Gespräch bereit („Das ist jetzt dein Problem, damit fertig zu werden"). So dringend die Frauen die Anerkenntnis der Verantwortung oder eine gemeinsame Auseinandersetzung über das, was geschehen ist, brauchten, um wieder Vertrauen in sich selbst und die Welt entwickeln zu können, so sicher bleibt diese im Regelfall aus. Auch bei *Freunden und Familienangehörigen* finden sie nur selten Verständnis. Sie fühlen sich immer wieder bestärkt in dem Gefühl, dass ihnen zwar eine schwere Verletzung zugefügt worden ist, diese jedoch nicht anerkannt wird.

So greifen sie zu einem weiteren verzweifelten *Selbstheilungsversuch* und nehmen auf sich, was von dem Therapeuten zu erwarten wäre, was dieser zu tragen hätte. Jetzt leiden sie unter *Schuld- und Schamgefühlen*, klagen sich an, provozierend gewesen zu sein, Grenzen überschritten, sich nicht widersetzt zu haben. Auch in diesen *Selbstanklagen* werden sie durch die Verwirrtaktiken der Therapeuten zusätzlich bestätigt. „Ich habe mich so erniedrigt, aber das habe ich doch mit mir selbst gemacht, das werfe ich mir vor, also bin ich doch selbst schuld, selbst verantwortlich für das Geschehen". „Ich fühlte mich wie ein Nichts und Niemand, ich hatte fast keine Selbstachtung mehr, verabscheute mich und hatte den Wunsch, mich zu strafen", sind typische Äußerungen von Betroffenen in diesem Zusammenhang. Indem die Opfer die Schuldgefühle und das Verantwortungsbewusstsein übernehmen, das die Therapeuten im Regelfall vermissen lassen, versuchen sie auf Kosten ihrer Gesundheit das erschütterte

Grundvertrauen in eine sichere und kontrollierbare Welt wiederherzustellen und werden dabei immer kränker.

3.3.4 Spezifische Folgeschäden bei Opfern des Rache- und Wunscherfüllungstypus

Die Therapeutenpersönlichkeit und das Missbrauchsscript, dem der Therapeut folgt, werden ihrerseits Bestandteil der traumatischen Situation, prägen die Reaktionen und stellen zugleich einen speziellen Bedingungsrahmen für die Folgeschäden dar. Am offenkundigsten sind Vertrauensbruch und Ausbeutung in den Scripts des Rachetypus. Die Dramaturgie folgt hier der klassischen *Verrats- und Ausbeutungsstrategie*. Eben durch ihr anfängliches Vertrauen und ihre „Naivität" ist sie jetzt als „die Dumme" definiert. Sie ist auf den „Trick mit der Psychotherapie" hereingefallen. Sie hat nicht rechtzeitig gemerkt, dass der Therapeut, wie die Täter bisweilen betonen, auch nur ein Mensch oder „ein Mann" ist. Sie ist verraten, in die Falle gegangen und erleidet so, oft sogar ihrer eigenen Auffassung nach, jenes Schicksal, das sie in ihrer Gutgläubigkeit und Naivität verdient, wenn nicht gar provoziert hat. Die Opfer des Rachetypus werden in ihrer Fähigkeit, sich auf soziale Absprachen und Regeln vertrauensvoll verlassen zu können, zutiefst erschüttert.

Unsere sozialkognitiven Annahmen über die soziale Welt, die Regeln, wann wer wem in welcher Angelegenheit vertrauen kann, sind in einer *hierarchischen Struktur* organisiert (Janoff-Bulman, 1992). Wir gehen davon aus, dass wir uns in diesem oder jenem Punkt, der für die Organisation unseres sozialen Erlebens nicht so entscheidend ist, irren können. Wir behalten aber gleichzeitig unseren Optimismus auf den höheren Ebenen unserer Überzeugungshierarchien bei, nämlich die Annahme, dass wir zumindest im Prinzip in der Lage sind, zwischen freundlichen und feindlichen Situationen zu unterscheiden, zwischen Situationen, in denen wir uns zu Recht auf unsere Mitmenschen verlassen können und solchen, in denen Vertrauen und Misstrauen immer wieder gegeneinander abgewogen werden müssen.

Die Erschütterung des Selbst- und Weltverständnisses durch den Rachetypus ist hier fundamental. Es gab ja keine Hinweise darauf, dass

Psychotherapie als eine „Beziehungsfalle" verwendet werden könnte. Die Patientinnen hatten sich nicht vorstellen können, dass es Therapeuten gibt, welche die seelische Not der Menschen, die sich in ihre Behandlung begeben, für egoistische Zwecke ausnützen. Diese Tatsache ist ja nicht nur den betroffenen Patientinnen schwer verständlich, sondern auch dem größten Teil des psychotherapeutischen Berufsstands und der Öffentlichkeit. Aus der Situation persönlicher Betroffenheit heraus ist die Erschütterung des Selbst- und Weltverständnisses desto nachhaltiger. Die Patientinnen werden in einen *generellen Zweifel an der Zuverlässigkeit sozialer Absprachen* gestürzt. Dies ist die Erschütterung des sozialen Weltbildes, die u.a. in den privaten Beziehungen zu Misstrauen, Rückzug, zu ständiger Unsicherheit darüber führen wird, wem man nun vertrauen kann und wem nicht. *Misstrauischer Rückzug* wird so zur Leitsymptomatik des Professionalen Missbrauchstraumas bei den Opfern des Rachetypus.

Bei den Opfern des Wunscherfüllungstypus sind der Missbrauch, die sexuelle und emotionale Ausbeutung der Patientin vergleichsweise sehr viel besser getarnt. Die Opfer des Wunscherfüllungstypus erfahren zunächst eine *massive narzisstische Aufwertung*. Als die besondere Patientin, die von dem „göttlichen Therapeuten" begehrt wird, wird sie zur *Therapeutin ihres Therapeuten*, des „hilflosen Messias" oder des idealistischen selbstlosen Helfers, zu einer Art „Superfrau". Diese Rolle schmeichelt der Eigenliebe und macht, wie alle narzisstische Aufwertung, zugleich blind gegen Missbrauch und Ausnutzung. Der Therapeut ist selbst bedürftig und mitleiderweckend. Wenn er nun eine sexuelle Beziehung mit seiner Patientin eingeht, so kann dies doch nicht egoistisch und ausbeuterisch sein. Die Patientin hat ja scheinbar die dominierende, in gewisser Hinsicht sogar *elterliche Funktion* inne. Über dieser Aufwertung übersieht sie leicht die reale *Ausnutzung ihrer Fürsorglichkeit*. Sie kommt in eine ähnliche Position wie Kinder, oft älteste Töchter in der Familie, die vom Vater sexuell missbraucht werden. Auch sie werden häufig in die Ersatzrolle für die Mutter manövriert, übernehmen Elternfunktionen gegenüber den Eltern, dem missbrauchenden Vater oder auch der depressiven Mutter.

Zu vermuten ist, dass bei der Verwicklung mit dem Wunscherfüllungstypus die negative Seite der Ausbeutung und des Missbrauchs verborgener bleibt. Die Patientinnen werden so länger und intensiver an den Therapeuten gebunden, verleugnen die negativen Erfahrungen und unstimmige Beobachtungen, die den Therapeuten eventuell als *listigen Missbraucher und Ausbeuter seiner Patientin* erscheinen lassen.

Eine in diesem Zusammenhang interessante Untersuchung stammt von Somer und Nachmani (2005). Auf Grundlage der inhaltsanalytischen Auswertung der Berichte von Patientinnen und Patienten, die Opfer sexueller Übergriffe durch Therapierende geworden waren, unterschieden die Autorinnen zwischen „romantischen" und „offen missbräuchlichen" sexuellen Beziehungen zwischen Therapeuten und Patienten, wobei mit diesen Bezeichnungen nur die Perspektive der Probanden wiedergegeben werden soll.

Im Vergleich dieser beiden Gruppen zeigte sich, dass jeweils ein ähnlicher Grad an Abhängigkeit von dem Therapierenden, Ängstlichkeit und defensiver peritraumatischer Dissoziation erlebt wurde. Die Probandinnen mit „romantischer" Beziehung zu ihrem Therapeuten nannten jedoch ein höheres Maß an bestimmten positiven und ein niedrigeres Maß an spezifischen negativen Emotionen. Bei allen Probanden ergaben sich bezüglich des emotionalen Befindens sowie der Bewertungen von Therapeuten und Therapie deutliche Verschlechterungen in der Zeit nach dem sexuellen Kontakt im Vergleich mit der Zeit davor.

Während diese negative Wende bzw. die Änderungen bei der Bewertung der Therapieerfahrungen und des emotionalen Befindens bei den Probanden mit „offen missbräuchlichen" sexuellen Beziehungen schon während der Zeit des sexuellen Kontaktes auftraten, setzte dies bei der Gruppe mit „romantischen" Beziehungen zeitversetzt erst nach Beendigung der sexuellen Kontakte ein.

Die in missbräuchlichen Therapien unterschwelligen Wahrnehmungen und die damit verbundene Wut wenden die Betroffenen typischerweise gegen die eigene Person. Die Folgen sind ausgeprägte *selbstdestruktive, depressive Erlebniszustände.* Tatsächlich hat sich in unserer ersten Untersuchung ein depressives Zustandsbild mit unverständlichen, plötzlich hereinbrechenden depressiven und suizidalen Attacken als Leitsymptomatik bei den Opfern des Wunscherfüllungstypus herausgestellt. Das depressive Erleben nimmt hingegen bei den Opfern des Rachetypus eher die Gefühlsqualität der Verzweiflung an. In beiden Fällen kann es zu *suizidalem Verhalten* kommen. Bei den Opfern des Wunscherfüllungstypus werden suizidale Attacken und Vorstellungen eher als unverständlich und Ich-fremd erlebt, bei denen des Rachetypus finden sich gehäuft reale suizidale Handlungen und gelungene Suizide.

3.3.5 Symptombezogene Auswirkungen sexueller Übergriffe

Tabelle 1 zeigt die Symptomatik, wie sie sich in der Gesamtgruppe der Patientinnen in der ersten Untersuchung Anfang der 1990er Jahre herausgestellt hat. Wir haben in der Untersuchung die symptomatischen Auswirkungen des Traumas mit offenen Fragen erfasst. Es geht zunächst um die Auswirkungen des Missbrauchs, wie sie sich in der *Erlebniswelt der Patientinnen* darstellt. Eine Untersuchung zu den Folgen dieses Traumas muss natürlich die Tatsache berücksichtigen, dass die Patientinnen bereits mit einer mehr oder weniger starken symptomatischen Belastung in die Psychotherapien gegangen waren. Daher wurden die Auswirkungen mit folgenden Fragen erfasst:
1. Welche Symptome waren seit dem Vorfall verstärkt (wir haben den sexuellen Übergriff neutral als sexuellen Kontakt bezeichnet, um das Urteil der Patientinnen nicht zu präformieren)?
2. Welche Symptome und Beschwerden waren seit dem Vorfall neu aufgetreten?

Eingangssymptome. Bei den Eingangssymptomen liegen 193 Nennungen vor, 135 Symptome haben sich verstärkt, und 134 Symptome sind neu hinzugekommen. Die Eingangssymptome deuten darauf hin, dass sich die Untersuchungsstichprobe nicht wesentlich von durchschnittlichen Psychotherapiepatientinnen unterscheidet. Verstärkt sind vor allem Ängste, Beziehungsprobleme, depressive Symptome, Gefühle von Isolierung und Einsamkeit, Misstrauen, psychosomatische Beschwerden, Selbstzweifel, sexu-

Tab. 1: Prozentualer Anteil einzelner Beschwerden in der Stichprobe (N = 61)

	Eingangssymptome		Symptome verstärkt		Symptome neu
1	Abhängigkeit	1,6	6,3		
2	Ambivalenz	1,6	2	2,1	
3	Angst	42,6	35,3	29,2	
4	Angst, hypochondrische			4,2	
5	Angst verrückt zu werden	3,3	5,9	8,3	
6	Arbeitsstörungen	11,5	7,8	6,3	
7	Beziehungsprobleme	31,1	19,6	10,4	
8	Depersonalisierung	1,6		2,1	
9	Depressive Symptome	49,2	43,1	22,9	
10	Derealisierung		2	2,1	
11	Grenzstörungen	1,6	2	4,2	
12	Identitätsstörungen	9,8	5,9	2,1	
13	Intrusive Phänomene			6,3	
14	Isolierung und Einsamkeit	8,2	17,6	10,4	
15	Leeregefühle			6,3	
16	Misstrauen	3,3	13,7	16,7	
17	Ohnmacht		2	2,1	
18	Psychosomatische Beschwerden		32,8	19,6	22,9
19	Psychotische Reaktionen	4,9	3,9	2,1	
20	Schlafstörungen	9,8	7,8	16,7	
21	Schuldgefühle	3,3	3,9	8,3	
22	Selbstverstümmelung		1,6	2,1	
23	Selbstzweifel	19,7	19,6	18,8	
24	Sexuelle Funktionsstörungen		21,3	17,6	8,3
25	Suchtverhalten	13,1	7,8	8,3	
26	Suizidalität	14,8	15,7	16,7	
27	Verletzlichkeit	3,3	2	10,4	
28	Wut	2	4,2		
29	Sonstiges	26,2	7,8	18,8	
	Nennungen	193	135	134	
	Anzahl Symptome (Mittelwert)		3,85	2,55	2,58

(zitiert aus Becker-Fischer & Fischer, 1995)

elle Funktionsstörungen und Suizidideen. Während die verstärkten Symptome ein eher unspezifisches Bild des Professionalen Missbrauchstraumas vermuten lassen, dürfte in den neu aufgetretenen Symptomen eher die spezifische Varianz der Beschwerden seinen Ausdruck finden; darunter besonders Misstrauen und Selbstwertzweifel, Suizidideen und massive Somatisierungsneigungen. Wir können diesen Kern hypothetisch mit dem oben beschriebenen Verlauf des Professionalen Missbrauchstraumas in Verbindung bringen, wie er sich in Reaktion auf die unterschiedlichen Missbrauchsscripte vom Wunscherfüllungs- und Rachetypus darstellt. Außer den psychosomatischen Beschwerden fallen vor allem *Schlafstörungen* ins Gewicht.

Schuldgefühle. Die Schuldgefühle folgen dem beschriebenen *Mechanismus der Selbstvorwürfe*, die sich Opfer machen, die drohende Gefahr nicht rechtzeitig erkannt zu haben und in die Falle gegangen zu sein. Die verstärkten Tendenzen zum Selbstzweifel gehen in dieselbe Richtung. Sexuelle Funktionsstörungen waren mit 21,3% häufig bereits einer der Gründe für die Aufnahme der Therapie. Sie haben sich mit 17,6 % der Nennungen einmal verstärkt und sind auch mit 8,3 % neu hinzugekommen. Diese Angaben sind geeignet, eine Legitimierungsstrategie sexuell missbrauchender Therapeuten zu widerlegen, dass nämlich die sexuelle Beziehung zumindest bei vorliegenden *Sexualstörungen* eine heilsame Funktion ausüben könnte. Suchtverhalten ist ebenfalls verstärkt und dient neben der Abwehr von Schlafstörungen der Abwehr von Zwangsdenken, sich aufdrängenden Bildern vom Ereignis u. ä., die wir mit dem Untersuchungsinstrument der Impact-of-Event-Skala (IES) – „Ereignis-Belastungsskala" (Horowitz, Wilner & Avarez, 1979)erfasst haben (s. *Tabelle 2* und *Tabelle 3*).

Suizidalität. Besonders beunruhigend ist der Anstieg der Suizidalität in der Stichprobe. Viele der Patientinnen, die zuvor nicht unter Suizidideen litten, werden jetzt von Suizidgedanken gequält oder müssen sogar Suizid-Impulse unterdrücken, die sie als Ich-fremd und bedrohlich erleben. Außerdem hat ihre Verletzlichkeit und allgemeine Kränkbarkeit zugenommen, was vermutlich sowohl auf die narzisstische Verführung als auch auf das verletzte Vertrauen in den Therapeuten zurückzuführen ist. Um die Belastungswirkung des sexuellen Missbrauchs zu erfassen, war anzugeben, wie oft sich die Betroffenen innerhalb der letzten sieben Tage gedanklich mit den Vorfällen beschäftigt haben. Die Skala in der von uns verwandten Form hat zwei Dimensionen: sich aufdrängende Erinnerungen (*Intrusion*) und Verleugnung (*Denial*) bzw. Vermeidung:

Tab. 2: IES-Skala Erinnerungen (Intrusion)
(zitiert aus Becker-Fischer & Fischer, 1995)

		SÜPP-Pbn.	Folter-opfer	Medizin-stud.
NIES1	daran (unwillk.) denken müssen	3,23	4,36	0,5
NIES4	Schlafstörungen	2,74	4,21	0
NIES5	starke Gemütsbewegungen deswegen	3,74	4,14	0,3
NIES6	Träume davon	1,72	3,93	0
NIES10	Aufdrängen von Bildern	3,3	4,36	0,9
NIES11	bei allen Gelegenheiten daran denken	2,8	3,57	0,6
NIES15	jeder Gedanken bringt Gefühlsregung	3,69	3,93	0,2
	Intrusion Gesamtskala	21,14	28,5	2,5

Tab. 3: IES-Skala Verleugnung bzw. Vermeidung (Denial)
(zitiert aus Becker-Fischer & Fischer, 1995)

		SÜPP-Pbn.	Folter-opfer	Medizin-stud.
NIES2	unterdrücke Aufregung	2,64	2,43	0,6
NIES3	versuche aus Erinnerung zu löschen	2,04	3,38	0,1
NIES7	Allem fernbleiben, was daran erinnert	1,71	2,15	0
NIES8	Leugnung, Gefühl der Unwirklichkeit	1,59	1,69	1,1
NIES9	versuche nicht darüber zu sprechen	2,26	3,15	0,4
NIES12	nicht-kümmern, Leugnen der Gefühle	1,55	0,73	0,5
NIES13	versuche nicht daran zu denken	2,04	3,25	0,2
NIES14	Betäubung der Gefühle	2,09	1,58	1
	Vermeidung Gesamtskala	15,54	18,67	4,4

- Ein Beispiel für eine *intrusive Erinnerung* ist folgende Formulierung: „Ich dachte daran, wenn ich nicht daran denken wollte".
- Ein Item für sich *aufdrängende Erinnerungen* ist z.b.: „Ich hatte Mühe einzuschlafen oder durchzuschlafen, weil mir Bilder davon oder Gedanken daran durch den Kopf gingen" (zur deutschen Übersetzung der Skala und zu metrischen Problemen vgl. Hütter, 1994, S. 246 ff.).

Die Tabellen zeigen die Mittelwerte der Probandinnen in ihrer Beziehung zu zwei Vergleichsgruppen: einer Gruppe von Medizinstudenten im Sezierkurs nach der ersten Leichensektion und einer Gruppe von Folteropfern, die im Behandlungszentrum für Folteropfer in Berlin die Belastungswirkung ihres Traumas einschätzten[4]. Die Mittelwerte der drei Vergleichsgruppen zeigen, dass die Belastung der betroffenen Patientinnen noch zum Untersuchungszeitpunkt, oft also Jahre nach dem Übergriff, denen der Folteropfer recht nahe kommt. In den Gesamtskalen „Intrusion" und „Verleugnung" liegen die Patientinnen durchschnittlich nur sechs Punkte unter den Folteropfern, jedoch 15 Punkte über den Medizinstudenten. Insbesondere die *Intensität der Gefühlsregungen*, die bei der Erinnerung an die traumatische Situation der Folterung und des sexuellen Übergriffs entstehen, ist ähnlich.

Diese Ergebnisse vermitteln einen Eindruck davon, wie beunruhigend und erschütternd sich das Professionale Missbrauchstrauma auswirkt. Die Tatsache, dass die Belastung denen von Menschen, die den grauenvollsten Folterungen ausgesetzt waren, so nahe kommt, hat wohl auch damit zu tun, dass hier ein Personenkreis betroffen ist, der sich zum Zeitpunkt der Traumatisierung in einem extrem vulnerablen Zustand befand, nämlich Psychotherapiepatientinnen, die sich wegen einer bereits vorliegenden Schädigung bzw. Verletzung um therapeutische Hilfe bemüht hatten.

Die gegenwärtige Entwicklung, dass die Thematik sexuellen Missbrauchs in der Therapie verstärkt diskutiert und zunehmend Maßnahmen getroffen werden, ist eine wichtige *Heilungschance für betroffene Patientinnen*. Nur selten geht es ihnen, wenn sie rechtliche Schritte erwägen, letztlich um Rachebedürfnisse oder Strafwünsche. Diese mögen während des Aufarbeitungsprozesses eine Rolle spielen. Wichtiger ist den Betroffenen jedoch im Grunde: Wenn schon keine Klärung mit dem betroffenen Therapeuten möglich ist, dann sollten zumindest gesellschaftlich die Verwirrung von Recht und Unrecht aufgehoben und Unrecht als solches anerkannt werden. Sie hoffen, damit andere Frauen vor ähnlichen Erfahrungen zu schützen und dadurch selbst zur Sicherheit anderer beizutragen. Diese Anerkennung von außen und das eigene wirkungsvolle Handeln tragen dazu bei, dass die Opfer nicht in Sucht, Krankheit oder religiöse Welten fliehen müssen, sondern sich in ihrer sozialen Welt wieder „zu Hause" fühlen können.

3.2.6 Art der sexuellen Kontakte und Schwere der Folgen

Eine weitere Frage, der wir in der ersten Untersuchung nachgegangen sind, bezieht sich auf die *Art der sexuellen Kontakte*. Hängt die Schwere der Folgen davon ab, ob es zu direktem Gechlechtsverkehr gekommen ist oder „nur" sexualisierte Berührungen i.S. von Petting u.a. stattgefunden haben oder ob die Sexualisierungen „nur" auf der verbalen Ebene stattfanden?
- Zwischen den Übergriffen „direkter Geschlechtsverkehr" und „sexualisierte Berührungen" ergaben sich weder signifikante Unterschiede im Hinblick auf die Beurteilung des Gesamtzustandes nach dem Ereignis noch im Hinblick auf verstärkte oder neu entstandene Symptome. Ebenso ist die traumatische Belastungswirkung des Ereignisses für beide Gruppen weitestgehend gleich.
- Die Folgen bei den sechs Frauen der Stichprobe, die Sexualisierung auf der verbalen Ebene erlebt haben, sind ebenfalls vergleichbar mit denen der Gruppe im engeren Sinne von sexuellen Übergriffen. Auch hier unterschied sich die psychische Belastung durch die traumatische Erfahrung beider Gruppen nicht.

Bei diesen Angaben muss berücksichtigt werden, dass statistische Aussagen mit einer so kleinen Vergleichsgruppe nur bedingt möglich sind. Allerdings fand auch Benowitz (1991) zwischen den 14 Frauen, die zu ihren Therapeutinnen *direkte sexuelle Kontakte* hatten, und den sieben, bei denen „Covert Sex" vorlag, keine statistisch relevanten Unterschiede in den Folgeerscheinungen. In den persönlichen Gesprächen mit Patientinnen, die *versteckte Sexualisierungen* erfahren haben, gewannen wir manchmal den Eindruck, dass die verwirrenden Effekte sogar noch heftiger waren. Insbesondere wenn Sexualisierung der Atmosphäre und strenge Kühle sich abrupt abwechselten oder gar deutlich „anmachende" Äußerungen kurz danach vom Therapeuten verleugnet bzw. als Fantasie der Patientin umgedeutet wurden, reagierten die Patientinnen zutiefst verunsichert und verwirrt. Ihre Realitätswahrnehmung wurde vom therapeutischen „Fachmann" zu einem Produkt ihrer Fantasie erklärt – und das in einer Situation, in der die eigene Wahrnehmung durch keinerlei äußere Realitätsfaktoren bestätigt werden kann. Dies ruft Konfusionen hervor, die zuweilen bis in psychose-nahe Zustände führen können.

Die Ergebnisse machen deutlich, dass bereits sogenannte „versteckte Sexualisierungen" psychologisch einen *Vertrauensbruch* bedeuten, der sich von dem realisierter sexueller Handlungen nur wenig unterscheidet. Schon mit der „Anmache" stellt der Therapeut sich mit seinen persönlichen Wünschen in den Vordergrund, betrachtet die Patientin wie eine Partnerin und verläßt seine berufliche Funktion. Wohlberg et al. (1999) gehen davon aus, dass Missbrauch, der keinen körperlichen sexuellen Kontakt beinhaltet, sogar noch größeren Schaden bei den Opfern anrichten kann: Die *zerstörerische Qualität des Erlebten* wird bspw. oft von Folgetherapeuten, Familie und Freunden heruntergespielt, auch existieren hier nur eingeschränkte rechtliche Handlungsmöglichkeiten.

Sicher ist ein verbal aufreizendes Verhalten des Therapeuten nicht in der gleichen Weise strafrechtlich justiziabel wie manifeste sexuelle Übergriffe. Hier liegt jedoch ein weites Feld möglicher Kunstfehler, die in den Ethikrichtlinien der Fachgesellschaften berücksichtigt werden sollten, und auf die in den psychotherapeutischen Ausbildungsgängen aufmerksam gemacht werden muss.

In der psychotherapeutischen Praxis muss die Möglichkeit bestehen, über Themen der Sexualität offen zu sprechen. Dies sollte jedoch stets in einfühlsamer und taktvoller Weise geschehen, nicht aber so, dass der Therapeut eigene sexuelle Bedürfnisse oder Fantasien ins Spiel bringt.

Gründliche Selbsterfahrung und (kollegiale) Supervision, in der eigene erotische Empfindungen Patientinnen und Patienten gegenüber einbezogen sind, sind Voraussetzung dafür, dass Psychotherapeutinnen und Psychotherapeuten zwischen eigenen Wünschen und denen ihrer Patientinnen und Patienten unterscheiden und den schmalen Grad finden, der die Deutung verdrängter sexueller Wünsche und Fantasien von verbaler Erotisierung trennt. Auch die Patientinnen und Patienten sollten möglicherweise über diesen „feinen Unterschied" genauer aufgeklärt werden als bisher, um sich besser gegen *verbalerotische Manipulationsstrategien* behaupten und diese Kunstfehler als solche erkennen zu können. Bedenkt man die gravierenden Folgen, wie sie sich in der ersten Untersuchung zeigen, so sollten solche Vorfälle vor Ehrengerichten und zumindest auch zivilrechtlich eine nachhaltige Würdigung erfahren.

Dass Ausbeutung und Machtmissbrauch in Therapien sich selbstverständlich nicht nur auf der sexuellen Ebene abspielen, sei an dieser Stelle nur erwähnt. Bereits aus den typischen Beziehungsverläufen und deren Dynamik geht deutlich hervor, dass die sexuelle Ebene nur die „Spitze des Eisbergs" darstellt. Die sexuelle Begegnung basierte zumeist auf einer längeren Phase *narzisstischen Missbrauchs*. Dass Formen emotionalen Machtmissbrauchs Patientinnen und Patienten in ähnlicher Weise schädigen wie manifest oder latent sexuelle Formen ist theoretisch selbstverständlich. In derselben Weise werden die Hilfesuchenden unter Ausnutzung der Machtposition zur Befriedigung persönlicher Bedürfnisse der Behandelnden benutzt. Unsere Erfahrungen aus zahlreichen Beratungsgesprächen lassen keinen Zweifel an den schweren Schädigungen, die den Patientinnen und Patienten damit zugefügt werden.

Allerdings liegen Ergebnisse wissenschaftlicher Untersuchungen zu diesem Bereich bislang unseres Wissens noch nicht vor. Für psychologische Fachverbände sollte allerdings auch unabhängig davon klar sein, dass diese Formen von Ausnutzung der therapeutischen Beziehung gravierende „Kunstfehler" darstellen, denen in *Weiterbildung, Supervision* und *Ethikrichtlinien* – gerade da sie oft sehr subtil und schwer fassbar sind – besondere Aufmerksamkeit gewidmet werden sollte.

4 Ergebnisse der Online-Nachfolgeuntersuchung 2006

Christiane Eichenberg

Wir führten im Jahr 2006 eine Nachfolgeuntersuchung unserer ersten Betroffenenbefragung Anfang der 1990er Jahre (Becker-Fischer & Fischer, 1995) durch. Vor dem Hintergrund des Inkrafttretens von Paragraf 174c StGB im Jahr 1998, der sexuellen Missbrauch in der Psychotherapie unter Strafe stellt (vgl. Kap. 6), sollte erforscht werden, ob es sich bei sexuellen Übergriffen von Therapeuten auf Patienten um ein zeitkonstantes Phänomen handelt.

Ein Vergleich der Ergebnisse beider Untersuchungen gibt Anhaltspunkte für eventuelle Veränderungen und Entwicklungen innerhalb dieses Problemkomplexes in den letzten zehn Jahren.

Wie auch in unserer ersten Studie wurden in der Nachfolgeuntersuchung (s. Dorniak, 2007) Personen befragt, die im Rahmen ihrer Psychotherapie oder in einer psychiatrischen Behandlung sexuellen Kontakt zu ihrem Psychotherapeuten hatten. Im Mittelpunkt standen erneut die individuelle Betroffenheit, die Art des sexuellen Kontaktes, Voraussetzungen und Folgen sowie Bewältigungsbemühungen und rechtliche Schritte.

4.1 Methodisches Vorgehen und Datenbasis

Online-Umfrage. Anfang der 1990er Jahre machten wir mithilfe von Zeitungsanzeigen auf die Untersuchung aufmerksam und forderten betroffene Patienten zur Teilnahme auf. Heute ermöglicht das Internet einen vergleichsweise kostengünstigen und wenig zeitaufwändigen Zugang zu breiteren und schwer zugänglichen Stichproben (vgl. Bandilla, 1999; Ott & Eichenberg, 2003). Für die Nachfolgeuntersuchung wurde deshalb der Fragebogen zu sexuellen Kontakten in Psychotherapie und Psychiatrie (SKPP) als *Online-Umfrage* konzipiert.

Webmaster von insgesamt 94 *Internetseiten* wurden per E-mail darum gebeten, den Aufruf zur Teilnahme an der Untersuchung mit dem entsprechenden *Link zum Fragebogen SKPP* auf der von ihnen betreuten Seite zu veröffentlichen. Zusätzlich wurde der Aufruf in sechs *Foren* gepostet. Ausgewählt wurden Internetseiten und Foren, von denen wir anahmen, dass sich Mitglieder der Zielgruppe – Patienten mit sexuellen „Kontakten" zum Therapeuten – unter den Besuchern dieser Seiten befinden. Dazu zählen:
- allgemeine *Gesundheitsportale*, z.B.: www.psychologie.de; www.psychiatrie-aktuell.de; www.medizinfo.de
- *Psychotherapie- und Patienteninformationsseiten*, z.B.: www.psychotherapie-netzwerk.de; www.patienten-information.de
- verschiedene *Selbsthilfeseiten*, z.B.: www.selbsthilfeschizophrenie.de; www.paniker.de; www.verein-horizonte.de
- *Beratungsseiten* bzw. Seiten von *Beratungsstellen*, z.B.: www.notruf-koeln.de; www.frauenberatungsstellen.de; www.maennerberatung.de

Insgesamt unterstützten 27 Webmaster unsere Befragung – immerhin fast jeder Dritte.

Stichprobe. Es konnte eine Stichprobe von n = 77 Datensätzen ausgewertet werden. Von den 77 Befragten waren 66 Frauen und 11 Männer. Zum Zeitpunkt der Befragung waren sie zwischen 15 und 69 Jahre alt:
- Altersdurchschnitt: 34,8 Jahre; SD = 11,1;
- Durchschnittsalter zum Zeitpunkt des sexuellen Kontaktes: 28,4 Jahre; SD = 11,1; Range: 6-63 Jahre;
- 13,6 % der Befragten waren zum Zeitpunkt des sexuellen Kontaktes noch nicht volljährig.

Zwischen der Zeit des sexuellen Kontaktes und dem Zeitpunkt der Befragung lagen also durchschnittlich gut sieben Jahre. Bei sieben Personen war zum Befragungszeitpunkt kein Jahr seit den sexuellen Kontakten in der Therapie vergangen; das Maximum an vergangener Zeit war 30 Jahre.

Zwei von fünf Befragten waren zum Befragungszeitpunkt verheiratet oder lebten in fester Partnerschaft. Über ein Drittel gab an, Kinder zu haben.

4.2 Merkmale der Patientinnen und Patienten

4.2.1 Geschlechterverteilung und sozioökonomische Merkmale

In unserer ersten Studie (Becker-Fischer & Fischer, 1995) waren – wie in vielen anderen Studien (z.B. Disch & Avery, 2001; Somer & Nachmani, 2005) – fast ausschließlich (weibliche) Probandinnen vertreten. In der Nachfolgeuntersuchung hingegen waren 15% (n = 11) der an der Online-Befragung teilnehmenden 77 Personen männlich.

Möglicherweise ist es aufgrund der Untersuchungsmethode (Online-Befragung) gelungen, in die Nachfolgeuntersuchung vergleichsweise viele Männer einzubeziehen: Ein Großteil der Web-User sind nach wie vor Männer, wenngleich auch zunehmend Frauen das Internet nutzen (vgl. z.B. van Eimeren & Frees, 2006). Denkbar ist auch, dass es Männern heute aufgrund geänderter gesellschaftlicher Rollensterotype leichter fällt, sich als Opfer professionaler sexueller Kontakte zu „outen" und an einer solchen Befragung teilzunehmen.

Wie die vorliegenden Befunde zeigen, unterscheiden sich die Opfer professionaler sexueller Übergriffe in ihren sozioökonomischen und personenbezogenen Merkmalen (Alter, Familienstand, Schulbildung, Beruf) nicht von anderen Psychotherapiepatienten. Hinweise auf eine „intellektuelle Unsicherheit" (vgl. Chesler, 1986) ließen sich weder in der Nachfolgeuntersuchung noch in der ersten Studie finden:
- Über zwei Drittel der Befragten (70 %) hatten in der Nachfolgeuntersuchung überdurchschnittlichen Bildungsgrad (mindestens Fachabitur).
- In der ersten Studie hatten etwa 60 % mind. die Fachhochschulreife.

Jede/r vierte Befragte der Nachfolgeuntersuchung befand sich zum Befragungszeitpunkt in Ausbildung, Lehre oder Studium. Ebenfalls etwa jede/r vierte Befragte war *arbeitslos, krankgeschrieben bzw. erwerbsunfähig*. Über diesen vergleichsweise hohen Anteil lässt sich zum jetzigen Zeitpunkt allenfalls spekulativ vermuten bzw. nicht ausschließen, dass Zusammenhänge mit den emotional belastenden Erfahrungen mit Tätertherapeuten bestehen.

4.2.2 Eingangssymptomatik

In über der Hälfte der Fälle (54 %) litten die Probanden der Nachfolgeuntersuchung zur Zeit des Therapiebeginns unter *depressiven Symptomen*, 37 % berichteten von *Angst und Panik*. Unter *Grenzstörungen* litten zu Beginn der Therapie ein relativ hoher Aneil von 27 %, unter *selbstverletzendem Verhalten und Autoaggression* 24 %. Insgesamt bezogen sich 12 % der Angaben zu den Beschwerden bei Therapiebeginn auf *Traumatisierungen*, bei etwa jedem dritten Befragten wurde von dem behandelnden Therapeuten die Diagnose *Posttraumatischen Belastungsstörung (F43.1)* gestellt. Vergleichbare Ergebnisse hatten wir auch in unserer ersten Studie festgestellt (depressive Symptome: 49 %, Angst: 43 %). Auch in der durchschnittlich angegebenen Anzahl der Eingangssymptome von 3,9 (SD = 2,3) unterscheiden sich die beiden Untersuchungen nicht.

In den genannten Beschwerden stimmen unsere Befunde auch in etwa mit der Gesamtpopulation von Psychotherapiepatienten überein:
- Auch Moggi und Brodbeck (1997) fanden bei ihrer Untersuchung von Kontroll- und Indexgruppe *keine Unterschiede in den Eingangssymptomen*: Am häufigsten berichteten beide Gruppen von Depressionen (51 %), Beziehungsproblemen (47 %) sowie Ängsten und Phobien (28 %).
- Die Kontrollgruppe von Somer und Saadon (1999) hatte am häufigsten Angststörungen (54 %), Beziehungsprobleme (23 %) oder Persönlichkeitsstörungen (15 %).

4.2.3 Belastende lebensgeschichtliche Ereignisse

Zu belastenden lebensgeschichtlichen Ereignisse notierten die Befragten Themen, die mit denen der einschlägigen Literatur übereinstimmen (vgl. z.B. Kottje-Birnbacher, 1994; Rutter, 1991; Smith, 1984):

- problematische Beziehungen im Erwachsenenalter;
- verunsichernde Aufwachsbedingungen und die Verunsicherung verstärkende externe Ereignisse;
- körperliche oder emotionale Abwesenheit von Elternteilen und mangelnde Selbstachtsamkeit;
- problematische Rollenübernahmen innerhalb der Ursprungsfamilie;
- Selbstunsicherheit und Einsamkeit (nicht primär durch distinktive dramatische Ereignisse);
- körperlicher und sexueller Missbrauch.

Körperlicher und sexueller Missbrauch erhält besondere Bedeutung vor dem Hintergrund, dass
- annähernd die Hälfte der Befragten (44 %) frühere sexuelle Gewalterfahrungen schilderte,
- über ein Viertel (30 %) von sexuellem Missbrauch innerhalb der Kindheit berichtete.

Selbst unter der Prämisse, dass Patientinnen der Psychotherapie bzw. Psychiatrie häufiger Inzesterfahrungen haben als die weibliche Gesamtbevölkerung (vgl. Becker-Fischer & Fischer, 1997), liegt ein vergleichsweise hoher Anteil von frühen oder frühkindlichen Gewalterfahrungen vor, der sich auch schon in anderen Patientenbefragungen sowie in unserer ersten Studie herausschälte (vgl. Kap. 1).

4.3 Merkmale der Therapeutinnen und Therapeuten

4.3.1 Geschlechterverteilung

In der überwiegenden Anzahl der Fälle (71 %) handelte es sich bei den missbrauchenden Therapeuten in der Nachfolgeuntersuchung um Männer. In unserer ersten Studie und in den meisten Patienten- und Therapeutenbefragungen finden sich fast ausschließlich (männliche) Tätertherapeuten.

In der Bundesrepublik Deutschland sind Frauen im kassenärztlichen Gesamtkontingent der praktizierenden Psychotherapeuten stärker vertreten als Männer – nach Angaben der Kassenärztlichen Bundesvereinigung (2004) betrug im Jahr 2003 ihr Anteil 66 %.

In unserer ersten Studie hatte nur eine Probandin von sexuellen Kontakten mit einer Therapeutin berichtet – in der Nachfolgeuntersuchung handelte es sich in immerhin 29 % der Fälle um Therapeutinnen.. Dieser vergleichsweise *hohe Anteil missbrauchender Therapeutinnen* könnte ein Indiz dafür sein,
a) dass es heute tatsächlich – wie auch Hinweise in anderen Studien bereits ergaben (vgl. Kap. 1 sowie Gabbard, 1994; Garrett & Davis, 1994; Gonsiorek, 1990) – zu *mehr sexuellen Übergriffen von Therapeutinnen* kommt als früher,
b) oder dass früher lediglich die *Dunkelziffer* höher war.

4.3.2 Ausbildungshintergrund und Therapierichtungen

In unserer ersten Studie hatten 15% der Therapeuten eine *sozial-pädagogische Grundausbildung*, 12 % waren zudem *Heilpraktiker* und 3 % Pfarrer bzw. Theologen. Bei vielen Therapierichtungen handelte es sich außerdem um *von den Kassen nicht anerkannte Verfahren*. In drei von fünf Fällen wurden die Probandinnen von *Psychotherapeuten* missbraucht, die *keine Kassenzulassung* und somit möglicherweise auch mangelhafte Ausbildungsvoraussetzungen hatten.

Auf eine mangelhafte Ausbildung der Therapeuten kann in der Nachfolgeuntersuchung nicht geschlossen werden: Die Therapeuten waren zumeist Diplom-Psychologen (56 %) oder Ärzte (36 %), bei denen nach Angaben der Befragten fast immer (87 %) eine Facharztausbildung (Psychiatrie, psychosomatische Medizin) vorlag. Drei der vier am häufigsten genannten Therapierichtungen der Behandelnden (Verhaltenstherapie: n = 14; tiefenpsychologisch fundierte Psychotherapie: n = 14; Psychoanalyse: n = 5) sind *von den Kassen anerkannte Verfahren*. In der Mehrzahl der Fälle (70 %) wurde die Bezahlung der Therapie zumindest anfangs von den

Krankenkassen übernommen. Die meisten missbrauchenden Therapeuten verfügten demnach über eine Approbation und waren zudem nach Aussagen der Befragten Mitglieder in Ärzte- bzw. Psychotherapeutenkammern (n = 5) und in namhaften Verbänden (n = 4).

Auch in der einschlägigen Literatur findet sich kein Beleg für eine weniger fundierte Ausbildung übergriffiger Therapeuten. Es wird sogar von einem besonders hohen Ansehen und einer gründlichen Ausbildung der Therapeuten berichtet (vgl. z.B. Chesler, 1986; Gartrell et al., 1986).

Neigen Vertreter unterschiedlicher Berufsgruppen oder verschiedener Therapierichtungen unterschiedlich stark zu sexuellen Übergriffen auf Patienten? Zur Beantwortung folgende Überlegungen vorab, die sich auf Angaben zu den *kassenfinanzierten Therapien* stützen. Über die *nichtkassenfinanzierten Therapierichtungen* liegen keine Vergleichsdaten vor:

- Noch 1990 waren über drei Viertel der Therapeuten psychoanalytisch ausgerichtet, und es waren etwa doppelt so viele Ärzte wie Psychologen an der durch die Kassen anerkannten psychosozialen Versorgung beteiligt (Meyer et al., 1991, zit. nach Becker-Fischer & Fischer, 1997).
- 2001 sind 70 % der an der vertragsärztlichen Versorgung teilnehmenden Therapeuten psychologische Psychotherapeuten, 20 % ärztliche Psychotherapeuten und 10 % Kinder- und Jugendpsychotherapeuten (Kassenärztliche Bundesvereinigung, 2002).
- In etwa je 40 % der durchgeführten Behandlungen handelt es sich um *Verhaltenstherapien* bzw. *tiefenpsychologisch fundierte Therapien*, in 16 % um *tiefenpsychologisch und analytisch fundierte Behandlungen* und in gut 4 % um *analytische Psychotherapien* (Kassenärztliche Bundesvereinigung, 2002).

Es sind also nur noch rund ein Fünftel der Therapeuten (auch) psychoanalytisch ausgerichtet. Die Verteilung der kassenfinanzierten Therapierichtungen in der Stichprobe unserer Nachfolgeuntersuchung stimmt annähernd mit der Beteiligung dieser Therapierichtungen am therapeutischen Gesamtkontingent in dieser Zeitspanne überein: Von den nach 1999 und später begonnenen kassenfinanzierten Therapien (n = 25) handelt es sich

- in der Hälfte der Fälle (48 %; n = 12) um Verhaltenstherapien,
- in 36 % (n = 9) um tiefenpsychologisch fundierte Psychotherapien,
- in 16 % der Fälle (n = 4) um analytische Therapien.

Bei den übergriffigen bzw. missbrauchenden Therapeuten in der Stichprobe unserer Nachcfolguntersuchung handelte es sich in den Therapien, die 1999 und später begonnen hatten, in 66 % der Fälle (n = 31) um psychologische Psychotherapeuten, in 30 % (n = 14) um ärztliche Psychotherapeuten – eine Verteilung, die der derzeitigen kassenärztlichen Beteiligung psychologischer und ärztlicher Psychotherapeuten entspricht. In der ersten Studie (Becker-Fischer, 1995) handelte es sich in 50 % der Fälle (n = 4) um übergriffige ärztliche Psychotherapeuten, in 38 % (n = 3) um übergriffige psychologische Psychotherapeuten – was ebenfalls in etwa der damaligen kassenärztlichen Beteiligung psychologischer und ärztlicher Psychotherapeuten entsprach.

Es ließen sich also sowohl in der Nachfolgeuntersuchung als auch in der ersten Studie keine Hinweise darauf finden, dass Vertreter unterschiedlicher therapeutischer Richtungen (Verhaltenstherapie, tiefenpsychologische Therapien, analytische Therapien) oder verschiedener Grundberufe (Ärzte vs. Diplom-Psychologen) unter den missbrauchenden Therapeuten unterschiedlich stark vertreten sind.

4.3.3 Problematische Lebenssituationen der Therapeuten

In unserer ersten Studie bezogen sich 42 % der Angaben der Patienten, was sie über die Lebenssituation ihrer Therapeuten wissen, auf schwirige Lebensumstände (vgl. Becker-Fischer & Fischer, 1997), in der Nachuntersuchung sind es annähernd 40 %:
- Scheidungen (n = 11),
- Kinder aus früheren Partnerschaften (n = 9),
- problematische Partnerschaften, Einsamkeit und belastende Erfahrungen in der Lebensgeschichte (jeweils n = 4).

Wie aus den Patientenberichten hervorgeht, evozieren die Therapeuten selbst darüber hinaus Mitleid, indem sie z.B. auf ihre problematische Lebenssituation (n = 4) oder ihre Einsamkeit (n = 3) hinweisen.
Aufgrund von internationalen Forschungsergebnissen (vgl. z.B. Butler & Zelen, 1977; Lamb et al., 2003; Rodolfa et al., 1994; Schmidbauer, 1997) wissen wir: Schwierige Lebensumstände und -situationen der Therapeuten, wie sie offensichtlich in unseren Untersuchungen bei fast jedem zweiten Theraputen vorlagen, tragen zum hohen Risiko für sexuelle Kontakte zu ihren Patienten bei (vgl. auch Kap. 2).

4.3.4 Persönlichkeit der Therapeuten

Die befragten Patienten beschreiben Aussehen, Ausstrahlung und Eigenschaften der übergriffigen Therapeuten recht kontrovers:
- In 44 % der Fälle (n = 27) wurde der Therapeut ausschließlich mit *positiven* Charaktereigenschaften beschrieben.
- In 21 % der Fälle (n = 13) wurde der Therapeut ausschließlich mit *negativen* Charaktereigenschaften beschrieben.
- In 31 % der Fälle (n = 19) hatten die Probanden einen äußerst *widersprüchlichen Eindruck* von der Person des Therapeuten: z.B. „nett, offen, freundlich, hübsch, hintertückisch", „gutaussehend, selbstbewusst, polarisierend, lebenslustig, schwierige Vergangenheit, willensstark, starke Stimmungsschwankungen, mal freundlich, mal verletzend, hohe Intensität im Arzt-Patienten Verhältnis".

Missbrauchende Therapeuten weisen häufig dissoziative Züge von in sich gespaltenen Persönlichkeiten auf (vgl. auch Kap. 3), wie es in den Schilderungen der Untersuchungsteilnehmeren zum Ausdruck kommt. Der widersprüchliche Eindruck, den die Befragten von ihren Therapeuten haben, ist wohl weniger auf ambivalente Gefühle der Patienten zurückzuführen, sondern vielmehr eine Folge von *realen Spaltungen innerhalb der Therapeutenpersönlichkeit*. Eine Patientin bringt dies so zum Ausdruck: „*Ich konnte ihn nie direkt wahrnehmen und ihn auch nicht einschätzen*".

In 58 % der Fälle (*n* = 33) entsprachen die Therapeuten dem *Wunscherfüller-* bzw. *Wunscherfüllungstypus*, in 42 % (*n* = 24) dem *Rachetypus*. Während die Verteilung der männlichen Therapeuten auf Wunscherfüllertypus (51 %) oder Rachetypus (49 %) fast gleich war, handelte es sich bei den Therapeutinnen überwiegend (75 %) um den Wunscherfüllertypus. Während die Wunscherfüllertypen von den Pateinten zumeist als „attraktive Sympathen" beschrieben wurden, wurden die Rachetypen eher als „selbstbewusste Manipulatoren" empfunden. Die jeweils andere „Seite der Medaille" (vgl. Kap. 3), die hier von den Therapeutentypen bewusst gelebt wird, spiegelt sich also im Eindruck ihrer Opfer deutlich wider.

Als „narzisstische Charmeure" wurden sowohl Wunscherfüller- als auch Rachetypus gleichermaßen beschrieben, was wenig verwundert: Narzisstische Störungen und Defizite werden für alle missbrauchenden Therapeuten angenommen (vgl. z.B. Celenza, 1991; Dahlberg, 1970; Piegler, 2003); beide Therapeutentypen „brauchen" ihre Opfer, um ihre eigenen traumatischen Erfahrungen auf die eine oder andere Weise zu kompensieren.

Die Befunde der Nachfolgeuntersuchung verweisen darauf, dass das therapeutische Klima primär durch die Charaktere der Therapierenden bestimmt ist (vgl. Abb. 1): Handelte es sich bei dem Therapeuten um einen Wunscherfüllertypus, war die therapeutische Atmosphäre am häufigsten (47 %) durch Verwirrung und Rollendiffusion geprägt. Handelte es sich bei um den Rachetypus, war das therapeutische Klima stark sexualisiert oder repressiv (jeweils ca. 29 %). In der überwiegenden Anzahl der Fälle (89 %) äußerten nach Angaben der Patienten die missbrauchenden Therapeuten weder Bedauern noch Schuldgefühle. Die sexuellen Übergriffe wurden zumeist therapeutisch oder mit eigenen Verliebtheitsgefühlen begründet, die Verantwortung wurde häufig den Patienten zugeschoben.

4.4 Folgen für die Patientinnen und Patienten

Insgesamt gaben gut 86 % der Teilnehmer an der Nachfolgeuntersuchung an, der sexuelle Kontakt zu ihrem Therapeuten hätte Folgen für sie gehabt – in fast allen Fällen (93 %) waren es *problematische Folgen*; nur drei Pa-

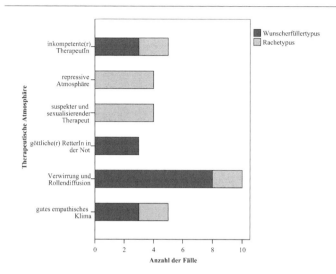

Abb. 1: Therapeutische Atmosphäre bei Wunscherfüller- und Rachetypus

tienten verneinten die entsprechende Frage. Als problematisch haben sie die Folgen empfunden
- bei Bewusstwerden der destruktiven Übertragungsbeziehungung (33 %),
- wegen ihres negativ veränderten Beziehungsverhalten gegenüber Bezugspersonen (30 %),
- aufgrund ihres grundlegend schlechten Alltagsbefindens (28 %), und/oder
- aufgrund ihrer Probleme in Folgebehandlungen (21 %).

Wenn auch in anderer Häufigkeitsverteilung wurden sowohl in unserer ersten Studie als auch in der Nachfolgeuntersuchung *verstärkt und neu* aufgetretene Beschwerden als Folge der sexuellen Übergriffe berichtet (s. *Tabelle 4*). In der Nachfolgestudie berichteten 84 % der Befragten v.a von
- Isolation (35 % verstärkt; 30 % neu),
- Misstrauen (23 % verstärkt; 30 % neu),
- Angst und Panik (19 % verstärkt; 10 % neu),
- Selbstzweifel und -unsicherheit (19 % verstärkt; 7 % neu),
- depressive Symptome (15 % verstärkt; 10 % neu),
- psychosomatische Beschwerden (12 % verstärkt; 7 % neu).

Tab. 4: Verstärkte und neue Beschwerden

	verstärkte Beschwerden (N = 26)			neue Beschwerden (N = 30)		
	Häufigkeit	Prozent der Antworten	Prozent der Fälle	Häufigkeit	Prozent der Antworten	Prozent der Fälle
Isolation und emotionaler Rückzug	9	15,3	34,6	9	19,6	30,0
Misstrauen	6	10,2	23,1	9	19,6	30,0
Angst und Panik	5	8,5	19,2	3	6,5	10,0
Angst vor körperl. Nähe/Kontakt	2	3,4	7,7	1	2,2	3,3
Angst vor Verlust und Alleinsein	2	3,4	7,7	1	2,2	3,3
Scham und Schuldgefühle	5	8,5	19,2	-	-	-
Selbstzweifel und -unsicherheit	5	8,5	19,2	2	4,3	6,7
depressive Symptome	4	6,8	15,4	3	6,5	10,0
psychosomatische Beschwerden	3	5,1	11,5	2	4,3	6,7
SVV und Autoaggression	3	5,1	11,5	-	-	-
Ambivalenz	2	3,4	7,7	1	2,2	3,3
Grenzstörungen	2	3,4	7,7	-	-	-
Essstörungen	2	3,4	7,7	-	-	-
intrusive Phänomene	1	1,7	3,8	1	2,2	3,3
Konzentrations- und Lern-Arbeitsstörungen	1	1,7	3,8	-	-	-
Leeregefühle/Gefühlsarmut	1	1,7	3,8	1	2,2	3,3
lügen/sich verstellen müssen	1	1,7	3,8	3	6,5	10,0
sex. Funktionsstörungen	1	1,7	3,8	1	2,2	3,3
Suizidalität	1	1,7	3,8	-	-	-
Trauer	1	1,7	3,8	1	2,2	3,3
Wut und Aggressionen	1	1,7	3,8	3	6,5	10,0
Beziehungsprobleme	-	-	-	1	2,2	3,3
Schlafstörungen	-	-	-	2	4,3	6,7
Sonstiges	1	1,7	3,8	2	4,3	6,7
Gesamt	59	100,0		46	100,0	

Diese Befunde reihen sich ein in die lange Liste von Untersuchungen, mit denen sich in den letzten Jahrzehnten die *negativen Konsequenzen der sexuellen Übergriffe* von Therapeuten auf ihre Patienten belegen ließen (vgl. z.B. Feldman-Summers & Jones, 1984; Moggi & Brodbeck, 1997; Somer & Saadon, 1999). Die Symptome sind vergleichbar mit den *Folgebeschwerden* anderer Untersuchungen (vgl. z.B. Apfel & Simon, 1985a; Luepker, 1999; Pope & Bouhoutsos, 1992; Schoener et al., 1990; Wohlberg et al., 1999; vgl. Tab. 4).

Deutlich weniger als in der ersten Studie wurden in der Nachfolgeuntersuchung *sexuelle Funktionsstörungen* (n = 1) und *Suizidalität* (n = 1) genannt, häufiger hingegen verstärkte *Scham- und Schuldgefühle* (19 %) und *selbstverletzendes Verhalten* (12 %). Die häufige Nennung von Isolation und emotionalem Rückzug (n= 18) bzw. Misstrauen (n = 15) in der Nachfolgeuntersuchung weist auf eine grundsätzliche Störung der Liebes- und Beziehungsfähigkeit hin, die sich bei Patienten häufig feststellen lässt, die unter einem *Professionalen Missbrauchstrauma* leiden.

Ein eindringliches Bild für die traumatische Qualität des missbräuchlichen Geschehens in der Therapie liefern auch die Einschätzungen der Befragten auf der *Impact-of-Event Scale (IES)*: Wie die Auswertung ergab, waren neun von zehn Patientinnen durch die sexuellen Übergriffe traumatisiert, in über drei Vierteln der Fälle (84 %) lag sogar eine mittelgradige bis schwere Traumatisierung vor. Der mittlere Punktwert auf der Subskala *Intrusion* (M = 20,66; SD = 10,55) lag ähnlich hoch wie in der ersten Studie (M = 21,14, vgl. Becker-Fischer & Fischer, 1997), der der Subskala *Vermeidung* (M = 22,18; SD = 11,80) sogar noch um einiges höher (M = 15,54; vgl. *Tabelle 5 und Tabelle 6*). Die Patientinnen der Nachfolgeuntersuchung versuchten offensichtlich noch häufiger als in der ersten Studie, mit dem Missbrauchsgeschehen assoziierte Gedanken, Gefühle und Situationen zu vermeiden oder zu verdrängen.

Deutliche Hinweise finden sich in der vorliegenden Untersuchung für die unterschiedliche Qualität des professionalen Missbrauchstraumas für Opfer des Wuncherfüller- bzw. des Rachetypus. 95 % der *Opfer des Rachetypus* (n = 20) schilderten ein *grundlegend schlechtes Befinden* unmittelbar nach dem ersten sexuellen Kontakt, die *Opfer des*

Tab. 5: IES-Subskala Intrusion

		vorliegende Stichprobe			Becker-Fischer & Fischer (1997)
		N	M	SD	M
IES1	daran (unwillk.) denken müssen	42	2,74	1,82	3,23
IES4	Schlafstörungen	42	3,19	2,02	2,74
IES5	starke Gemütsbewegungen deswegen	42	3,50	1,84	3,74
IES6	Träume davon	42	2,36	1,97	1,72
IES10	Aufdrängen von Bildern	42	3,17	1,92	3,30
IES11	bei allen Gelegenheiten daran denken	42	2,21	1,75	2,80
IES15	jeder Gedanke bringt Gefühlsregung	41	3,54	1,70	3,69
	Intrusion Gesamtskala	41	20,66	10,55	21,14

Tab. 6: IES-Subskala Vermeidung

		vorliegende Stichprobe			Becker- Fischer & Fischer (1997)
		N	M	SD	M
IES2	unterdrückte Aufregung	42	2,55	2,02	2,64
IES3	Versuche, aus der Erinnerung zu löschen	41	3,20	2,09	2,04
IES7	Allem fernbleiben, was daran erinnert	42	2,98	1,96	1,71
IES8	Leugnung, Gefühl der Unwirklichkeit	42	2,45	2,17	1,59
IES9	Versuche, nicht darüber zu sprechen	42	3,10	2,27	2,26
IES12	Nicht-kümmern, Leugnen der Gefühle	41	2,44	2,01	1,55
IES13	Versuche, nicht daran zu denken	42	3,05	2,10	2,04
IES14	Betäubung der Gefühle	40	2,48	2,201	2,09
	Vermeidung Gesamtskala	38	22,18	11,80	15,54

Wunscherfüllertypus hingegen von einem guten oder sehr guten Befinden (29 %) und zu jeweils gleichen Anteilen (24 %; n = 5) von ambivalenten, negativen oder verwirrten Empfindungen. Die traumatische Reaktion der *Opfer des Wunscherfüllertypus* ist also häufig gekennzeichnet von dem Versuch, die zerstörerische Qualität des Erlebten zu verdrängen oder zu verleugnen (vgl. Kap. 3.3.4): In über einem Viertel der Fälle wurden allein Verliebtheits- und Hochgefühle geschildert, in insgesamt 76 % der Fälle wurden zumindest *auch* positive Empfindungen geäußert.

In annähernd allen Fällen, in denen die Patienten von Therapeuten des *Rachetypus* sexuell ausgebeutet wurden, fanden sich im Gegensatz dazu ausschließlich höchst negative Gefühlsqualitäten, nur ein Opfer beschrieb seinen Zustand hier als lediglich „verwirrt".

Die Beschreibungen des ausschließlich negativen Befindens geben einen Eindruck von der Qualität des *emotionalen Erstarrens* der Opfer des Rachetypus: Die Probanden gaben an,

- sich unwirklich und betäubt gefühlt zu haben (n = 6),
- unter Schuldgefühlen gelitten zu haben (n = 4),
- retraumatisiert worden zu sein (n = 3) und
- an Suizid gedacht zu haben (n = 3).

Aus den Selbstbildeinschätzungen für die Zeitspanne zwischen dem sexuellen Kontakt und eventuell hilfreichen Ereignissen wurde deutlich, dass die *Opfer des Rachetypus* in dieser Zeit sexuelle Lust weniger genießen konnten und häufiger Suizidgedanken hatten als die Opfer des Wunscherfüllertypus. Opfer des Rachetypus nannten außerdem häufiger Isolation und emotionalen Rückzug sowie neu hinzugekommenes Misstrauen – ein Ausdruck für das erschütterte Vertrauen in die soziale Welt und die Generalisierung der dramatischen *Desillusionierung* auf andere Erlebniswelten (vgl. Kap. 3.3.1).

Die *Opfer des Wunscherfüllertypus* nannten im Vergleich zu den Opfern des Rachetypus eher depressive Symptome als neu hinzukommende Beschwerden. Die negativen Facetten des Geschehens und des Therapeuten – da auch im traumatischen Prozess weiterhin verdrängt – werden gegen die eigene Person gerichtet (*Viktimisierungssyndrom*). Meist waren es die Opfer des Wunscherfüllertypus, die von teilweise positiven Gefühlen gegenüber den missbrauchenden Therapeuten und Schwankungen in der Bewertung des therapeutischen Geschehens und des Therapeuten berichteten (64 %). Auch noch zum Untersuchungszeitpunkt wurde hier also zumindest zeitweise immer wieder die destruktive Qualität des Geschehens geleugnet. Verständlicherweise fällt es ihnen besonders schwer, das Gefühl des Missbrauchtwordenseins mit dem anfänglichen Empfinden zu vereinbaren, einen Menschen getroffen zu haben, dem sie wichtig sind und der sich für sie „aufrichtig interessiert".

Die Einsicht in das innere Gespaltensein des Therapeuten (vgl. Kap. 4.3.4) ist hier besonders verkompliziert. Im Gegensatz dazu wurden tief sitzende *Hass- und Wutgefühle* zumeist (70 %) von den *Opfern des Rachetypus* geschildert. Von *Therapeuten des Rachetypus* erfolgen keine Gefühlsäußerungen wie bspw. Liebesgeständnisse. Die sexuellen Übergriffe werden weniger beschönigt und nicht in den Kontext einer beidseitigen Rettungsfantasie eingebunden, die Missbrauchsdynamik tritt offener zutage.

4.5 Hilfreiche Umstände und Ereignisse für die Bewältigung sexueller Übergriffe

4.5.1 Außertherapeutische Erfahrungen und Unterstützung

Ein Großteil der Angaben der Befragten zu außertehrapeutischen Ereignissen, die potenziell bei der Bewältigung des missbräuchlichen Geschehens in der Therapie hilfreich waren, bezog sich auf den als positiv erlebten Kontakt zu Mitmenschen (45 %). Am häufigsten wurde die Unterstützung von Freunden und Familie angegeben. Da ein Großteil der Betroffenen nach den sexuellen Übergriffen vor allem unter Isolation und emotionalem Rückzug sowie Misstrauen litt, ist dieser Befund nicht verwunderlich: Was könnte besser helfen, ein Beziehungstrauma zu verarbeiten, als die korrigierende Erfahrung, dass auch konstruktive, entwicklungsfördernde und befriedigende zwischenmenschliche Beziehungen möglich und lebbar sind?

Selbsthilfegruppen sind eine wichtige Hilfestellung bei der Verarbeitung von sexuellen Übergriffen durch Therapeuten (vgl. Kap. 5.1.1). Zur Zeit existieren in Deutschland nur wenige Selbsthilfegruppen, die zudem für betroffene Patienten nur schwer recherchierbar sind. Damit könnte zusammenhängen, dass sich nur eine Patienten der Nachfolgeuntersuchung einer Selbsthilfegruppe anschloss; bei zwei weiteren Patienten scheiterten die Bemühungen. Inzwischen gibt es *internetbasierte Gruppen für Opfer professioneller sexueller Übergriffe*, die unabhängig vom Wohnort eine hilfreiche Anlaufstelle bieten (*siehe Anhang*).

4.5.2 Folgetherapien

Einen wichtigen Beitrag zur Bewältigung der traumatischen Erfahrungen mit übergriffigen, missbrauchenden Therapeuten leisten auch *Folgetherapien* (vgl. Kap. 5.2). Insgesamt gaben in der Nachfolgeuntersuchung 27 Patienten an, sich in weitere Behandlung begeben zu haben, über die Hälfte (54 %) äußerte ein Bedürfnis danach.

In ihren Begründungen dafür, *kein Bedürfnis* nach einer Folgetherapie zu haben, unterscheiden sich die Patienten unserer ersten Studie sowie der Nachfolgeuntersuchung kaum von den Begründungen anderer Betroffenenbefragungen (vgl. z.B. Armsworth, 1990; Ben-Ari & Somer, 2004; Disch & Avery, 2001; Luepker, 1999): Es ist vor allem der Vertrauensverlust in Psychotherapeuten, der sie von Folgetherapien abhält. Dieses *Misstrauen* wird auch in einem weiteren Befund deutlich:

- Jeder zweite Befragte (50 %) kosultierte mindestens zwei potenzielle Folgetherapeuten.
- Jeder dritte Befragte (32 %) wandte sich an mindestens fünf weitere Therapeuten.

Es gibt unterschiedliche Reaktionen der Folgetherapeuten, wenn sie vom Patienten darüber informiert werden, vom vorherigen Therapeuten sexuell missbraucht worden zu sein (z.B. Arnold et al., 2000; Kotter et al., 2000 mit Befunden aus Befragungen deutscher Therapeuten). Wie zu erwarten war, berichteten auch die Befragten in unserer Nachfolgeuntersuchung von ganz unterschiedlichen Reaktionen ihrer Folgetherapeuten (vgl. Kap. 5.2):

- In über der Hälfte der Fälle (60 %; n = 12) äußerten die Befragten, dass die Folgetherapeuten entsetzt und wütend über die Vorfälle waren und dies deutlich zum Ausdruck brachten.
- Vier Befragte berichteten von hilfreichen Rückmeldungen.
- Vier Befragte berichteten von unterstützendem Eingreifen.
- Drei Befragte berichteten von ambivalenten Haltungen: Es sei ihnen zwar Glauben geschenkt worden, in der Folgetherapie sei das Thema aber vermieden worden.
- Drei Befragte gaben Überforderungen der Therapeuten mit der Thematik an.

In allen Berichten der missbrauchten Patienten zeigt sich, dass ihnen die Folgetherapeuten Glauben schenkten und keine Mitschuld an dem Geschehen gaben. Mag ihr Ärger auf den Ersttherapeuten auch verständlich sein – *kontraproduktiv* ist an den „entsetzten" und „wütenden" Reaktionen der Folgetherapeuten, dass sie dabei die intensive Bindung des Patienten an den missbrauchenden Ersttherapeuten und dessen gefühlsmäßige Bedeutung für den Patienten außer Acht lassen. Nur wenn die Folgetherapeuten die noch vorhandene emotionale Bindung „anerkennen", kann der Patient verstehen lernen, warum er so lange in der destruktiven Beziehung geblieben ist (Notman & Nadelson, 1999). Es besteht auch die Gefahr, dass der Patient durch die übermäßige Beschäftigung des Folgetherapeuten mit Vergeltung oder Rache an dem Ersttherapeuten *retraumatisiert* wird, wenn so seine eigene Autonomie und Kontrolle geopfert wird (Notman & Nadelson, 1999; vgl. auch Wirtz, 1990).

Ein Großteil der Befragten (64,0 %) wandte sich in unserer Nachfolgeuntersuchung an einen Folgetherapeuten mit *anderem Geschlecht* als der Ersttherapeut – annähernd zwei Drittel (64 %) der befragten Patientinnen an Folgetherapeutinnen. Dass die meisten Patientinnen, die in einer Psychotherapie von einem (männlichen) Therapeuten sexuell missbraucht wurden, keinen (männlichen) Folgetherapeuten mehr wollten, ist nachvollziehbar (s. dazu auch Apfel & Simon, 1985b; Ben-Ari & Somer, 2004; Bouhoutsos et al., 1983; Moggi & Brodbeck, 1997). Keine Hinweise liegen vor, dass die Folgebehandlungen bei Therapeuten, die ein anderes Geschlecht haben als die Ersttherapeuten, erfolgreicher sind als bei Folgebehandelnden mit gleichem Geschlecht (s. dazu auch vergleichbares Ergebnis bei Kluft, 1989).

In zwei von drei Folgetherapien (67 %) handelt es sich um eine Therapierichtung, die nicht der der Erstbehandlung entsprach. Im Gegensatz zur ersten Behandlung handelte es sich in den meisten Fällen (n = 7) um tiefenpsychologisch fundierte Psychotherapien, nur in zwei Fällen um Verhaltenstherapien. Bei den Ersttherapien waren beide Therapieformen gleich häufig vertreten. Offensichtlich wirkten sich die negativen Erfahrungen der Patienten in der Ersttherapie dahingehend aus, dass sie *tiefenpsychologisch orientierte Folgetherapien als geeigneter* für die Bearbeitung ihrer speziellen (traumarelevanten) Problematik befanden.

Als *hilfreiche Haltungen und Eigenschaften der Folgetherapeuten* wurden – übereinstimmend mit den Ergebnissen unserer ersten Studie – von den Patienten in absteigender Häufigkeit genannt:
- das Respektieren ihrer Grenzen,
- Empathie und Verständnis für ihre Probleme,
- Offenheit und Kritikfähigkeit,
- ihren Erzählungen Glauben schenken,
- Solidarität.

Ähnliche hilfreiche Einstellungs- und Verhaltensweisen werden auch von den von Armsworth (1989) befragten Opfern genannt. Wir fassen sie unter dem Begriff „nicht-neutrale Abstinenzhaltung" (vgl. Kap. 5.2.3) zusammen: Die Patienten schätzten die *professionelle Abstinenz* ihrer Folgetherapeuten bei gleichzeitigem Einfühlungsvermögen und klarer Bewertung der sexuellen Kontakte mit dem Ersttherapeuten als Missbrauch.

Die meisten Patienten (n = 10) bewerteten die Folgetherapie als hilfreich zur Bewältigung der Folgen der sexuellen Kontakte in der ersten Behandlung – ein Befund, der sich auch in unserer ersten Studie zeigte. Allgemeine Besserungen hatten sich bei 87 % der Patienten ergeben: Sie berichteten zumeist über eine verminderte Symptombelastung (n = 9) bzw. mehr Selbstsicherheit bzw. Selbstbewusstsein (n = 7). Die Patienten, die eine Folgetherapie begonnen hatten, hatten in unserer ersten Studie und in unserer Nachfolgeuntersuchung auf der IES Subskala *Intrusion* deutlich niedrigere Werte und *weniger Suizidgedanken* als die Patienten, die zwar trotz angegebenem Bedürfnis für eine weitere Behandlung zum Befragungszeitpunkt (noch) keine begonnen hatten.

Diese Ergebnisse sind ein erfreuliches Indiz dafür, dass Folgetherapien helfen können, die dramatische Erfahrung der professionalen sexuellen Übergriffe zu verarbeiten und die psychische Belastungswirkung zu vermindern.

4.6 Rechtliche Schritte nach sexuellen Übergriffen

In unserer Nachfolgeuntersuchung gaben zwei von drei Patienten (69 %) an, nie über rechtliche Schritte nachgedacht zu haben. Von denjenigen, die juristische Vorgehensweisen in Erwägung zogen, leiteten dennoch zwei von drei (67 %) keine rechtlichen Schritte ein. Es dürfte weniger das mangelnde Wissen über rechtliche Handlungsmöglichkeiten sein, das davon abhält, juristische Wege zu bestreiten. Als Begründung dafür, warum sie nicht über rechtliche Möglichkeiten nachgedacht oder warum sie keine rechtlichen Schritte unternommen hatten, gaben sie vielmehr an, *Angst* davor gehabt zu haben (n = 5: nie nachgedacht; n = 7: nachgedacht, aber nichts unternommen). An rechtliche Schritte wurde auch nicht gedacht, weil sie sich *mitschuldig* für das missbräuchliche Geschehen fühlten (n = 4) oder diesbezügliche Bemühungen als *ausweglos* betrachteten (n = 3) (s. ähnliche Ergebnisse in Ben-Ari & Somer, 2004; Benowitz, 1991; Vinson, 1987; sowie in in unserer ersten Befragung: Becker-Fischer & Fischer, 1997).

Auch die *emotionale Bindung* an den missbrauchenden Therapeuten dürfte bei den Patienten der Nachfolgeuntersuchung ein Grund dafür gewesen sein, von Verfahrensschritten Abstand zu nehmen. In einem Fall wurde ein laufendes zivilrechtliches Verfahren deshalb abgebrochen. In zwei Fällen gaben die Patienten an, der Missbrauch sei bereits verjährt und es bestünden daher keine rechtlichen Möglichkeiten mehr. In den Folgetherapien wird deutlich, dass der Hintergrund dieser Ängste mit der *Überschätzung der Macht der Therapeuten* zusamenhängen, die aus der unaufgearbeiteten Übertragungsbeziehung resultiert.

Die im Vergleich zu US-amerikanischen Untersuchungen geringe Anzahl von Patientinnen unserer ersten Studie, die juristische Schritte im weitesten Sinne unternahm (Becker-Fischer & Fischer, 1997), ist möglicherweise auf die in den USA bestehenden zahlreichen juristischen Möglichkeiten (z.B. Lizenzbehörden) zurückzuführen. In der Zwischenzeit existiert in Deutschland Paragraf 174c StGB, der Therapeuten den sexuellen Kontakt zu Patienten untersagt. Trotzdem unternahmen nur fünf Patienten der Nachfolgeuntersuchung rechtliche Schritte, und in nur drei Fällen kam bzw. kommt es noch zu einem förmlichen Verfahren.

Ein weiterer Grund für die *geringe Motivation* zu rechtlichem Vorgehen mag auch darin liegen, dass es – wie wir in Beratungen und Folgetherapien Betroffener immer wieder erfahren haben – es diesen weniger um Verurteilung und Bestrafung ihrer Therapeuten geht, sondern vielmehr um Verstehen des Geschehens und Anerkennung der schädigenden Folgen sowie um den Schutz weiterer potenzieller „Opfer". Das Verstehen und Anerkennen der schädigenden Folgen steht in juristischen Verfahren aber – wie wir alle wissen – nicht unbedingt im Mittelpunkt.

5. Was hilft beim Professionalen Missbrauchstrauma?

In diesem Kapitel gehen wir der Frage nach, was Patientinnen und Patienten hilft, die traumatische Erfahrung eines sexuellen Missbrauchs in ihrer Therapie zu verarbeiten. Dabei beziehen wir die Aussagen der Untersuchungsteilnehmer unserer beiden Studien ebenso mit ein wie Befunde, die in der Literatur berichtet werden, sowie eigene Erfahrungen in der Beratung und Therapie von Betroffenen.

5.1 Hilfreiche außertherapeutische Erfahrungen

5.1.1 Selbsthilfeinitiativen und soziale Netzwerke

Auf die Frage nach *außertherapeutischen Ereignissen und Umständen*, die ihnen bei der Bewältigung des Professionalen Missbrauchstrauma geholfen hätten, nannten die Befragten unserer Untersuchungen: Verständnisvolle Gespräche mit Freunden; Information über die Thematik; Engagement für die Thematik; Versuch einer Eigentherapie; Überlebenswille; Ablenkung; verständnisvolle Gespräche mit dem Partner; Gespräche mit Fachleuten; Techniken der Selbstbesinnung; Ortswechsel; Ausfüllen des Fragebogens SKPP.

18 % der Probandinnen unser ersten Studie hatten sich einer *Selbsthilfegruppe* angeschlossen, die von über der Hälfte von ihnen als hilfreich erlebt wurde. Dabei stand das Gefühl im Vordergrund, mit dem Problem nicht mehr allein zu sein und darüber sprechen zu können, ohne auf Ablehnung zu stoßen. Möglichkeiten, über die traumatische Erfahrung zu sprechen, Information und Aufklärung sowie der Schritt, sich im Traumabereich zu engagieren, sind *Bewältigungsfaktoren*, die in ganz unterschiedlichen Bereichen der speziellen Psychotraumatologie als hilfreich berichtet werden (vgl. Fischer & Riedesser, 1998). Sie dienen einmal dazu, aus der Isolation herauszutreten, die eine der verbreitetsten Folgen

des Missbrauchstraumas ist. Informationen und Erfahrungsaustausch sind wichtig, um *Schuld- und Schamgefühle* zunächst einmal zurechtzurücken und möglicherweise zu überwinden. Dazu gehört die Erkenntnis, dass nicht die Patientin die Verantwortung für das Geschehen trägt, sondern der Therapeut. Weder braucht sie sich zu schämen, weil sich ihr Therapeut verantwortungslos verhalten hat, noch braucht sie sich schuldig zu fühlen.

Wenngleich diese Informationen kognitiver Natur sind und die tiefergreifenden Mechanismen der Traumaverarbeitung, die mit für die Schuld- und Schamgefühle verantwortlich sind, noch nicht unbedingt auflösen, so stellen sie für fast alle Betroffenen zunächst ein wichtiges „Zurechtrücken der Weltsicht" dar und wirken entlastend. Ähnlich entlastend erlebten es die meisten, zu erfahren, dass zunächst *unverständliche Beschwerden*, z.B. Albträume, Suizidimpulse, regelmäßige Folgen des Traumas sind und keineswegs primär auf eine persönlichen „Psychopathologie" zurückgeführt werden müssen.

In diesem Zusammenhang sind unserer Erfahrung nach Selbsthilfeinitiativen, insbesondere in den *Anfangsphasen der Aufarbeitung*, von großer Hilfe. Für Patientinnen, die nicht selten ein heftiges Misstrauen allen im psychosozialen Bereich Tätigen gegenüber entwickelt haben, sind sie besonders wichtig. Zwar ist dieses Misstrauen vor dem Hintergrund ihrer Ausbeutungserfahrung gut verständlich, es erschwert ihnen jedoch den Zugang zu der im Allgemeinen dringend erforderlichen Folgetherapie. Vielen fällt es zunächst erheblich leichter sich mit Menschen auszutauschen, die dieselben Erfahrungen machen mussten.

Selbsthilfeorganisationen zu dieser besonderen Problematik sind in der Bundesrepublik vertreten und insbesondere über das Internet findet eine Vernetzung statt (Kontaktadresse befindet sich im Anhang). Sie scheinen allerdings zeitweise in Schwierigkeiten zu geraten, wenn die Gruppenmitglieder nicht gleichzeitig in persönlichen Folgetherapien die traumatischen Erfahrungen aufarbeiten, sondern diesen Wunsch an die Gruppe herantragen. Mit der Aufarbeitung des traumatischen Impacts sind solche nicht therapeutisch geleiteten Gruppen leicht *überfordert*.

Wie oben aufgezeigt, sind die traumatischen Belastungen durch den sexuellen Übergriff bereits gravierend. Vor dem Hintergrund der individuellen Lebensgeschichte und früherer Traumatisierungen, die Grund für die therapeutische Erstbehandlung waren, können sie zudem sehr *komplexe Gestalt* annehmen. Die selbst belasteten Gruppenmitglieder sind kaum in der Lage, diese weitreichenden Probleme aufzufangen.

Die Erfahrungen in den USA sind ähnlich. So ist das wohl größte Netzwerk von über 600 Betroffenen in der Region Boston nicht im Sinne einzelner Selbsthilfegruppen mit therapeutischen Funktionen organisiert, sondern sieht sein Ziel vor allem in *gegenseitiger Unterstützung, Informationsvermittlung* und *Vernetzung*. Regelmäßige Veranstaltungen, zu denen kompetente Fachleute aus dem psychologisch-psychotherapeutischen oder juristischen Bereich Vorträge halten, bieten Betroffenen neben diesen Informationen Gelegenheit, in einem anschließenden Treffen die persönliche Situation zu besprechen. *Ehemalige Patientinnen*, die das Trauma bereits weitgehend bewältigt haben, stehen als Ansprechpartnerinnen für Fragen zur Verfügung und vermitteln Kontakte in der Region: andere Betroffene, geeignete Folgetherapeutinnen und Folgetherapeuten, erfahrene Rechtsanwältinnen und Rechtsanwälte etc.

Gleichzeitig sind diese Vernetzungen – nach den Erfahrungen von Wohlberg, einer der Initiatorinnen der Bostoner Selbsthilfegruppen – ein wichtiges Mittel, *um Wiederholungstäter einzukreisen* (Wohlberg, 1994, persönliche Mitteilung). In den USA haben sich in den vergangenen Jahren in den meisten Staaten *Vernetzungs- und Verbraucherschutzgruppen* gebildet, die auch gesundheitspolitisch wichtige Arbeit leisten. Sie klären die Öffentlichkeit durch Informationsschriften, Merkblätter für Patientinnen und Patienten oder Vortragsveranstaltungen auf und bieten Betroffenen Unterstützung an (Schoener et al., 1989).

Ähnliche Funktionen erfüllen eintägige, *fachlich geleitete Workshops*, wie sie Dish seit 1984 anbietet (Dish, 1989). Sie betont, dass solche Workshops *klare Strukturen* haben müssten, die von allen Teilnehmerinnen strikt einzuhalten sind. Am Vormittag ist Gelegenheit gegeben, sich per Visualisierung an die Erfahrungen mit dem Therapeuten zu erinnern (pro Teilnehmerin eine Viertelstunde). Der Nachmittag ist Überlegungen, was jede in der Zukunft tun könnte und möchte, gewidmet. Dish berichtet: „Zwei Ergebnisse fielen nach jedem Workshop auf: (a) Ein tiefes Gefühl von Erleichterung und Kameradschaft. Sie fühlen sich weniger schamerfüllt, weniger verrückt, weniger stumpf („dumb"). Sie tauschen oft ihre Adressen und Telefonnummern aus. (b) Fast jede geht mit einem klaren Gefühl, was sie als nächstes tun will, selbst wenn der nächste Schritt darin besteht, die Sache zu vergessen und weiterzugeben." (S. 211)

Nicht selten konstituieren sich aus diesen Workshops *offene Gruppen ohne Leitung durch Fachleute*. Sie dienen wie Selbsthilfegruppen dazu, sich gegenseitig zu unterstützen, die Kontakte aufrechtzuerhalten, neue „Survivors" aufzunehmen sowie Informationen und Ressourcen über die Thematik zu sammeln und zu teilen. Dish hebt ebenfalls hervor, dass die Teilnehmerinnen diese Gruppen nicht als Therapieersatz betrachten, sondern parallel dazu in Folgetherapie sind.

Gespräche mit den Partnern wurden von den Teilnehmerinnen unserer ersten Studie seltener hilfreich empfunden als Gespräche mit guten Freundinnen und Freunden. Partner reagieren aus ihrer eigenen „Mitbetroffenheit" heraus hilflos, eifersüchtig, verletzt und machen den Betroffenen Vorwürfe (zur Reaktion der Partner vgl. Becker-Fischer & Fischer, 1995, S. 104 ff.). Diese Gespräche sollten besser *in Gegenwart therapeutisch geschulter neutraler Dritter* geführt werden, in denen auch Gelegenheit besteht, die jeweiligen Auswirkungen auf die Partner miteinzubeziehen und aufzuarbeiten.

Soziales Engagement und juristische Schritte gegen den Täter dienen dem „Empowerment", der Überwindung von Hilflosigkeit und Ohnmachtserfahrungen. Alle Aktivitäten, die dazu beitragen, aus der Ohnmacht des Opfers hinauszutreten, wurden übereinstimmend von den Teilnehmerinnen der Untersuchung als hilfreich erlebt und zwar unabhängig davon, ob es dabei um juristische Schritte im engeren Sinne, Konfrontation des Therapeuten oder Meldung bei Behörden, Kassen etc. ging. Zwar sind diese Schritte immer mit Belastungen und der *Gefahr von Retraumatisierung* verbunden. Diejenigen jedoch, die es im Wissen um dieses Risiko gewagt haben, sich aktiv gegen das Unrecht, das ihnen angetan wurde, zur Wehr zu setzen, erlebten dies im Nachhinein als heilend. Selbst wenn die Resultate ihres Vorgehens nicht optimal waren, bekamen sie doch das Gefühl, nicht in der Ohnmacht der traumatischen Situation zu verharren, sondern handeln zu können. Das stärkte ihr geschädigtes Selbstwertgefühl und ihr Rechtsbewusstsein.

Aktives Engagement für die Thematik hatte ähnliche Auswirkungen und half vielen auch ungerechte Urteile zu überwinden. Sie erfuhren damit, dass es auch andere gibt, mit denen sie sich zusammentun und sich gegenseitig unterstützen können. *Erfolgreich für die Aufklärung der Öffentlichkeit* wirksam zu sein, kann eine wichtige realitätsgerechte Bestätigung eigener Fähigkeiten und des eigenen Wertes sein, die zur Lösung der inneren Abhängigkeit von der Anerkennung durch den idealisierten Ersttherapeuten beitragen kann. Dadurch machen die Betroffenen die Erfahrung, dass sie infolge ihrer eigenen Fähigkeiten wichtig und wertvoll sind und unabhängig von der Bestätigung als „besondere Geliebte des Halbgottes in Weiß".

5.1.2 Konfrontation mit dem Tätertherapeut und Vermittlungsversuche

Mit „Konfrontation" und „Vermittlung" sind *Gespräche zwischen Patientin und Ersttherapeut* im Allgemeinen in Anwesenheit von einer – oder besser – zwei neutralen Personen, z.B. Folgetherapeut(in) und Kolleg(in) gemeint. In der ersten Phase der Therapie/Beratung wird von den Patientinnen zuweilen der Wunsch nach einem Gespräch mit dem Ersttherapeuten geäußert. Schuppli-Delpy und Nicola (1994) empfehlen, die Frage nach einer Konfrontation *aktiv zu Beginn einer Folgetherapie* mit der Patientin zu besprechen, „um zu dokumentieren, dass der/die Folgetherapeut(in) zu dem Erleben der Patientin steht, ihr Glauben schenkt und nicht bereit ist, im Schweigen mitzumachen" (S. 134).

Bei einigen Patientinnen ist dieser Wunsch geprägt von der intensiven *inneren Bindung*, die noch zum Ersttherapeuten besteht, und von *undeutlichen Hoffnungen*, die idealisierte Beziehung wieder aufzunehmen.

Solange diese Wünsche dominieren, ist von gemeinsamen Sitzungen abzusehen. Sie sollten mit der Patientin zunächst bearbeitet werden. Grundsätzlich muss erst die Beziehung zum Ersttherapeuten, soweit sie noch – in welcher Form auch immer – gewünscht, besteht oder aufrechterhalten wird, genau geklärt und analysiert werden.

Sowohl die Patientinnen als auch die Ersttherapeuten neigen oft zu langwierigen Kontakten (fortgesetzte Briefe, Telefonate, auch Treffen – z. T. verfolgender Art). Die Patientinnen sind dabei meist von der *diffusen Hoffnung* geleitet, „alles möge doch wieder gut werden", es könne sich eine partnerschaftliche Beziehung zwischen ihnen entwickeln, der Therapeut würde sie heiraten, etc. Die *Kontaktbedürfnisse* sind also weitgehend von dem Wunsch geleitet, das Trauma ungeschehen zu machen. *Unbewusste, unintegrierte Wut- und Racheimpulse* kommen zumeist noch hinzu. Zudem ist die *Fixierung an die illusionäre narzisstische Aufwertung* heftig und nur langsam durch den Aufbau realitätsgerechter Bestätigungen zu lösen.

Die Patientinnen trauen sich im Allgemeinen nicht zu, durch ihre eigenen Fähigkeiten und eigenes Handeln hinreichend Anerkennung zu finden. Sie können sich nicht vorstellen, außerhalb der „golden phantasy" wertvoll zu sein. Die Ersttherapeuten, die zuweilen ihrerseits die Patientinnen bedrängen, ihnen sogar auflauern oder sie zu Hause besuchen, sind daran interessiert, die Patientin *gebunden zu halten*, deklarieren ihnen ihre Liebe, wieviel sie ihnen bedeute, nicht ohne den Hintergedanken, auf diese Weise das *Schweigen der Patientin* zu sichern und potenziellen Schritten der Patientin gegen sie vorzubeugen.

Anders ist es, wenn der Wunsch nach einem gemeinsamen Gespräch zur *Klärung von Verwicklungen* mit dem Ersttherapeuten dienen soll. Schoener und Milgrom (1989, S. 349; Übers. d. Verf.) nennen in ihrem Modell der „Processing-Sessions" folgende *Motive* als Voraussetzung:
1. Nach einer Ausbeutungserfahrung ein gewisses Maß an Kontrolle zurückzuerlangen.
2. Beschwerden über die Therapie oder das Verhalten des Therapeuten zu durchdenken.
3. Zu erfahren, welche Erklärungen der Therapeut für sein Verhalten anbietet.

4. Die Entwicklung der romantischen oder sexuellen Beziehung in der Therapie zu verstehen.
5. Dem Therapeuten in Gegenwart von anderen eine Rückmeldung über die Auswirkungen seines Verhaltens zu geben, um zu versuchen, dass er sich dafür verantwortlich zeigt.

Ziel dieser Sitzungen ist es, der Patientin zu einem *besseren Verständnis der Situation und ihrer Gefühle* zu verhelfen. Entscheidende Voraussetzungen für diese Gespräche sind, dass
1. die Entscheidung dafür eindeutig von der Patientin ausgeht,
2. die Patientin wirklich stabil genug für diese Konfrontation ist,
3. die Patientin keine unrealistischen Hoffnungen damit verbindet.

Während „Processing-Sessions" primär auf ein besseres Verständnis des Geschehens abzielen, dient „Mediation" der *Einigung über Schadenswiedergutmachung* durch den Ersttherapeuten oder freiwillige *Rehabilitation*, wenn die Patientin (noch) keine formalen Schritte unternehmen will.

Unserer Erfahrung nach wünschen sich zwar viele Patientinnen ein *klärendes Gespräch* mit dem Ersttherapeuten, insbesondere, dass er die Verantwortung für das Geschehen übernimmt, sich entschuldigt und anerkennt, welches Leid er ihr zugefügt hat. Eine Gefahr dieser Gespräche besteht allerdings darin,
• dass die Patientin dabei allzu abrupt mit der Realität konfrontiert wird,
• dass der Therapeut sie tatsächlich nie als eigene Person wahrgenommen hat, sondern allein als Objekt seiner narzisstisch-sexuellen Bedürfnisse.

Ohne eine *stabile Beziehung zum Folgetherapeut*, die diese Enttäuschung und Verzweiflung auffangen kann, besteht die Gefahr, dass die Patientin in *suizidale Krisen* gerät. Allerdings sind die Ersttherapeuten zu solchen gemeinsamen Gesprächen nur selten bereit. Viele leugnen den Vorfall und verlegen ihn in die Fantasie der Patientinnen (s. Kap. 5.2.1). Wenn überhaupt, kommen Gespräche in der Regel nur unter dem Druck drohender Sanktionen gerichtlicher Verfahren etc. zustande – und auch nur dann, wenn die Beweislage relativ eindeutig ist.

5.2 Ein zweiter Versuch mit Psychotherapie: Besonderheiten der Folgetherapien

Grundsätzlich konfrontieren Folgebehandlungen nach sexuellem Missbrauch in einer früheren Therapie den Behandler mit einigen *besonderen Problemen*. Diese ergeben sich aus der realitätsgerechten Empörung über missbrauchende Berufskollegen, dem kollegialen Verhältnis zum Ersttherapeuten, der persönlichen Lebensgeschichte des Folgetherapeuten, aus der Natur der Symptome beim Professionalen Missbrauchstrauma und aus typischen Übertragungskonstellationen, welche die Betroffenen in die Folgetherapie einbringen.

5.2.1 „Kollegialität" der Folgetherapeuten als Problem

Eigenübertragungsgefühle. Durch den Umstand, dass der Missbrauchende ein Berufskollege ist, sind Folgetherapeuten in ihrer Identifikation als Psychotherapeuten immer auch persönlich involviert. Das kann zu unterschiedlichen Reaktionen führen, die Folgetherapeuten bei sich möglichst genau beobachten sollten, um zu verhindern, dass sie unerkannt den Therapieverlauf beeinträchtigen. Typische *Eigenübertragungsgefühle* sind zunächst *heftiger Ärger* auf den Ersttherapeuten, der die Integrität und Ideale des eigenen Berufsstandes so grundlegend in Frage stellt, und *Empörung* darüber, dass er einen leidenden Menschen, dem zu helfen seine Aufgabe gewesen wäre, zusätzlich noch schwer geschädigt hat. Eine zweite, gegensätzliche Reaktion besteht im *Mitgefühl* mit dem „bedauernswerten" Kollegen, der sich, vielleicht aus einer Krise heraus, in „diese schlimme Lage gebracht hat" oder im Ärger über die „schwierige" Patientin, die ihn „derartig provoziert" habe (hierzu auch Sonne & Pope, 1991; Ulanov, 1979; Scholich, 1992). Diese beiden typischen Gefühle dem Kollegen gegenüber, Ärger vs. Mitgefühl, führen zu unterschiedlichen Verhaltensweisen oder Eigenübertragungsreaktionen auf die Patientinnen und ihr Leiden.

Wut und Empörung über Ersttherapeut. Aus Ärger und Wut auf den Ersttherapeuten kann es leicht geschehen, dass die noch bestehende, oft sehr intensive Bindung der Patientin an den Ersttherapeuten übersehen oder in ihrer gefühlsmäßigen Bedeutung unterschätzt wird. Den Ärger des Folgetherapeuten bemerken die Patientinnen in der Regel, und so sehr sie ihn als unterstützend erleben, besteht zugleich die große Gefahr, dass sie nicht wagen, das ohnehin schuld- und schambesetzte Thema ihrer Liebesgefühle für den Ersttherapeuten anzuschneiden. Eine der zentralen Aufgaben der Folgetherapie, die Aufarbeitung und *Lösung der zumeist sehr tiefgehenden Bindung an den Ersttherapeuten*, kann dadurch be- oder gar verhindert werden.

Viele Folgetherapeuten leiden unter ihrer *Verschwiegenheitspflicht*, da sie es unerträglich und unverantwortlich finden, dass dieser „Kollege" unbehelligt weiterpraktiziert und vermutlich weitere Patientinnen missbraucht. Aus dieser hilflosen Situation ist die Gefahr groß, die Patientin quasi stellvertretend – im Hinblick auf ihre innere Entwicklung jedoch vorzeitig – zu ehrengerichtlichen oder rechtlichen Schritten zu drängen. Dieses Drängen dient dann eher der *Entlastung des Folgetherapeuten* von seiner eigenen hilflosen Wut und Empörung als den Bedürfnissen der Patientin zu diesem Zeitpunkt. Wir stimmen mit Schuppli-Delpy und Nicola darin überein, dass es für Folgetherapeuten sehr wichtig und entlastend ist eigene Wege zu finden, gegen potenziell missbrauchende „Kollegen" vorzugehen, z.B. durch Engagement für adäquate *ehrengerichtliche* Vorschriften oder Diskussionen im Kollegenkreis, Ausbildungsinstitut etc. „Eine erste Minimalforderung ist: *Das Problem muss thematisiert werden."*

Neben der notwendigen Information sind Konzepte zu entwickeln, wie *Fachgruppen* den Missbrauch *prophylaktisch* angehen können (Information/Besprechung des Themas in der *Aus- und Fortbildung*). Dazu wäre es wünschenswert, *ethische Kommissionen* zu gründen, die auch öffentlich vorgestellt werden und an die sich betroffene Patientinnen zur Beratung wenden könnten. Unter Wahrung des ärztlichen Geheimnisses sollte die ärztliche Kommission die Möglichkeit haben, die Täter vorzuladen und diese auch von ihrem Beruf zu suspendieren" (Nicola, 1991, S. 176f).

Mitgefühl und Bedauern mit Ersttherapeut. Mitgefühl gegenüber dem Ersttherapeuten andererseits kann zu einer *unbewussten Identifikation* mit dem Täter führen. Eine übergreifende Strategie der „kollegen"-identifizierten Position besteht darin, dem Opfer die Schuld zuzuschreiben. Dies kann sich z.B. in Mitleid mit dem im Grunde gutmütigen Kollegen äußern, der den Verführungskünsten der Patientin erlag oder der seiner „Gegenübertragung" leider „nicht gewachsen" war. Um ihre „kognitive Dissonanz" zu reduzieren, können Folgetherapeuten dann leicht die Schwere der entstandenen Schäden unterschätzen.

Von dieser psychotraumatologischen Abwehrstrategie wird verständlicherweise vor allem von den Folgetherapeuten intensiv Gebrauch gemacht, *die ihrerseits schon sexuelle Beziehungen zu Patientinnen hatten* (Holroyd & Bouhoutsos, 1985; Herman et al., 1987). Eine weitere unbewusste Strategie besteht darin, dem Bericht der Patientin keinen Glauben zu schenken, insbesondere wenn es sich beim Ersttherapeuten um einen *angesehenen und anerkannten Kollegen* handelt. Das ist bekanntlich nicht selten der Fall (Sonne & Pope, 1991). Auch wenn der Ersttherapeut persönlich bekannt oder mit dem Folgetherapeuten gar befreundet ist, liegt es nahe, die Patientin für unglaubwürdig zu erklären und die Gründe in ihrer Persönlichkeit und/oder in Merkmalen ihrer Berichte zu suchen (und zu finden).

Bedürfnis nach dissonanzfreier Informationslage. Tatsächlich sind die Geschehnisse in diesem Bereich oft ausgesprochen *bizarr und skurril,* so dass sie auf den ersten Blick eher unwahrscheinlich wirken:
- So berichtet Pope von einem Therapeuten, der seine Patientin dazu aufforderte, unbekleidet in Lotusstellung Kopfstand zu machen (Bajt & Pope, 1989).

- Ein Therapeut unserer ersten Untersuchungsstichprobe hatte einen Nachttopf ins Therapiezimmer gestellt, nachdem seine Patientin in der Stunde zuvor von einer analerotischen Filmszene berichtet hatte. Außerdem fuhr er regelmäßig vor das Haus der Patientin und hupte vor ihrem Schlafzimmer.

Diese bizarren Verhaltensweisen des Therapeuten wurden von einer kollegialen „Kommission" als Hinweis auf eine „paranoide" Erkrankung der Patientin gewertet, ohne ihr Gelegenheit zu geben, die Geschehnisse persönlich der Kommission darzulegen.

Bizarr und kaum einfühlbar ist auch das Verfahren vieler *Therapeuten vom Rachetypus*, die sexuelle Kontakte mit den Patientinnen minutengenau auf die Therapiezeiten beschränken und sie entweder der Krankenkasse, der Patientin persönlich oder deren Ehemann in Rechnung stellen. In solchen Fällen liegt es nahe, dem bizarren Bericht der Patientinnen keinen Glauben zu schenken, nach einer Erklärung in ihrem Seelenhaushalt und insbesondere ihrer Fantasietätigkeit zu suchen. Um die entstandene Dissonanz aufzulösen wird dann umgekehrt z.B. das pünktliche Einhalten der Stunde als Beleg für die Zuverlässigkeit des Ersttherapeuten gewertet.

Wie weit das Bedürfnis nach dissonanzfreier Informationslage gehen kann, zeigt sich daran, dass vor psychotherapeutischen Fachkommissionen die Patientin oft entweder gar nicht erst gehört wird oder dass eindeutige Beweismittel nicht zur Kenntnis genommen werden. So verfügte eine ehemalige Patientin über die *Tonbandaufzeichnung* eines Gesprächs mit dem missbrauchenden Therapeuten, worin dieser in eindeutiger Weise über den Missbrauch sprach. Dieses Gespräch nahm das Ehrengericht einer der großen deutschen psychoanalytischen Vereinigungen erst gar nicht zur Kenntnis mit der Begründung, dass Tonbandaufzeichnungen „vor Gericht" nicht als Beweismittel anerkannt seien.

Aus Gründen „kollegialer Dissonanzreduktion" wurde hier der *Sinn von Ehrengerichtsverfahren* geradezu auf den Kopf gestellt. Ein Ehrengericht hat die Funktion, Beweismittel auf einem eher alltagspraktischen Niveau zu würdigen, insbesondere in Fällen, in denen „Zeugen" naturgemäß nicht zugegen sind. Es ist nicht zu jener Strenge verpflichtet, die das Strafrecht als Schutz gegen professionelle Beweisfälscher aufgebaut hat. Grundsätzlich stimmen alle Forscher und Therapeuten, die sich in die Thematik eingearbeitet haben, darin überein, dass keinesfalls aus einer etwaigen *Skurrilität von Erfahrungsberichten* Betroffener auf deren Unglaubwürdigkeit geschlossen werden darf (nach dem Motto: „So etwas Verrücktes kann der Kollege doch gar nicht gemacht haben!"). Sehr viele, wenn nicht gar die meisten Skurrilitäten haben sich bei späteren Überprüfungen als Wahrheiten erwiesen, die allerdings zuweilen unwahrscheinlicher waren als Fantasiegeschichten (vgl. Sonne & Pope, 1991; Becker-Fischer & Fischer, 1995). Apfel und Simon konstatieren: „Geschichten über bizarre Sexualpraktiken mit dem Ersttherapeuten, bestätigen im Allgemeinen eher den Bericht, als dass sie seine Glaubwürdigkeit mindern." (Apfel & Simon, 1985, S. 64). Auch die von uns ermittelten „Scripts", die Drehbücher, denen der Missbrauch oft folgt, wie etwa „Messias", „distanzierter Gott", weisen einen bizarren Charakter auf (vgl. Kap. 3 und Becker-Fischer & Fischer, 1995). Die Übereinstimmung mit einem Script erhöht die Glaubwürdigkeit des einzelnen Berichtes.

Die *kollegenidentifizierte Einstellung* geht meist mit dem Wunsch einher, das eigene berufliche Ansehen zu bewahren als eines Berufs, der seelisch leidenden Menschen hilft. Diese Einstellung ähnelt der von Inzestfamilien, die ebenfalls ihr Ansehen nicht in Frage gestellt wissen wollen und daher einen mächtigen Mantel des Schweigens um sich hüllen. Gallagher (1990) bezeichnet diese Haltung psychotherapeutischer Kreise als „professional conspiracy of silence". Die Resultate gleichen ebenfalls denen bei Kindesmissbrauch: Die Verantwortlichkeiten werden verwischt, dem Täter wird ermöglicht weiter zu missbrauchen, das Geschehen wird gerechtfertigt, verdeckt, verleugnet und heruntergespielt (vgl. dazu auch Pope, 1990).

Angst vor den Tätertherapeuten. Aber auch realitätsgerechte Ängste vor den Ersttherapeuten dürfen nicht unterschätzt werden. Die Patientinnen haben – nicht selten mit Recht – Angst vor potenziellen Racheaktionen ihrer Ersttherapeuten, unter denen *Verleumdungsklagen,* einstweilige Verfügungen mit der Drohung von *Schadensersatzzahlungen,* wenn sie anderen gegenüber über den Missbrauch in der Therapie sprechen, zwar sehr verbreitet, aber noch die harmlosesten sind. Die Versuche, die Patientinnen unter Druck zu setzen, können bis zu *Erpressungen, Selbstmord- und Morddrohungen* gehen.

Diese Ängste der Patientinnen sind in der *Gegenübertragung* spürbar, und sie können sich verbinden mit durchaus realitätsgerechten eigenen *Ängsten der Folgetherapeuten vor Konsequenzen,* die auf sie zukämen, wenn sie in ihren Therapieverbänden verantwortlich aktiv würden oder wenn Tätertherapeuten aus der eigenen Gesellschaft nur ahnen, dass ihre Grenzüberschreitungen dem behandelnden Kollegen bekannt geworden sind.

Gerade an *psychotherapeutischen Instituten,* in denen lange Missbrauchstraditionen bestehen und die wichtigen Positionen von Missbrauchern besetzt sind, müssen Mitglieder, die um diese Missstände wissen und sie aufzudecken versuchen, mit empfindlichen Reaktionen rechnen. So wissen wir von verschiedenen Kolleginnen und Kollegen, die von dem Therapieverband ausgegrenzt und in ihrer weiteren beruflichen Laufbahn behindert worden sind.

5.2.2 Die Lebensgeschichte der Folgetherapeuten als Problem

Eigene traumatische Erfahrungen in der Lebensgeschichte der Therapeuten können die *Eigenübertragungsgefühle* gegenüber traumatisierten Patienten auf unterschiedliche Weise beeinflussen. Nur die wenigsten Therapieverfahren sehen bislang eine gründliche Aufarbeitung der Traumata zukünftiger Therapeuten in ihren *Ausbildungstherapien* vor. In *humanistischen Verfahren* wurde solches „Wühlen in der Vergangenheit" gegenüber dem „Hier und Jetzt" lange Zeit tabuisiert. Die *Verhaltenstherapie* setzt auf die Bewältigung aktueller Problemsituationen den entscheidenden Akzent.

Selbst die *Psychoanalyse,* deren Anspruch für die Lehranalyse dies einmal gewesen sein mag, bietet hier zumindest kein einheitliches Bild.

Einige psychoanalytische Richtungen fühlen sich einem „universalistischen" Ätiologiemodell verpflichtet, das psychogene Störungen aus pathogenen Fantasien ableitet, bei Melanie Klein und ihren Nachfolgern überwiegend aus dem ersten Lebensjahr. Trotz extremer Dauer von Analysen, die nach einem solchen Konzept geführt werden, regt dieses nicht unbedingt zur Bearbeitung realer traumatischer Erfahrungen der Lebensgeschichte an. Dabei hätten die Psychotherapeuten als Berufsstand allen Grund und haben meist auch selbst den Wunsch, sich mit ihrer persönlichen „trauma history" auseinanderzusetzen.

In einer Befragung von 250 männlichen und 250 weiblichen Psychotherapeuten, die Pope und Feldman-Summers (1992) in den USA durchführten, berichteten 26,3 % der Therapeuten und 39,2 % der Therapeutinnen von *sexuellem oder physischem Missbrauch in Kindheit und Adoleszenz*. Zusätzlich haben im Erwachsenenalter 13,9 % der männlichen und 56,9 % der weiblichen Therapeuten sexuelle Traumatisierung oder Gewalttraumata erlitten. Vor dem Hintergrund dieser Vorerfahrung beurteilten nahezu alle Untersuchungsteilnehmer ihre Therapieausbildung als völlig unzureichend in der Bearbeitung von und im Umgang mit Missbrauchserfahrungen und Traumatisierung überhaupt.

Vergleichswerte für den deutschen Sprachraum liegen uns zwar noch nicht vor, es gibt jedoch keinen Grund zur Annahme, dass bei uns die Verhältnisse günstiger wären.[5] Einiges spricht sogar für die Hypothese, dass manche Konzepte und Praktiken der psychotherapeutischen Ausbildung eher *psychotraumatologischen Abwehrstrategien* entsprechen. Von daher ist anzunehmen, dass sich auch in den Ausbildungsgängen Traumata und *insbesondere sexuelle Traumata* reproduzieren. So berichten Pope et al. (1979), dass 17 % der weiblichen und 3 % der männlichen klinischen Psychologen in einer Befragung sexuelle Kontakte mit mindestens einem ihrer psychotherapeutischen Ausbilder angaben.

Unaufgearbeitete eigene Traumata verleiten Folgetherapeuten entweder zu *distanzierenden Abwehrstrategien* oder zur *Überidentifikation mit Betroffenen*. Eine dritte Möglichkeit ist die *Wiederholung von sexuellem Missbrauch* mit den eigenen Patientinnen oder Ausbildungskandidatinnen. Unter den Abwehrstrategien vom distanzierenden Typus finden sich Verleugnung oder *Bagatellisierung* des Traumas, Unfähigkeit, der Traumaschilderung empathisch zu folgen, voreiliger Einsatz therapeutischer „Techniken", um eine, wenn auch nur vorübergehende, Identifizierung mit der Ohnmacht und Hilflosigkeit der Traumatisierten zu vermeiden. In der *Überidentifikation* mit der Patientin als Opfer traumatischer Erfahrungen geht gewöhnlich die Fähigkeit verloren, zwischen eigenen und fremden Erfahrungen zu unterscheiden.

Dieser *Verlust an Dezentrierungsfähigkeit* bewirkt, dass die Patientin sich nicht in ihrem eigenen Erleben verstanden fühlen kann. Scholich (1992) bemerkte diese Neigung insbesondere bei Frauen. Therapeutinnen, die Inzestopfer behandelten, tendieren seiner Meinung nach eher zur „Überidentifizierung mit dem Opfer", die damit einherginge „die Wut auf den sexuellen Ausbeuter aufzunehmen und zu schüren und die Patientin zu ermuntern, ihn zu konfrontieren oder anzuzeigen". Dies möge zwar als „Zwischenschritt eine stimmige Entwicklung für die Betroffenen sein", doch sollte „neben den Phasen der Wut die Trauerarbeit nicht zu kurz kommen, um eine Fixierung auf das Ereignis und die Opferrolle zu vermeiden", die zum Identitätsersatz mit hoher narzisstischer Besetzung werden könne (Scholich, 1992, S.109f).

Wenn der Folgetherapeut selbst seine Patientinnen oder Ausbildungsteilnehmerinnen missbraucht, kann dieses Verhalten einer Abwehrstrategie gegenüber der eigenen Missbrauchserfahrung entsprechen, die sich als Verwandlung von „Passivität in Aktivität" beschreiben lässt (Anna Freud, 1977). Diese *Wendung vom Opfer zum Täter* scheint bei Männern verbreiteter zu sein als bei Frauen. In einer Befragung von 279 psychiatrischen Pflegern und Pflegerinnen gaben 55,8 % der Männer, die in ihrer Kindheit sexuell misshandelt wurden, sexuelle Kontakte mit Patientinnen gegenüber nur 15,8 % der als Kind missbrauchten Pflegerinnen an (Moggi et al., 1994).

Jackson und Nutall (2001) befragten 323 Mitglieder helfender Professionen: Drei von fünf männlichen Therapeuten, die schweren sexuellen Missbrauch in ihrer Kindheit erlebt hatten, gaben sexuelle Übergriffe auf eigene Patienten an. Die Opfer schweren sexuellen Kindesmissbrauchs hatten mehr als viermal wahrscheinlicher sexuellen Kontakt zu Patienten als die Therapeuten, die in ihrer Kindheit nicht sexuell missbraucht worden waren, und mehr als dreimal wahrscheinlicher als die Kollegen, die in ihrer Kindheit weniger schwerem Missbrauch ausgesetzt waren.

Der Weg „vom Opfer zum Täter" kann eine persönliche Bewältigungsstrategie darstellen, allerdings um den Preis ständig neuer Traumatisierungen (s.o. und Bauriedl, 1992). Dass Folgetherapeuten, die selbst sexuelle Beziehungen zu ihren Patientinnen unterhalten haben, dazu neigen, das Trauma zu bagatellisieren oder die sexuellen Kontakte gar als hilfreich einzuschätzen, ist auf diesem Hintergrund naheliegend (Gartrell et al., 1987; Holroyd & Bouhoutsos, 1985).

Holroyd und Bouhoutsos (1985) wunderten sich über die 10 % der Patienten, die den Ergebnissen von Bouhoutsos et al. (1983) zufolge *angeblich keinen Schaden* durch das missbräuchliche Agieren der Therapeuten genommen hatten. Sie verglichen die Angaben über eventuelle negative Effekte der sexuellen Übergriffe von Folgetherapeuten, die selbst schon sexuellen Kontakt zu Patienten gehabt hatten, mit denen von Therapeuten, die eigenen Angaben zufolge noch nicht sexuell übergriffig geworden waren.

Es zeigte sich, dass diejenigen Folgetherapeuten, die über eigene sexuelle Kontakte zu Patienten berichteten, die negativen Konsequenzen des sexuellen Missbrauchs für Patient und Therapie niedriger einschätzten, sie nannten dafür mehr positive und neutrale Effekte der sexuellen Grenzverletzungen als die Vergleichsgruppe. Ein ähnliches Muster zeigte sich in der Folgetherapeutenbefragung von Gartrell et al. (1987): Signifikant mehr einmalige und Nicht-Täter als Wiederholungstäter bewerteten den sexuellen Kontakt ihrer Patienten zu deren früheren Therapierenden als immer schädlich.

5.2.3 Hinderliche und förderliche Haltungen und Einstellungen von Patientin und Folgetherapeut

Wie wichtig eine persönlich geklärte und damit auch nach außen hin *klare Position des Therapeuten* als Voraussetzung für eine gelingende Folgetherapie ist, zeigen die Aussagen der Teilnehmer unserer eigenen Studien (vgl. Kap. 4.3). Das Bedürfnis nach einer Folgetherapie hatten in unserer ersten Untersuchung 45 der 61 Befragten, nur sieben verneinten diese Frage eindeutig. 60 % hatten an einer und 13 % an zwei Folgetherapien teilgenommen. Von diesen waren zum Zeitpunkt der Untersuchung 26 % abgeschlossen und 54 % noch nicht. Ein ungewöhnlich hoher Anteil der Befragten, nämlich 21 % hatten die Folgebehandlung abgebrochen. Die abgeschlossenen Therapien hatten durchschnittlich 20 und die abgebrochenen 14,5 Monate gedauert. Interessanterweise war die Dauer der Behandlungen, die zur Zeit der Befragung noch liefen, am höchsten: Sie betrug durchschnittlich 25,4 Monate.

Da die meisten abgeschlossenen und abgebrochenen Therapien weit zurückliegen, mag dieser Befund darauf hinweisen, dass die Folgetherapeuten inzwischen die Schwere und Komplexität der Störungen ernster nehmen und gründlicher mit ihren Patientinnen aufarbeiten. Ungefähr ein Drittel ist bei dem zweiten Folgetherapeuten, mit dem sie gesprochen hatten, in Behandlung gegangen. Acht Frauen suchten drei oder vier, sechs Frauen zwischen fünf und sieben verschiedene Therapeuten auf, bevor sie sich zu einer Behandlung entschließen konnten. Als Gründe dafür, dass *keine Therapie* zustande kam, wurden angegeben (in der Reihenfolge der Häufigkeiten):

- Angst vor Wiederholung des Missbrauchs,
- Misstrauen in den Folgetherapeuten,
- den Ersttherapeuten nicht schädigen wollen,
- Ablehnung von Therapie überhaupt,
- sich mitschuldig fühlen.

Die Mehrzahl der Untersuchungsteilnehmerinnen hatte in den Erstgesprächen bereits ihre Missbrauchserfahrung in der Therapie angesprochen. Sie berichteten von folgenden Reaktionen: Gleichviele, nämlich jeweils 12 Folgetherapeuten hielten sich bedeckt, verurteilten entweder den Ersttherapeuten oder die Patientin. Wieweit diese Angaben Rückschlüsse auf die Einstellung in Fachkreisen zulassen, ist fraglich. Dennoch erscheint der Anteil der Therapeuten, die die Patientinnen in ihren Augen eindeutig verurteilten, mit 12 von insgesamt 64 Nennungen erstaunlich hoch, insbesondere da eindeutige Verurteilungen von Patientinnen mit der therapeutischen Haltung normalerweise nicht zu vereinbaren sind. Viele Folgebehandler reagierten auch verunsichert oder bezweifelten den Vorfall. Andere ermutigten die Patientin zu Folgetherapie und Selbsthilfe.

Für die Verarbeitung des sexuellen Missbrauchs wurde die Folgebehandlung
- von 23 Untersuchungsteilnehmerinnen eindeutig als hilfreich erlebt,
- von 11 als teilweise hilfreich,
- 15 bewerteten die Folgetherapie in dieser Hinsicht als erfolglos,
- 11 erkannten ihr zumindest Teilerfolge zu.

Einen Hinweis auf durch die Folgetherapie bewirkte Veränderungen gibt die Selbsteinschätzung vor Beginn der Behandlung und zum Untersuchungszeitpunkt: Probandinnen, die eine Folgetherapie begonnen und insbesondere diejenigen, die sie abgeschlossen hatten, schätzten sich zum Untersuchungszeitpunkt signifikant *selbstsicherer* ein. Nach Abschluss der Folgetherapie neigten sie tendenziell weniger zur Selbstaufopferung. In ihrer Fähigkeit, Sexualität zu genießen, in depressiven Verstimmungszuständen und Suchtmittelkonsum unterschieden sich beide Gruppen nicht wesentlich voneinander.

Wichtige Differenzen zeigten sich allerdings in einigen *Skalen der IES*. Sie weisen darauf hin, dass im Rahmen der Folgetherapie die traumatische Belastungswirkung der sexuellen Übergriffe verringert worden ist. Probandinnen, die eine weitere Behandlung aufgenommen hatten, litten signifikant weniger unter *Schlafstörungen* und wurden weit weniger von *Albträumen* geplagt (statistisch sehr signifikanter Unterschied). Probandinnen ohne Folgetherapie hatten heftigere Gemütsbewegungen, wenn sie an den Vorfall dachten, neigten stärker dazu, allem aus dem Wege zu gehen, was sie an das Ereignis erinnerte, und litten mehr darunter, dass sich ihnen Bilder vom Vorfall unwillentlich aufdrängten (jeweils statistische Trends).

Die Folgetherapien, ob abgeschlossen oder nicht, hatten offensichtlich eine deutliche Verringerung *intrusiver Traumareaktionen* zur Folge (durchschnittlich 1 Punkt weniger auf der Intrusions-Skala der IES; ein statistischer Trend). In der Anzahl der angegebenen neuen oder verstärkten Symptome zeigten sich hingegen keine statistisch bedeutsamen Unterschiede.

Auf die Frage, was in Haltung, Einstellung und Verhalten des Folgetherapeuten hilfreich und was hinderlich für die Bewältigung des Missbrauchs erlebt wurde, antworteten die Probandinnen folgendermaßen. Als hilfreich erschienen (in der Reihenfolge der Häufigkeiten):
- eine verständnisvolle Haltung des Therapeuten;
- klare Haltung zum Vorfall als Missbrauch;
- mir wurde geglaubt;
- klare, vom Therapeuten respektierte Grenzen;
- Missverständnisse waren klärbar;
- die Sicherheit, dass kein sexueller Kontakt vorkommt;
- Verständnis des Therapeuten auch für positive Gefühle gegenüber dem Ersttherapeuten.

Die Ergebnisse einer Befragung von 30 Inzestopfern über ihre Therapien sind fast identisch. An *hilfreichen Interventionen* nannten sie (Armsworth, 1989, S. 553 ff):
- „1. Der Klientin wurde geglaubt;
- 2. der Therapeut war unterstützend und verständnisvoll, vermittelte Anteilnahme, Sorge, Empathie oder Mitleid mit der Klientin;
- 3. die Klientin wurde nicht für die Victimisierung verantwortlich gemacht;
- 4. der Therapeut reagierte nicht schockiert oder ärgerlich auf die Eröffnung des Inzest;
- 5. die Klientin fühlte sich nicht allein oder unglaubwürdig;
  6. der Therapeut half den Inzest zu beenden."

Was hier als hilfreich geschildert wird, möchten wir als eine nichtneutrale Abstinenzhaltung des Folgetherapeuten bezeichnen. Abstinenz ja, Neutralität im Sinne völliger Unparteilichkeit nein. Diese Haltung *parteilicher Abstinenz* ist in Traumatherapien generell von besonderer Wichtigkeit. Straker (1990) betont die Glaubwürdigkeit des Therapeuten als notwendige Voraussetzung dafür, dass mit den gewalttraumatisierten

Jugendlichen, die sie in Südafrika behandelt, eine tragfähige therapeutische Arbeitsbeziehung aufgebaut werden kann. Klare Stellungnahmen zum Geschehen, zu Fragen von Schuld und Verantwortlichkeit sind wesentliche Bedingungen dafür, dass die Betroffenen das Misstrauen abbauen können, das sie infolge des erlebten Vertrauensbruchs nun dem Folgetherapeuten entgegenbringen (vgl. Becker-Fischer, 1995).

Eine *Triangulation* derartiger praktischer Empfehlung auf der Basis von Forschungsergebnissen erbringt die Untersuchung von Angelika Birck (2000) an einer Stichprobe von Psychotherapiepatientinnen, die in ihrer Kindheit sexuellen Missbrauch erleben mussten. In einer qualitativen Studie ging die Autorin der Frage nach, welche Variablen erlauben, zwischen erfolgreichen vs. erfolglosen Therapien zu differenzieren. Das Ergebnis wurde als „Missbrauchserkenntnis" bezeichnet: als Erkenntnis der sexuellen Kontakte zwischen Erwachsenem und Kind als missbräuchlicher Natur. Dann und nur dann, wenn es innerhalb der Therapie zu dieser Erkenntnis kam, war das Behandlungsergebnis erfolgreich.

Andernfalls ergab sich eine symptomatische Besserung auch dann nicht, wenn die Patientin subjektiv mit dem Behandlungsergebnis zufrieden war. „Missbrauchserkenntnis" ist offenbar eine sog. „unspezifische" Variable erfolgreicher Psychotherapien, was aus dem Umstand hervorgeht, dass sie sich quer durch alle untersuchten Therapieformen als *Kriterium des Therapieerfolgs* zeigte. Zur Erklärung des Ergebnisses kann demnach weder das therapeutische Konzept herangezogen werden noch ein gesellschaftliches „Vorurteil", das sexuellen Missbrauch an Kindern unberechtigterweise für schädlich erklärt.

Eine Erklärung ergibt sich vielmehr aus der eingangs – im aktuellen Vorwort – erwähnten Konvergenz empirischer und logisch-apriorischer Bedingungen. Eine logisch wohl begründete *ethische Regel*, wie die Vermeidung von sexuellem Missbrauch von Kindern durch Erwachsene, zeigt sich in Ergebnissen der empirischen Psychotherapieforschung, unabhängig davon, ob Therapeutin und Klientin von der Schädlichkeit dieses Verhaltens subjektiv überzeugt sind oder nicht. *Logisch-empirische Konvergenz* dieser Art kann als das zuverlässigste Validitätskriterium für Ergebnisse der Forschung gelten (Fischer, 2008). Für Folgetherapien ist unerlässlich, dass der Folgetherapeut den Missbrauch als glaubhaft, als Faktum anerkennt und die schädigenden Folgen für die Patientin versteht (Schuppli-Delpy & Nicola, 1994; Apfel & Simon, 1985). Sollte er Zweifel an der Glaubwürdigkeit der Vorfälle hegen, so müssen diese klar und sachlich mit der Patientin besprochen und geklärt werden.

Die Haltung *parteilicher Abstinenz* impliziert zudem, die Parteilichkeit nicht auf die therapeutische Beziehung zur Patientin zu begrenzen und damit das Tabu aufrechtzuerhalten, sondern in den eigenen Fachgesellschaften und der Öffentlichkeit eindeutig Stellung zu beziehen und sich für Strukturen einzusetzen, die helfen, diesem Missstand zu begegnen (siehe auch Schuppli-Delpy & Nicola, 1994). Zu dieser Haltung gehört des weiteren *Ehrlichkeit*. Ihr heftiges Misstrauen sensibilisiert die Betroffenen im Allgemeinen für geringfügigste Andeutungen von Zweifeln, die Folgetherapeuten an der Realität der Geschichte haben könnten. Solche Zweifel sollten nicht verschwiegen, sondern ehrlich mit den Patientinnen geklärt werden.

Im Unterschied zu einer fiktiven „Neutralität" ist Abstinenz für Behandlungen nach sexueller Ausbeutung in einer früheren Therapie natürlich überaus wichtig. Der Therapeut muss sich davon enthalten (von lat. „abstinere" = sich enthalten), eigene Bedürfnisse, Wünsche, Interessen in den Prozess einzubringen (z.B. *Abstinenz von Gegen- und Eigenübertragungsreaktionen*; vgl. auch Cremerius, 1984).

Abweichungen von dieser Haltung nicht-neutraler Abstinenz werden in unserer ersten Studie umgekehrt als die wichtigsten hinderlichen Punkte in Haltung, Einstellung und Verhalten des Zweit-Therapeuten angegeben (in absteigender Häufigkeit): „geringes Einfühlungsvermögen; ablehnende Reaktionen; Parteilichkeit für den Ersttherapeuten; Therapeut hat sich mit dem Thema nicht beschäftigt; übersteigerte Zurückhaltung; Zweifel an der Realität des Vorfalls; Ignorieren von Wut und Empörung; Verstärkung von Selbstvorwürfen". Die Gründe für eine negative Beurteilung der Folgetherapie als „nicht hilfreich" gehen in dieselbe Richtung (in absteigender Häufigkeit): „Unkenntnis der Thematik, nicht einfühlsam, parteiergreifend für den Ersttherapeuten, Angst vor der sexuellen Ausstrahlung der Patientin, zu zurückhaltend".

Wiederum sehr ähnlich beurteilen Inzestopfer folgende Erfahrungen in ihren Therapien als wenig hilfreich oder schädlich:
- „1. Der Therapeut glaubte der Patientin nicht, sie erzähle Fantasiegeschichten;
- 2. der eröffnete Inzest wurde ignoriert oder vom Therapeuten als unwichtig bzw. nicht schädigend hingestellt (da kein Geschlechtsverkehr stattgefunden hatte);
- 3. zu viele Medikamente wurden verschrieben;
- 4. der Patientin wurde die Schuld am Inzest gegeben, oder ihr wurde gesagt, sie müsse Spaß daran gehabt haben, da sie geblieben sei;
- 5. der Therapeut war schockiert oder abgestoßen über die Eröffnung des Inzest" (Armsworth, 1989, S. 554).

Der häufigste und zugleich schädlichste Vorfall in diesen Therapien war allerdings der sexuelle Missbrauch durch den Therapeuten. Sieben der 30 Befragten waren sexuell intim mit ihren Therapeuten oder wurden von diesen lange Zeit sexuell bedrängt. Der Befund, dass gerade *Inzestopfer* in der Therapie erneut missbraucht werden, wurde in der internationalen Forschung wie auch in unseren Untersuchungen wiederholt bestätigt (vgl. dazu und zu den Hintergründen Becker-Fischer & Fischer, 1995).

Wieweit das Geschlecht des Therapeuten für den Erfolg einer Folgebehandlung relevant ist, ist eine offene Frage. Wir kennen viele Betroffene, die, gerade um wieder *Vertrauen zu Männern* gewinnen zu können, einen männlichen Therapeuten suchen. Andere fühlen sich von Frauen besser verstanden und dort sicherer, wenn der Missbrauch von einem Mann ausging.

Die Teilnehmerinnen unserer ersten Befragung, die mit ihrer Folgetherapie unzufrieden waren, hatten diese ganz überwiegend bei Männern gemacht. Ebenso beurteilten die in ihrer Kindheit missbrauchten Frauen, die Armsworth (1989) untersuchte, ihre Therapien bei Männern schlechter als die bei Frauen. Neben dem Weiterbildungsbedarf in Behandlungsfragen nach sexuellem Missbrauch, der insbesondere bei Männern sehr groß zu sein scheint, sind vermutlich *besondere Gegenübertragungsprobleme* männlicher Folgetherapeuten für diese Befunde verantwortlich. Die Abwehr und Verharmlosung der Victimisierung von Frauen, die sich auf gesellschaftsstruktureller Ebene dem Machtungleichgewicht zwischen den Geschlechtern verdankt, ist bei männlichen Folgetherapeuten sicher verbreiteter als bei weiblichen. Auf der psychischen Ebene wird der schon erwähnte Unterschied in der Verarbeitung eigener *infantiler Traumatisierungen* dazu beitragen, dass Männer Schädigungen, die Frauen durch männliche Gewalt erfahren haben, heftiger abwehren müssen (vgl. z.B. Walker, 1989).

Sich mit der Rolle des Opfers zu identifizieren, sich in Opfer einzufühlen, scheint bei Männern größere Ängste auszulösen. Dementsprechend neigen sie dazu, eigene *Opfererfahrungen* aktiv in spätere *Täteridentifikationen* oder gar Täterschaft zu wenden. Dass so extrem wenige männliche Patienten mit sexuellen Missbrauchserfahrungen in der Psychotherapie sich an wissenschaftlichen Untersuchungen beteiligen, scheint einem ähnlichen Verarbeitungsmechanismus geschuldet zu sein. Die Vermutung, dass hier eine *höhere Dunkelziffer* als bei Frauen vorliegt, wird in der internationalen Literatur wiederholt diskutiert. Gabbard (1992), der mehrere in der Therapie missbrauchte Männer in Behandlung hatte, beobachtete, dass es ihnen erheblich schwerer fällt, den missbräuchlichen Charakter des Geschehens zu realisieren. Sie erleben sich überwiegend als die „aktiven Verführer", um so die verletzende passive Abhängigkeit und Ohnmacht nicht realisieren zu müssen. Die Folgeschäden sind bewusstseinsferner, eher psychosomatischer Natur.

Andererseits gibt es Hinweise darauf, dass *männliche Therapeuten* auch in Folgetherapien nach sexuellen Übergriffen in Psychotherapie und Psychiatrie sehr erfolgreich sein können, wenn sie ihre Gegenübertragungsreaktionen und *geschlechtsspezifischen Abwehrstrategien* reflektieren. Patientinnen, die nach dem Missbrauch keine Beziehungen zu Männern mehr eingehen konnten, haben nicht selten den Wunsch, die destruktive Erfahrung, die sie mit ihrem Ersttherapeuten gemacht haben, gerade mit einem Mann aufzuarbeiten, um sich auf *Liebesbeziehungen* zu Männern wieder einlassen zu können.

Kluft (1989), ein Pionier der Traumatherapie in den USA, berichtet aus eigener Praxis von 30 erfolgreichen Folgetherapien, die er als männlicher Therapeut mit Patientinnen durchführte. Ebenso berichten als männliche Therapeuten, die sich mit der Thematik gründlich beschäftigt haben, Nicola (1991) und Schoener und Milgrom (1987) über eine Vielzahl positiver Therapieverläufe (vgl. zu dieser Problematik auch Cavenar, et al., 1983).

5.3 Anhaltspunkte und Regeln bei der therapeutischen Aufarbeitung des Professionalen Missbrauchtraumas

5.3.1 Aufbau einer tragfähigen Arbeitsbeziehung

Eine besondere Schwierigkeit ergibt sich daraus in Zweittherapien eine hinreichende Differenzierung zwischen Arbeitsbündnis und Übertragung zu erreichen, die im folgenden Diagramm *(Abbildung 2)* veranschaulicht wird (Fischer 1989, S. 58). In der Literatur werden z.T. drastische Maßnahmen vorgeschlagen, um der Patientin diese Unterscheidung zwischen alter und neuer Erfahrung zu erleichtern. Pope und Bouhoutsos (1992) empfehlen bereits in den Erstgesprächen eine deklarative Feststellung, dass es in dieser Therapie zu keinem sexuellen Kontakt mit dem Therapeuten kommen wird. Sie empfehlen zudem, eine dritte Instanz, z.B. einen Kollegen oder eine Kollegin, einzuschalten, der/die die Patientin in regelmäßigen Abständen aufsucht, um die vorherige ausschließliche Beziehung nicht wieder entstehen zu lassen.

Die Patientinnen übertragen die *negativen Beziehungserfahrungen* mit dem Ersttherapeuten auf die neue Therapiesituation und den Folgetherapeuten. Kaum bei einer anderen Patientengruppe ist die Gefahr so groß, dass die neue therapeutische Erfahrung in den Sog der alten gerät. Schon die „minimale Differenz" zwischen den Phasen 1 und 2, zwischen Arbeitsbündnis und Übertragungsbeziehung (symbolisiert in Punkt A1 des Diagramms) kann hier nicht ohne weiteres vorausgesetzt werden. Zwischen der neuen Therapiesituation und der destruktiven Beziehungserfahrung in der Ersttherapie kann die Patientin noch nicht hinreichend differenzieren.

Solche psychoedukativen Maßnahmen lassen sich natürlich in die unterschiedlichen Therapiestile wie Verhaltenstherapie, Psychoanalyse oder Gesprächstherapie leichter oder schwerer einfügen. Pope schlägt einen *gegenseitig unterzeichneten Arbeitsvertrag* vor, der die wichtigsten Informationen über die Therapieform und die Verlaufsbedingungen enthält (1994). Besonders sei darauf zu achten, dass die Einwilligung der Patientinnen in die Bedingungen der Folgetherapie auf gründlicher Information beruhe, die verständlich und nützlich sei („informed consent").

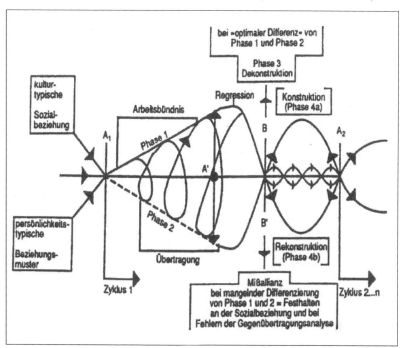

Abb. 2: Allgemeines dialektisches Veränderungsmodell (Fischer, 1989)
Erklärung: Das Diagramm stellt einen Veränderungsschritt in der Psychotherapie in vier Phasen oder Momenten dar, die notwendige Voraussetzung für diese Veränderung sind. Eine „optimale Differenz" (Phase 3) zwischen Arbeitsbündnis (Phase 1) und Übertragungsbeziehung (Phase 2), die zu einem Neuentwurf, einer Neukonstruktion des bisherigen pathogenen Beziehungsschemas führt (Phase 4a), sowie zur Rekonstruktion der traumatischen Beziehungserfahrungen (Phase 4a), die dem pathogenen Schema zugrundliegen.

Die Patientin soll wissen, dass Einwilligung oder Ablehnung ein schwieriger und komplexer Prozess ist, ein fortgesetzter Dialog und dass in jeder Phase Fragen, die die Behandlung betreffen, besprochen werden können. In der Ersttherapie haben sie ja gerade die gegenteilige Erfahrung machen müssen. Ihre Zustimmung zur intimen Beziehung basierte nicht auf wirklicher Kenntnis, z.b. ihrer potenziellen Folgen. Die Einwilligung war letztendlich „bedeutungslos". Wegen dieser „uninformierten" Zustimmung machen sich die Patientinnen dann selbst und machen auch andere sie für den Missbrauch verantwortlich.

Weniger bedeutsam als einzelne Maßnahmen und Techniken ist nach unserer Erfahrung das allgemeine Prinzip, dass der Folgetherapeut in seinen Deklarationen und Interventionen von Anfang an die *optimale Differenzierung* (Phase 3 in Abbildung 2) zwischen Arbeitsbündnis und Übertragungsschemata der Patientin fördert und sogar eine minimale Differenzierungsfähigkeit nicht ohne weiteres als gegeben ansieht. Im psychodynamischen Therapiestil sind hierzu deskriptive Deutungen geeignet, die die Patientin auf mögliche Parallelen zwischen Erst- und Zweittherapie hinweisen, um ihr die Wahrnehmung und Mitteilung entsprechender Befürchtungen zu erleichtern. Mit Rücksicht auf das heftige Misstrauen, das diese Patientinnen gerade männlichen Psychotherapeuten entgegenbringen, sind Offenheit und die Ermutigung dazu, Kritik, Gefühle von Skepsis oder Missbehagen zu äußern, von großer Bedeutung, um eine tragfähige Arbeitsbeziehung aufzubauen.

Das *Misstrauen gegen den Therapeuten* kann sich offen bemerkbar machen oder nur andeuten. Manche Patientinnen neigen dazu, es kontraphobisch mit einer Haltung absoluten Vertrauens abzuwehren. Dieser Abwehrhaltung sollte der Folgetherapeut besondere Aufmerksamkeit widmen. Da sie dem Bedürfnis des Folgetherapeuten entgegenkommt, der Patientin zu vermitteln, dass sie ihm wirklich vertrauen darf, wird diese Abwehrhaltung oft nicht erkannt. Eine Schwierigkeit, die dann auftreten kann, bezieht sich auf die Grenzen in der Therapie.

Um das Vertrauen der Patientin zu gewinnen und ihr zu beweisen, dass sie „anders" sind, geraten Folgetherapeuten leicht in die Gefahr „besondere" Angebote zu machen, den Patientinnen Sondertermine, Anrufe zu Hause, Sondertarife etc. zu gewähren. Dass damit die *grenzverwischende Beziehungsform* zum Ersttherapeuten – auf anderer Ebene – wiederholt wird und neue, kaum auflösbare Verwicklungen entstehen, kann leicht übersehen werden. Schoener bemerkt dazu: „Ich versuche unsere Aufmerksamkeit auf den therapeutischen Vertrag zu richten. Wenn die Patientin dadurch, dass wir auf gemeinsam vereinbarte Ziele hin arbeiten, Vertrauen zu mir gewinnt, ist es gut. Aber die Ziele, nicht das Vertrauen, sind unser Fokus" (Schoener, 1990, S. 6). Was diese Patientinnen vor allem brauchen, sind *klare, empathisch vermittelte Grenzen*. Die Gleichzeitigkeit von Empathie und Grenzen stellt eine deutliche und optimale Differenz zur Ersttherapie her.

Um zu einer hinreichenden Unterscheidung von der Ersttherapie zu gelangen, empfiehlt Kluft (1989) nach Möglichkeit solche Techniken zu vermeiden, die dort eingesetzt wurden. Seiner Erfahrung nach können zu große Ähnlichkeiten in der therapeutischen Technik das Trauma in einer Weise wiederbeleben, die therapeutisch nicht mehr zu steuern ist.

Einen anderen Ausweg aus den Gefahren der zu großen Ähnlichkeit zwischen Erst- und Folgetherapie bietet die *Gruppentherapie*. Sonne et al. (1985) schildern positive, wenn auch begrenzte Auswirkungen dieses Settings. Die intrusiven Symptome der psychotraumatischen Belastungsstörung, wie sich aufdrängende Erinnerungsbilder und Alpträume, waren zurückgegangen. Die Teilnehmerinnen fühlten sich unterstützt und sozial weniger isoliert. Sie hatten jedoch große Schwierigkeiten, ihr Misstrauen und ihre Fantasie von „Besonderheit" zu überwinden, die der Ersttherapeut induziert hatte. Diejenigen, die nicht parallel in einer Einzeltherapie waren, klagten, im Gruppenrahmen nicht genügend Zeit zur Durcharbeitung ihrer komplexen Erfahrungen gefunden zu haben. Ergänzend zur Einzeltherapie wird die Gruppensituation als wertvoll angesehen, vor allem dann, wenn sie vorwiegend unterstützenden Charakter hat. Sie wirkt der Neigung zur sozialen Isolierung entgegen, die eines der Symptome des Professionalen Missbrauchstraumas ist (s.o. Dish; auch Milgrom, Luepker, List, 1989).

Außerdem kann die Arbeit mit den Angehörigen wichtig sein, um weitere *soziale Isolierung der Betroffenen* zu verhindern. Gruppenarbeit mit Angehörigen wurde pionierhaft am „Walk-In-Counseling-Center" in Minneapolis durchgeführt (Schoener et al., 1989; Luepker, 1995; Luepker & O'Brien, 1989). In der Regel sind die Angehörigen durch den sexuellen Missbrauch und seine Folgen ebenfalls traumatisiert. „Der Begriff ‚assoziiertes Opfer' scheint dem des ‚sekundären Opfers' vorzuziehen zu sein; ‚sekundär' mag interpretiert werden, als weise es auf eine geringere Bedeutung hin. Wichtiger ist jedoch, dass er nicht präzise und realistisch die schmerzvollen Reaktionen der Familienmitglieder auf das Trauma, unter dem das direkte Opfer leidet, bezeichnet. Darüber hinaus deutet der Begriff 'assoziiertes Opfer' auf einen weiteren Behandlungsfokus hin, indem er die Folgewirkungen der Fehlbehandlung einbezieht. Er verweist darauf, dass der Schmerz und das Leiden des direkten Opfers sich wie ein Virus unter den Menschen, die ihr (oder ihm) nahe sind ausgebreitet hat" (Luepker, 1995, S. 2).

Die Symptomatik der Opfer führt nicht selten zur *Entfremdung zwischen den Partnern bis hin zu Trennung oder Scheidung*. Bisweilen erleiden die Partner ein *Schocktrauma*, wenn sie von der erotischen Beziehung mit dem Therapeuten erfahren. Depressive Enttäuschungsreaktionen, Wut und Ärger auf die Partnerin oder den Therapeuten sind häufig. In der Schweiz wurde ein Psychoanalytiker vom Ehemann einer Patientin erschossen, als dieser von der sexuellen Beziehung erfuhr. Die Verständigung der Partner wird durch Schuldzuweisungen an die Betroffene erschwert, die diese nicht selten als retraumatisierend erlebt und in noch tiefere Depressionen stürzt. *Paartherapien* und Gruppen von Mitbetroffenen haben sich in diesen Fällen sehr bewährt (Luepker, 1989). Die Schädigung ist besonders gravierend, wenn, was nicht unüblich ist, derselbe Therapeut gleichzeitig zur sexuellen Beziehung mit der Partnerin den Ehemann in Einzeltherapie hatte.[6] Dann sind die Partner nicht nur „assoziiert"-traumatisiert, sondern auch selbst in ihrem Vertrauen in den eigenen Therapeuten erschüttert. Sie beschreiben dies als „ein Gefühl von Horror, für das sie keine Worte finden können" (Luepker, 1995, S. 11).

Unter den schweren Auseinandersetzungen der Eltern, den Veränderungen und psychischen Schädigungen der Mutter leiden auch die *Kinder*. Sowohl physisch als auch psychisch sind die Betroffenen oft kaum in der Lage, ihre Kinder zu versorgen. Nicht immer sind die Folgen bei den Kindern sehr offensichtlich. Gerade deshalb sollten ihnen jedoch besondere Aufmerksamkeit geschenkt und alternative Möglichkeiten ihrer Versorgung, z.B. durch Haushaltshilfen, geprüft werden. Auch familientherapeutische Gespräche können eingeleitet werden. „Parentifizierung" der Kinder, die sich bemühen, die verletzte und verstörte Mutter zu schützen und zu versorgen, ist eine charakteristische Folge. Diese Kinder sind überlastet und einsam, da sie das „Geheimnis", das die Mutter quält, zwar spüren, aber nicht wissen, worum es wirklich geht. Überängstliche Reaktionen der Mütter, die ihre Kinder vor ähnlicher Traumatisierung bewahren möchten, können *altersgerechte Ablösungsprozesse* verhindern.

Milgroms (1989) Erfahrung nach sind jedoch gerade jene Betroffenen am schwersten gefährdet, bei denen es keine „Mitbetroffenen" zu geben scheint, da sie von ihrer sozialen Umwelt durch den Therapeuten oder die therapeutische Sekte gänzlich isoliert worden sind. Die Suizidgefahr ist hier verständlicherweise besonders hoch. Daher sollte in solchen Fällen zunächst die soziale Reintegration angestrebt werden.

5.3.2 Traumatheoretische Regeln in Folgetherapien

Neben gegebenenfalls unterstützenden Gruppensettings bleibt nach sexuellen Übergriffen in der Psychotherapie oder Psychiatrie die *Einzeltherapie* ein Verfahren der Wahl. Ist die notwendige Unterscheidung zwischen Arbeitsrahmen und negativen Vorerwartungen erreicht, so wird eine produktive therapeutische Arbeit möglich. Diese verfolgt im Prinzip zwei Ziele: *Aufarbeitung der traumatischen Aktualerfahrung* und, falls möglich, darüber hinaus die *Aufarbeitung jener primären Störung*, die zur Ersttherapie führte, dort aber verstärkt und überlagert, anstatt aufgearbeitet wurde.

Die erste Phase der Therapie ist auf die *traumatischen, verzerrten therapeutischen Erfahrungen in der Ersttherapie* fokussiert und sollte den Rekurs auf die Ausgangsstörung bzw. eventuell pathogene Vorgeschichte der Patientin – selbst wenn das Thema von ihr angeboten wird – strikt vermeiden. Dies wird von den Patientinnen fast immer als negative Attribuierung verstanden und verstärkt die Schuldgefühle: „Durch meine

Störung bzw. pathologische Lebensgeschichte habe ich wichtige Warnzeichen übersehen, den Therapeuten sexuell gereizt" usf.

Die meisten Patientinnen beschuldigen sich entweder selbst für die Traumatisierung, die sie erfahren haben, oder geben sich zumindest, ähnlich wie ihre soziale Umgebung, die „Mitschuld" am Missbrauch. Diese Haltung ist eines der wesentlichsten Hindernisse bei der Auflösung der pathologischen Bindung an den Ersttherapeuten. In der Literatur wird hier verschiedentlich empfohlen, der Patientin in einer *psychoedukativen Erklärung* oder einem „sokratischen Dialog" zu verdeutlichen, dass der Therapeut die alleinige Verantwortung für das Scheitern der Therapie und den Missbrauch trägt, auch dann, wenn sie sich in der Phase positiver Übertragung eine erotische Beziehung gewünscht oder Anstrengungen unternommen haben sollte, den Therapeuten sexuell zu verführen.

So empfehlen z.B. Apfel und Simon: „Die Unangemessenheit, Destruktivität und der unethische Charakter dessen, was passiert ist, sollte bestätigt werden. Ohne diese klare Bestätigung wird es schwierig sein eine Arbeitsbeziehung herzustellen" (Apfel & Simon, 1985, S. 64). Patientinnen, die über die zu erwartenden Übertragungsphänome gewöhnlich nicht aufgeklärt werden, haben in der Tat kein kognitives Konzept zur Verfügung, um das Dilemma, in das sie der Ersttherapeut gebracht hat, auflösen zu können. Daher kann die ausdrückliche *Information über Rechte und Pflichten* jeweils von Therapeut und Patient durchaus hilfreich sein.

Nach unserer Erfahrung sollte vor allem in psychodynamischen oder klientzentrierten Therapien bei dem deklarativen Teil der Interventionen darauf geachtet werden, dass sie in der sich ausbildenden Übertragungskonstellation von der Patientin nicht als *Überheblichkeit* gegenüber dem Ersttherapeuten und als *narzisstischer Wunsch*, der bessere Therapeut zu sein, missverstanden werden können.

Wichtiger vielleicht als Deklarationen ist es, eine möglichst hohe *Transparenz* der gegenwärtigen Therapie herzustellen und die Patientin zu ermutigen, *kritische Gedanken und Beobachtungen* gegenüber dem Folgetherapeuten jederzeit in die Beziehung einzubringen. Die Einhaltung der Grenzen zeigt der Folgetherapeut nicht per Deklaration, sondern in

Praxi und indem er der Patientin den Sinn aller therapeutischen Regeln erklärt. Gelingt es, diese Verbindung von Theorie und Praxis zu verwirklichen, so verstärkt er dadurch automatisch die Differenz zwischen dem gegenwärtigen Arbeitsbündnis und der negativen Vorerfahrung, welche die Patientin auf die neue Therapie überträgt. So kann sie erstmals erleben, wie eine Therapie *lege artis* verlaufen und wirken kann. Diese „optimale Differenz" zur negativen Vorerfahrung erleichtert es, die Schuldzuschreibungen an die eigene Person zu hinterfragen und den Anteil des Ersttherapeuten zunehmend realistisch einzuschätzen.

Entscheidend ist eine therapeutische Haltung, die die Patientin empathisch und „nicht-neutral" begleitet, ihr jedoch bei aller Stützung und Unterstützung stets die Initiative überlässt. Nur so kann die traumatisch bedingte „erlernte Hilflosigkeit" (Seligman, 1986) und die entwürdigende Abhängigkeit, die der Ersttherapeut forciert und aufrecht erhalten hat, allmählich in Frage gestellt und überwunden werden.

Ist ein optimal zur Vorerfahrung kontrastierendes *Arbeitsbündnis* aufgebaut, so beginnt die Patientin, sich mit der traumatischen Situation und der schmerzlichen und oft überwältigenden Erfahrung der sexuellen Ausbeutung durch den Ersttherapeuten zu konfrontieren. Neben Unterstützung und Hilfe beim Durcharbeiten der Situation(en) kann der Folgetherapeut der Patientin hier die Entwicklung bzw. Verstärkung der Symptomatik, wie sie sich in der Verlaufssequenz von traumatischer Situation, Reaktion und Prozess ausgebildet hat, verdeutlichen.

5.3.3 Symptome des Professionalen Missbrauchtraumas als normale Folgen von Strategien der Tätertherapeuten

Das Prinzip der Normalität. Eine Grundregel, die für Traumatherapien generell gültig ist, sollte gerade bei Folgetherapien nach sexuellem Missbrauch in einer vorhergehenden Therapie besonders beachtet werden. Ochberg (1993) formulierte sie als „Prinzip der Normalität". Es besteht darin, den Traumatisierten zu verdeutlichen, dass die Symptome, unter denen sie leiden, *normale und verständliche Reaktionen auf eine anomische,* *traumatische Situation* sind. Nicht – wie die Traumatisierten selbst es erleben – sie und ihre Symptome sind „verrückt", sondern diese sind eine „gesunde" Antwort auf eine „verrückte" Realität. Deutungen zielen dementsprechend darauf ab, den *Zusammenhang zwischen Symptomen und traumatischer Situation* herzustellen und die Verarbeitungsversuche der Patientin in der traumatischen Reaktionsphase und im traumatischen Prozess als einen *Selbstschutz- und Selbstheilungsversuch* zu verstehen.

Depressive Reaktion und Suizidalität. So entspricht beispielsweise die *depressive Reaktion* der Patientinnen von Ersttherapeuten des „Wunscherfüllungstypus" ihrem Versuch, diesen zu schonen und an der Illusion festzuhalten, seine Therapie sei hilfreich gewesen. Die gegen den Traumatisierer gerichteten aggressiven Impulse bleiben lange Zeit unbewusst und werden gegen die eigene Person gerichtet – mit all den bekannten Folgen wie *Selbstentwertung, Selbstverletzung* bis hin zu *Suizidalität*.

Selbstmordfantasien und -impulse sind bei diesen Patientinnen sehr verbreitet und ernstgemeint: Etwa 14 % der Betroffenen leiden darunter, auf ca. 1 % wird in verschiedenen Untersuchungen die Suizidrate geschätzt (vgl. Bouhoutsos et al., 1983; Pope & Vetter, 1991). Bei Suizidgefährdung können Folgetherapeuten wiederum in besondere Schwierigkeiten mit dem Einhalten der Grenzen geraten. Versuchen sie einerseits, sich fest an gesetzte Grenzen zu halten, z.B. keine Sondertermine zu geben, so können die Patientinnen gefährdet sein. Weichen sie von den vereinbarten Regeln ab, so fürchten sie, in zu große Nähe zum Ersttherapeuten zu geraten. Diese Fragen können so komplex sein, dass sie nur in *kollegialer Supervision* zu klären sind.

Grundsätzlich ist die Suizidgefahr, solange nur wenig vertrauensvolle Beziehungen bestehen, insbesondere in der Zeit zwischen dem sexuellen Übergriff und dem Aufbrechen der Symptomatik sowie in den Anfangsphasen der Therapie besonders groß, in denen die Arbeitsbeziehung zum Folgetherapeuten noch nicht hinreichend stabil ist. Adäquat auf die potenzielle Gefährdung des Lebens der Patientin zu reagieren, ist selbstverständlich wichtiger als rigide an vereinbarten Regeln festzuhalten, wenn diese vorübergehend inadäquat sein sollten.

Grenzüberschreitungen. Grundsätzlich bewirkt die Rollenumkehr im Verhältnis zwischen Ersttherapeut und Patientin bei der Patientin ein *unsicheres Gefühl für Grenzen*, insbesondere auch für ihre Interessen, Wünsche, Schutzbedürfnisse und Rechte. Sicher bestand diese Problematik bei vielen Patienten schon vor dem sexuellen Übergriff, vor allem dann, wenn sie bereits in ihrer Kindheit sexuell ausgebeutet wurden. Diese Probleme wiederholen sich in der Folgetherapie und sind nicht immer gleich zu erkennen. Oft orientieren sich die Frauen so subtil an den bei ihrem Folgetherapeuten wahrgenommenen Bedürfnissen, dass die Angleichung der therapeutischen Situation an die Missbrauchserfahrungen nur schwer zu erkennen ist – insbesondere, wenn sie den Wünschen der Folgetherapeuten entgegenkommt. Bei *offensiveren Grenzüberschreitungsversuchen* der Patientinnen in umgekehrter Richtung, z.B. Einladungen, Treffen außerhalb der Therapie oder Anrufen zu Hause, wirken eindeutig abgrenzende Reaktionen des Therapeuten letztendlich sehr entlastend. Sie helfen den Patientinnen, ihre eigenen Grenzen wahrzunehmen und in der Folge dann nach außen verteidigen zu können (vgl. Pope, 1994; Sonne et al., 1985).

Hass und Wut auf den Ersttherapeuten. Die *Abwehr der Wut auf den Ersttherapeuten* – etwa in der Depressivität – ist ebenfalls eine verständliche Reaktion auf die erfahrene Ausbeutung und in diesen Zusammenhang zu stellen. Allerdings kann die Abwehr dieser Wut sehr lange anhalten. Oft hat der Ersttherapeut auf subtile Weise die Patientin eingeschüchtert, z.B. durch *systematische Umdeutung* aller Abgrenzungstendenzen oder vorsichtiger Äußerungen von Kritik als Zeichen „abgewehrter Liebe". Solche Botschaften verstanden die Patientinnen: „Er braucht mich und meine Liebe. Ich darf ihn nicht verletzen, sonst ist er mir böse und mag mich nicht mehr". Da der abgewehrte Ärger in der Gegenübertragung sehr stark spürbar wird, besteht die Gefahr, ihn zu früh anzusprechen. Gefühle von Hass und Wut sind oft von erschreckender Stärke. Patientinnen haben Angst, von ihnen überwältigt zu werden. Wenn diese Gefühle dann bewusst werden, ist es wiederum wichtig, sie als gesunde Reaktionen anzuerkennen – als Ärger, der provoziert wurde und keineswegs pathologisch ist.

Allerdings rät Schoener (1993) davon ab, auf diese Wut zu fokussieren. Dabei bestehe die Gefahr, dass die Patientin sich in ihren liebevollen Gefühlen dem Ersttherapeuten gegenüber nicht verstanden sehe und den Eindruck gewinne, solche Gefühle nicht haben zu dürfen. Es geht nicht allein um die Wut, sondern um die Ambivalenz, die gemischten Gefühle. „Vieles war doch auch so schön, und ich hänge so daran, aber das kann ich keinem sagen, das können die anderen nicht verstehen", sagte eine der Probandinnen unserer Untersuchung zu diesem Thema.

Innerer Rückzug und Schuldgefühle. *Einsamkeit* und die *Neigung, soziale Kontakte abzubrechen,* gehen zunächst auf die Tendenzen der missbrauchenden Therapeuten zurück, die Patientinnen in die *Illusion ausschließlicher Zweisamkeit* entsprechend der „golden phantasy" zu verwickeln. Vorbereitet wird diese gern durch Kommentare wie „der ist doch nicht der Richtige für Sie", bezogen auf die Partner der Patientinnen. Die den Patientinnen auferlegte Schweigepflicht hinsichtlich der intimen Beziehung kommt hinzu und hat weitere Isolierung und inneren Rückzug zur Folge. Gerade über das Wichtigste, das was sie am meisten beschäftigt, dürfen sie mit niemandem sprechen, nicht einmal der besten Freundin oder dem langjährigen Hausarzt.

Später, nach der Trennung, fühlen sich die Frauen leer, „wie ein Nichts" ohne den Ersttherapeuten. Nur er kann ihnen das Gefühl geben, liebenswert, überhaupt wertvoll, „jemand" zu sein. Sie fühlen sich durch diese Erfahrungen so verändert und anders als ihre Umwelt, dass sie sich nicht zutrauen, Kontakte zu knüpfen oder wieder aufzunehmen. *Zunehmende Scham- und Schuldgefühle* tragen weiter dazu bei, dass die Einsamkeit oft lange bestehen bleibt. Dabei beziehen sich die Schuldgefühle nicht allein auf den Missbrauch, sondern auch darauf, den Ersttherapeuten beruflich oder privat zu ruinieren, wenn alles bekannt würde. Selten verpassen die Ersttherapeuten die Gelegenheit, ihren Patientinnen diese Gefahr einzuschärfen. Irrationale Schuldgefühle, die bei Traumaopfern generell sehr verbreitet sind, dienen nicht nur dem Schutz vor der gefürchteten Wut des Täters, sondern vermitteln den Betroffenen auch die *Illusion von Macht und Kontrolle.* Wenn sie schuld sind an dem

Geschehen, können sie es in Zukunft verhindern (vgl. z.B. Janoff-Bulman, 1992; Pope, 1994; Walker, 1994).

Generalisiertes Misstrauen. Das *generalisierte Misstrauen*, das sich bei den Opfern des „Rachetypus" vor allem gegen Männer richtet und z.B. die *Intimität* mit dem Partner und langjährige Freundschaften zerstören kann, ist dennoch zunächst einmal als eine gesunde und normale Reaktion auf die Missbrauchserfahrung anzusehen und sollte den Patientinnen als solche verständlich gemacht werden. Die Erfahrung eines so weitgehenden Vertrauensbruchs erschüttert das Vertrauen in die soziale Welt schlechthin und erschwert es, Liebesbeziehungen aufrechtzuerhalten bzw. aufzubauen und überhaupt vertrauensvolle Beziehungen zu Menschen zu entwickeln.

Eine der heilsamsten Erfahrungen, die Patientinnen in dieser Phase der Folgetherapie machen können, ist, hier auf einen Menschen zu treffen, der ihnen sorgfältig, respektvoll und geduldig zuhört (dazu auch Pope, 1994) – auf einen Menschen also, der wiederum in optimaler Differenz zur Erfahrung in der Ersttherapie wirklich empathisch (und nicht eigennützig) sie zu verstehen versucht und sie in ihrer eigenen Entwicklung begleitet, der ihnen hilft, sich selbst in ihren realen Lebenszusammenhängen anzuerkennen und wertvoll zu fühlen. Solange die innere Bindung an den Ersttherapeuten noch stark ist und der Ursprung des Misstrauens in der pseudotherapeutischen Erfahrung nicht erkannt werden kann, wird dieses in der Regel auf Ersatzobjekte verschoben.

Sexuelle Konfusionen. *Sexualstörungen und sexuelle Konfusionen* – ebenfalls verbreitete, oft mit Somatisierungen verbundene Symptome – sind in ihrer Genese zunächst auch auf die Missbrauchserfahrung zurückzuführen. Wenn die Patientin sich damals in den Therapeuten verliebt hatte, gibt sie mehr oder weniger bewusst ihrem weiblichen Begehren die „Schuld" und erlebt es als zerstörerischen Selbstanteil. Hatte sie hingegen seinerzeit keine erotischen Wünsche, sondern eher *Wünsche nach Zärtlichkeit und elterlicher Liebe* ggenüber dem Therapeuten, so unterstellt sie sich in der Regel, sexuelle Bedürfnisse gehabt zu haben.

Gründe dafür liegen sowohl in den *Verwirrungsstrategien* der Therapeuten als auch in *protektiven Mechanismen*. Sowohl aggressive Impulse, Verselbständigungstendenzen als auch Wünsche nach elterlichem Schutz werden von den Therapeuten oft als sexuelles Begehren umgedeutet. Diesen Umdeutungen folgen die Patientinnen nach dem Motto „Ich werde mir das schon gewünscht haben, der Therapeut hat es ja gesagt". Es kommt zu einer schwer entwirrbaren Vermischung von sexuellem Begehren und missverstandenen und missbrauchten Wünschen nach Geborgenheit, Schutz und Anerkennung, ähnlich wie wir sie bei sexuell missbrauchten Kindern kennen.

Die Erfahrung nur „gut für Sex zu sein", sich „Liebe und Anerkennung durch Sex erkauft zu haben", wie es eine Betroffene formulierte, führt zu einer tiefgehenden Beeinträchtigung des Selbstwertgefühls als Frau. Generalisierend werden dann potenzielle Liebesbeziehungen nach diesem Muster erlebt („die Männer benutzen Frauen ja nur als Sexualobjekt") oder es wird, z.T. in selbstentwertender, selbstdestruktiver Weise, aktiv wiederholt oder Sexualität gänzlich vermieden. Protektive Funktionen erfüllt die Unterstellung eigenen sexuellen Begehrens dadurch, dass die Betroffene das Geschehen ja dann provoziert hat, nicht ohnmächtig war und sich zukünftig schützen kann. Folge dieser Fantasie ist allerdings, dass sexuelles Begehren wiederum als *gefährlicher Selbstanteil* abgespalten werden muss. Sexualstörungen, in welcher Form auch immer, sind die Konsequenz.

Dissoziative Störungen durch Verwirrstrategien der Therapeuten. Charakterveränderungen, die sich im traumatischen Prozess herausgebildet haben, wie *stereotype Vermeidungshaltungen* gegenüber dem traumatischen Erfahrungskomplex, können – ähnlich wie phobische Reaktionen – als Versuche verstanden werden, die Erinnerungen zu kontrollieren und intrusive Erlebniszustände zu vermeiden, welche die traumatische Reizüberflutung wiederholen und evtl. zu einer Retraumatisierung führen würden. Spaltungen beziehen sich zum einen auf die Gefühle gegenüber dem Ersttherapeuten. *Dissoziative Phänomene* liegen darüber hinaus vielen affektiven und kognitiven Symptomen zugrunde. *Arbeitsstörungen* entstehen in den intrusiven psychotraumatischen Erlebniszuständen durch dissoziative Unterbrechung des Gedankenablaufs. *Amnestische Phänomene* werden zunächst als Schutz gegen die überflutende Erinnerung eingesetzt. Sie können sich ausweiten auf alltägliche Belange, die mit der traumatischen Situationskonstellation assoziativ verbunden sind.

Zur Wiederherstellung der Arbeitsfähigkeit sind zuweilen kognitive Trainings wie *Mnemo- und Problemlösungstechniken* empfehlenswert (s. auch Kluft, 1989). Pope warnt vor der Anwendung *meditativer Techniken*, da diese die Gefahr mit sich brächten, dass Patientinnen von dem traumatischen Impact überwältigt werden. Eher rät er zu *Imaginationstechniken*, da diese besser kontrolliert werden können.

Wichtig für die Beurteilung und das Verständnis der Symptome ist es auch, die *Begründung* zu berücksichtigen, die die Therapeuten für den Missbrauch gaben, die „Identifizierung der Verwirrtechniken des missbrauchenden Therapeuten" (Schuppli-Delpli & Nicola, 1994, S. 132). Tatsächlich beherrschen die meisten dieser Therapeuten äußerst effektive Strategien, Verwirrungen, die das Missbrauchstrauma selbst erzeugt, noch zusätzlich zu verstärken und zu festigen. Erste Verwirrungen treten auf, wenn die Therapeuten ihren Patientinnen striktes *Einhalten von Grenzen* auferlegen, z.B. „Schweigepflicht" über die Beziehung zum Therapeuten, selbst jedoch sowohl aus anderen Therapien als auch aus ihrem Privatleben berichten und offensichtlich die Grenzen zwischen privatem und beruflichem Bereich nicht einhalten können.

Die traumatisch bedingte *Verwirrung in der Verantwortlichkeit* wird verstärkt, wenn Therapeuten betonen, verführt worden zu sein, nur die wirklichen „geheimsten" Wünsche der Patientin erfüllt zu haben oder darauf hinweisen, die Patientin habe sich ja „frei entschieden" sie hätte doch jederzeit „nein sagen" können. Diese *Schuldzuweisung an die Patientin* wird von den meisten Therapeuten vorgenommen. Nach den Ergebnissen unserer Untersuchung wird sie schwerpunktmäßig von Angehörigen der *humanistischen Richtung*, etwas seltener von *Freudianern*, vertreten.

Rein abstrakt – als physische Möglichkeit – kann natürlich jede Patientin „nein" sagen, aber in dieser spezifischen *Abhängigkeitssituation* eben nicht. Das wissen die Patientinnen allerdings in der Regel nicht, und

„brav" übernehmen sie, was ihnen auferlegt wurde. Ähnlich ist es mit dem Argument, die Patientin sei schließlich „mitbeteiligt" gewesen. Eine „Mitbeteiligung" der Patientin ist selbstverständlich immer vorhanden, sonst hätte der Vorfall gar nicht zustandekommen können. Diese Mitbeteiligung wird dann jedoch unmerklich in eine „Mitschuld" umgemünzt, obwohl zwischen beidem ein kategorialer Unterschied besteht.

Neben der *Delegation von Schuld und Verantwortung* besteht eine weitere übergeordnete Strategie der Therapeuten darin, die Befriedigung eigener egoistischer Bedürfnisse als uneigennützige Handlung im Interesse der Patientin hinzustellen. Dieser Strategie entspricht die über alle Therapieschulen hinweg verbreitete Tendenz, allerdings mit einem Schwerpunkt bei den Verhaltenstherapeuten, den *Missbrauch als therapeutische Maßnahme* zu deklarieren. Dies wirkt verwirrend, wenn die Patientinnen bemerken, dass ihnen weder der sexuelle Kontakt „gut tut" noch sie sich insgesamt besser fühlen. Dann fühlen sie sich als „Versagerinnen", weil sie nicht die erwünschten „therapeutischen Fortschritte" machen. Noch krassere Konfusionen werden erzeugt, wenn der Missbrauch als ein Akt dargestellt wird, mit dem der Therapeut ja nur die „eigentlichen", „geheimsten" Wünsche der Patientin erfülle, nur ihr zuliebe gehandelt habe oder ihren Provokationen erlegen sei.

In all diesen Fällen gibt der Therapeut vor, im wohlverstandenen wahren Interesse der Patientin gehandelt zu haben. Die Strategie kulminiert in ausgiebigen *Beteuerungen* der Liebe, besonderen Zuneigung und Verbundenheit. *Zerstörungslust* („süßeste Vernichtung") wird nicht nur als heilsam, sondern darüber hinaus als wahre tiefe Liebe ausgegeben.

Zur Verwirrung zwischen Fantasie und Realität trägt vor allem die ebenfalls sehr verbreitete Deklaration des Geschehens als „Fantasieprodukt" der Patientin bei. In unserer ersten Untersuchung wurde sie von zwei Jungianern und einem Adlerianer vertreten. Tatsächlich haben wir oft beobachtet, dass Patientinnen in der Folge große Angst entwickeln können, überhaupt noch zu fantasieren, zu wünschen und zu träumen, wenn doch „alles sogleich Realität werden kann". Streitet der Therapeut den Vorfall auch gegenüber der Patientin ab, so erzeugt er dadurch eine ganz außerordentliche Verwirrung, die *psychotische*

Zusammenbrüche fördern kann, da der Realitätssinn der Patientin in Frage gestellt wird. Eine der schwersten Verwirrungen betrifft die fundamentalen Gefühle Liebe und Hass, wird doch vom Missbraucher als Liebe und Vertrauen ausgegeben, was letztendlich tiefsten Rache- wie Hassimpulsen entspringt und sich entsprechend zerstörerisch auf die Frauen auswirkt.

Solche *Verwirrungsstrategien* in ihren subtilen Modifikationen sollten genau analysiert werden, insbesondere was ihre Auswirkungen in der Symptomatik betrifft. Hier besteht eine Parallele zur *Psychotherapie mit Folteropfern*. „Kommunikation über die verwirrende, gefälschte Kommunikation wäre die Rettung, aber gerade wegen der Verwirrung kaum mehr herzustellen. Bei der Behandlung von Folteropfern bewährt sich offenbar, wenn die Schuldgefühle, die durch die unmöglichen Entscheidungen und Double-bind-Befehle entstanden sind, als solche aufgezeigt werden" (Walter, 1990, S. 13).

5.3.4 Typische Übertragungskonstellationen beim Durcharbeiten des Professionalen Missbrauchstraumas

Grenzüberschreitungen. Beim Durcharbeiten des professionalen Missbrauchstraumas treten erwartbare *Übertragungskonstellationen* auf. Ähnlich wie Patientinnen, die in ihrer Kindheit sexuell missbraucht worden sind, provozieren in der Therapie Missbrauchte, im Sinne des *Wiederholungszwangs*, zu Grenzüberschreitungen. Dabei sind *Rettungsfantasien* charakteristische *Gegenübertragungsgefühle*, die zu Abweichungen von der Abstinenz verleiten können. Der Folgetherapeut möchte unter allen Umständen das Versagen des Vorgängers ausgleichen und die Schädigung wiedergutmachen. Er ist bestrebt, sich von dem Missbraucher radikal abzugrenzen, sich als anders, unbestechlich und absolut kompetent zu erweisen (vgl. auch Schoener, 1990; Schuppli-Delpy & Nicola, 1994).

Solange die (mehr oder weniger bewusste) idealisierende Bindung der Patientin an den Ersttherapeuten fortbesteht, finden sich nicht selten *Entwertungstendenzen* gegenüber dem Folgetherapeuten. Zugleich überträgt die Patientin, solange sie an der idealisierten Beziehung zum Ersttherapeuten festhält, die *abgespaltene Wut* auf den Folgetherapeuten. Diese Wut zu ertragen ist für Folgetherapeuten oft sehr schwer. Gefühle von Kränkung und Hass, die dann in der Gegenübertragung entstehen, können vom Folgetherapeuten z.b. mit Hilfe von *Größen- und Rettungsfantasien* abgewehrt werden. Oft wird der Ersttherapeut z.b. als besonders fürsorglich und hilfreich dargestellt, da er etwa Sondertermine zur Verfügung stellte, die Stunden überzog, wenn es der Patientin schlecht ging oder sie sogar zuhause anrief und besuchte. Er behandelte die Patientin als „besondere" und wertete sie dadurch sehr auf. Aus der Kränkung heraus, jetzt wie eine ganz „normale" Patientin, wie „alle anderen" betrachtet zu werden, wird der Folgetherapeut wegen seines „rigiden" Festhaltens an Regeln angegriffen und als „herzlos", „formalistisch" oder „dogmatisch" entwertet. Um dieser Entwertung zu entgehen besteht die Gefahr, dass auch der Folgetherapeut, wie subtil auch immer, die Patientin als „Besondere" behandelt und Grenzen nicht einhält.

Diese *Provokationen* der Patientinnen entspringen natürlich ihrem Wunsch, auch für den Folgetherapeuten eine „besondere" Bedeutung zu gewinnen, mit ihm die innige Beziehung zum Ersttherapeuten zu wiederholen (womit zugleich der Ersttherapeut entlastet wäre). Im Grunde sind solche Provokationen jedoch ein unbewusster Test, ob sie sich darauf verlassen können, dass der Folgetherapeut, im Gegensatz zum Missbraucher, in der Lage ist, die Grenzen zuverlässig einzuhalten. Wie bei missbrauchten, vergewaltigten oder in anderer Weise traumatisierten Patienten wird die traumatische Erfahrung in der Übertragungsbeziehung *reinszeniert*:

> „Je mehr es uns gelingt, die Verführung zum Missbrauch der Abhängigkeit der therapeutischen Situation an kleinen, alltäglichen Dingen zu erkennen und der Erinnerung und dem Durcharbeiten zugänglich zu machen, desto weniger muss es zu den chaotisch-destruktiven Wiederholungen kommen (...). Es geht nicht darum, die Konstellation von Verführungssituationen zu vermeiden, sondern dass diese erkannt und benannt und für den Patienten verständlich werden als Abwehr mit selbstdestruktivem und destruktivem Anteil. Nur wenn wir die Verführung aktiv und passiv auf uns bezogen identifizieren, sind wir einigermaßen sicher und orientiert, um uns von traumatischen Konstellationen, denen

wir bei Patienten und bei missbrauchenden Kollegen begegnen, ohne Angst des-identifizieren zu können" (Walter, 1990, S. 4 f.).

Verliebtheitsgefühle und sexuelle Wünsche. Zu diesen Wiederholungen gehört, natürlich, das *Sichverlieben*. Vor dem Hintergrund ihrer Missbrauchserfahrung erleben die Frauen – in der typischen Übernahme der Schuld – eigene Verliebtheitsgefühle und sexuelle Wünsche als Ursache des Traumas und somit als äußerst gefährlich, potenziell destruktiv. Eine ihrer größten Ängste ist es, sich in der Folgetherapie (abermals) zu verlieben (vgl. dazu auch Braun, 1988).

Komplementäre Ängste treten oft bei Folgetherapeuten auf. Ähnlich wie in der Kindheit missbrauchte Frauen rufen Patientinnen mit einem Professionalen Missbrauchstrauma nicht selten sexuelle Gegenübertragungsgefühle und -fantasien bei Folgetherapeuten hervor. Diese können ausgesprochen verunsichernd und irritierend sein, können Ängste, dem Ersttherapeuten ähnlich zu sein, sich gar mit ihm zu identifizieren, auslösen und mit dementsprechend heftigen *Schuld- bzw. Schamgefühlen* einhergehen. *Sexuelle Gegenübertragungsreaktionen* bei Opfern sexuellen Missbrauchs bewusst zu akzeptieren und zu verstehen, fällt Folgetherapeuten verständlicherweise besonders schwer. Bleiben diese Fantasien jedoch angstbesetzt und abgewehrt, so spüren dies die Patientinnen. Sie erleben die Angst des Folgetherapeuten als Bestätigung dafür, wie gefährlich ihre sexuelle Ausstrahlung und Wünsche sind – mit der Folge, dass die Abspaltung dieses zentralen Selbstanteils therapeutisch nicht bearbeitet, weibliches Begehren nicht positiv besetzt und nicht reintegriert werden kann (s. Kap. 4.3.5 sowie Sonne & Pope, 1991)

Spezifische Schwierigkeiten beim Umgang mit der Gegenübertragung ergeben sich, wenn Folgetherapeuten die Ersttherapeuten *persönlich* kennen. Außer bei engerer persönlicher Bekanntschaft stellt das nach unserer Erfahrung nicht unbedingt einen Ablehnungsgrund für die Übernahme der Behandlung dar, sofern sich der Zweittherapeut zutraut, sowohl die Implikationen für die Gegenübertragung angemessen zu berücksichtigen als auch die sozialen Konsequenzen zu bewältigen. Letztere werden vor allem dann schwierig, wenn er sich außerhalb des Therapieraums fachöffentlich für die Thematik engagiert oder sich für ehrengerichtliche Schritte gegen den Ersttherapeuten einsetzt.

Die Intensität der positiven Gefühlsbindung an den Ersttherapeuten bei gleichzeitiger *Abspaltung der Aggressionen* wird nicht selten unterschätzt. Oft diente das sexuelle Ausagieren der Abwehr tiefer Gefühle von Hass, Wut und Hoffnungslosigkeit oder von sadistisch/masochistischen Impulsen, die der Ersttherapeut in der Übertragung fürchtete. „Einige Patientinnen haben eine ausgeprägte Fähigkeit und große Erfahrung darin, in den Therapeuten alle konflikthaften Gefühle zu induzieren, denen sie als Patientin ausweichen möchten" (Apfel & Simon, 1985, S. 65). Hier besteht z.B. die Gefahr, dass der Therapeut im Sinne einer *Rollenaufteilung* die abgespaltene Wut der Patientin übernimmt und ausagiert. Anstelle der „veränderungsoptimalen Differenz" von Arbeitsbündnis und Übertragung kommt es jetzt in der Folgetherapie zu einer *schwer auflösbaren therapeutischen Missallianz*. Je wirksamer der abgespaltene Affekt beim Zweittherapeuten untergebracht ist, je vollkommener er die Rolle des wütenden Moralisten übernimmt, desto bequemer kann sich die Patientin ihren positiven Gefühlen überlassen und die Bindung an den Ersttherapeuten und mit ihr auch die Symptomatik aufrechterhalten.

5.3.5 Zeichen produktiver therapeutischer Veränderung

Die Dissoziation zwischen Gefühlen, Verhalten, Empfindungen und Gedanken hat neben ihrer Bedeutung als Abwehrmaßnahme gegen die emotionale Überflutung durch die traumatische Erfahrung eine weitere Quelle in der *Persönlichkeitsorganisation* und dem *missbräuchlichen Verhalten der Ersttherapeuten*. So zeigen sowohl „Rache-" wie „Wunscherfüllungstypus" extrem *doppelbödige Verhaltensmuster*, welche die Patientinnen verwirren und ihre emotionale und kognitive Orientierungsfähigkeit nachhaltig einschränken können. Weil sich beim Professionalen Missbrauchstrauma positive Beziehungserfahrungen, wie sexuelle Intimität, und negative Erfahrungen, wie Vertrauensbruch und Verrat, für die Patientinnen nahezu unentwirrbar miteinander vermischen, können auch die positiven und negativen Seiten im Vorstellungsbild vom Therapeuten nicht klar unterschieden werden.

Eine ähnliche Konfusion über positive und negative Aspekte der Elternbilder tritt auch bei Beziehungstraumen in der Kindheit ein, wenn wie z.B. beim Vater-Tochter-Inzest die beschützende Elternfigur zugleich als einschüchternd und bedrohlich erlebt wird. Durch die Geheimhaltung und Tendenz zur sozialen Isolierung werden Außenkontakte, die als regulative Dritte klärend eingreifen könnten, aus dem engen dyadischen Beziehungssystem beim Kindesmissbrauch ebenso wie in der ausschließlichen Zweierbeziehung der klassischen Psychotherapie ausgeschlossen. Die Konfusion vervollständigt sich, wenn ausgerechnet der Täter für das Opfer zur einzigen Instanz wird, an die es sich in seiner ausweglosen Lage um Hilfe wenden könnte.

Selbstrettung und Selbstschutz durch Objektspaltung und Objektanalyse. Ein Selbstrettungsversuch aus der Objektkonfusion im Beziehungstrauma besteht nun im Versuch der „Objektspaltung", d.h. im Bemühen, das gute Bild vom Beziehungspartner dadurch zu retten, dass es vom bösen Bild *dissoziiert* wird. Die Bilder vom Objekt sind allerdings Bestandteil eines Beziehungsschemas mit parziell reversiblen Subjekt- und Objektpositionen. In dem Maße, wie das Objekt aus Gründen des Selbstschutzes als gut und hilfreich angesehen wird, werden umgekehrt die bedrohlichen, negativen Erfahrungen dem Selbst zugeschrieben. Das Kind oder die missbrauchte Patientin gibt sich jetzt die Schuld für die bedrohlichen Seiten des Vorfalls. Unter Absehen vom Hintergrund des Beziehungstraumas wird diese *Dissoziationstendenz* in der Kleinianischen Psychoanalyse als eine *genuine primäre Abwehrtätigkeit des Kindes* ausgegeben. In diesem Sinne konnte Kernberg (1978) die „Spaltung" als einen genuinen Abwehrmechanismus der „Borderline-Persönlichkeit" beschreiben, ohne den traumatischen lebensgeschichtlichen Hintergrund dieses Störungsbildes, das oft eine der *Langzeitfolgen von sexuellem Kindesmissbrauch und physischer Kindesmisshandlung* darstellt (vgl. van der Kolk & Herman, 1987) auch nur zu erwähnen.

Versteht man die unbewusste Aufspaltung der emotionalen Objektrepräsentanz als *Selbstrettungsversuch* im Rahmen der äußerst verwickelten Konstellation eines Beziehungstraumas, so wird aus dieser Konstellation heraus zugleich die Tendenz zur „Selbstspaltung" verständlich, die sich bei den Langzeitfolgen schwerer Kindheitstraumata regelmäßig auszubilden scheint. Während die Borderline-Persönlichkeitsorganisation durch dissoziierte Erlebniszustände gekennzeichnet ist, greift bei der „dissoziativen Identitätsstörung" die Spaltungstendenz über auf das *zentrale Ich-Selbstsystem,* so dass mehrere unterschiedliche Teilpersönlichkeiten im Sinne der *multiplen Persönlichkeitsorganisation* nebeneinander und relativ unabhängig voneinander koexistieren können (zur Multiplen Persönlichkeit vgl. z.B. Schneider, 2007).

Beim Professionalen Missbrauchstrauma muss die *Spaltungstendenz als Selbstschutzstrategie* nicht so weit vorangetrieben werden, dass auch die *kognitive Selbstorganisation* beeinträchtigt wird. Im emotionalen Bereich ist sie jedoch wirksam. Der gute, sympathische und beziehungsfähige Teil des Selbst lebt in dem Beziehungsschema der positiven Intimität und Wechselbeziehung mit dem hilfreichen Therapeuten fort. Abgewertet und für die Missbrauchserfahrung verantwortlich gemacht wird hingegen ein negativer Teil des Selbst, zumeist das „böse innere Kind", das durch seine Gier nach Liebe und Anerkennung die Verwicklungen herbeigeführt haben soll oder zumindest „zu schwach" war, um sich dem Therapeuten zu widersetzen.

Die fatale Folge ist, dass die Patientinnen ihre jeweiligen Wünsche, sei es nach Anerkennung, Liebe, Geborgenheit, sei es sexuelles Begehren, als eigenen *destruktiven Anteil* erleben. Die Konsequenz ist, dass weibliches Begehren als höchst bedrohlicher eigener Persönlichkeitsanteil massiv abgewehrt werden muss, d. h., dass die Frauen durch den Missbrauch gerade ihrer Fähigkeit zu sexueller Leidenschaft beraubt werden. Dies Folgen sollten sich diejenigen vor Augen führen, die gegen die Aufdeckung sexuellen Missbrauchs mit dem Argument zu Felde ziehen, dies alles sei „lust- und sexualfeindlich". *Gerade* der Missbrauch ist sexualfeindlich, da jetzt die Missbrauchten ihre Fähigkeit zu lustvollen Liebesbeziehungen als negativen und gefährlichen Anteil ihrer selbst erleben.

Die *Neigung zur Selbstspaltung* ist das Korrelat zur dissoziierten Persönlichkeitsorganisation des Therapeuten und wird durch dessen Verhalten nach dem Missbrauch, seine besonderen „Begründungen" (vgl. Kap. 3.2), noch weiter verstärkt. Ist die Dissoziation des Selbstsystems bei der Patientin einmal eingetreten, so verstärkt sich zirkulär ihre Unfähigkeit, den Therapeuten objektiv sehen und insbesondere dessen eigene Spaltungstendenzen erkennen zu können. Das Bild vom Therapeuten bleibt subjektiv (in der Sphäre des „subjektiven Objekts" nach Winnicott), in sich einheitlich und gut, während das Selbst die dissoziativen Tendenzen des Therapeuten verwirklicht.

Wird dieser zentrale dissoziative Komplex therapeutisch aufgelöst, so zeigt sich in der Psychotherapie sexuell traumatisierter Patienten regelmäßig ein Veränderungsschritt, den Fischer (1990) als Erwerb der Fähigkeit zur „Objektanalyse" beschrieben hat. Die Patientin gewinnt *Distanz zum missbrauchenden Therapeuten* und kann dessen innere Gespaltenheit, insbesondere auch dessen bewusste oder unbewusste destruktive Absichten erkennen. Soweit ihr dies gelingt, braucht sie zugleich das Gegenstück, die *Selbstspaltung*, nicht länger aufrechterzuerhalten und kann sich wieder als ein einheitliches, mit sich identisches Selbst empfinden. In diesem Schritt erwachen die dissoziierten und erstarrten Emotionen wieder zum Leben, und die Patientinnen fühlen sich wie aus einem Gefängnis befreit. Holderegger (1993) schildert ganz ähnliche Merkmale der emotionalen Befreiung und des „Auftauens" eingefrorener Emotionen, wenn es dem Patienten in einer analytischen Langzeitbehandlung gelingt, die eiserne Fessel zu sprengen, die das Trauma um die lebendigen Gefühle gelegt hat.

Typischerweise vollzieht sich der therapeutische Veränderungsschritt der Fähigkeit zur Objektanalyse oder Objektspaltung in drei unterscheidbare Phasen:
1. Aufbau eines vertrauensvollen Arbeitsbündnisses in der therapeutischen Beziehung.
2. Eine nicht nur subjektive, sondern objektive Wendung gegen das traumatogene Objekt, verbunden mit der Einsicht in dessen reale Gespaltenheit und Widersprüchlichkeit. Sie führt dazu, dass das traumatogene Objekt als objektiv „bösartig" und hassenswert erkannt werden kann.

3. Die „Fähigkeit zur Objektspaltung" als therapeutischer Erwerb wird in der Therapie auch in der Beziehung zum Therapeuten erprobt und dadurch gefestigt.

Diese drei Phasen, die zusammengenommen die Fähigkeit zur Objektspaltung ausmachen, bilden einen *notwendigen*, wenn auch nicht hinreichenden Veränderungsschritt in gelingenden Therapieverläufen. In misslingenden Behandlungsverläufen bleibt dieses therapeutische Zwischenstadium in der Regel aus.

Während der Phase der Objektspaltung und einige Zeit danach sind Patientinnen mit Professionalem Missbrauchstrauma sehr vulnerabel. Sie erleiden einen ähnlichen „Objektverlust" wie Kinder oder Adoleszenten in den Phasen der Ablösung von Eltern und Familie, hier noch verschärft durch die Auseinandersetzung mit einer pervertierten „Elternfigur". Trotz aller Probleme war ja der Ersttherapeut zu einer Stütze des Selbst und im „positiven Teilschema" der Beziehung zum Garant des Selbstwerts geworden.

Die *Revision* dieses parziellen, dissoziierten Beziehungsschemas schwächt das Selbst. Die Einsicht, sich in dem Therapeuten getäuscht zu haben, missbraucht und betrogen worden zu sein, kann eine aggressive Dynamik freisetzen, die sich in *suizidalen Tendenzen gegen das Selbst* kehren kann. Hier ist entscheidend, dass der Folgetherapeut stützend und emotional haltend zur Verfügung steht und Trauer über den Objektverlust sowie die rasende Wut über den Missbrauch, Betrug und Verrat empathisch begleitet.

Viele Patientinnen planen jetzt ernsthafter als zuvor rechtliche Schritte gegen den Ersttherapeuten. Ist die emotionale Krise, die durch die innere Lösung von ihm enstand, überwunden, so sind die meisten in der Lage, auch in rechtlichen Fragen eigenverantwortliche und gut überlegte Entscheidungen zu treffen.

Aufarbeitung der prätraumatischen Störung. Hat die Patientin jene realistische Sichtweise vom Ersttherapeuten und der Ersttherapie gewonnen, die das Stadium der Objektanalyse oder Objektspaltung anzeigt, so ist jetzt die innere Voraussetzung für die zweite Phase der Traumatherapie geschaffen, die prätraumatische Störung aufzuarbeiten, deretwegen die

Ersttherapie begonnen wurde. Die Patientinnen greifen nun von sich aus auf, welche zuvor bestehenden Probleme sie in die Ersttherapie eingebracht haben, was sie gehindert hat, sich zur Wehr zu setzen u.ä., ohne – wie zu Behandlungsbeginn – in Selbstanklagen und Selbstbeschuldigung zurückzufallen.

Der Folgetherapeut sollte sich bei dieser Symptomatik mit Interventionen zurückhalten und insbesondere Deutungen vermeiden, die auf Trieb- oder Wunschmotivationen der Patientinnen verweisen (Kluft, 1989). Diese werden fast immer als Bestätigung der ursprünglichen Selbstvorwürfe missverstanden und bewirken einen therapeutischen Rückschritt. In dieser Phase sind „ich-stärkende" Interventionen hilfreich, die im Kontrast zur grenzüberschreitenden und -konfundierenden Vortherapie die Ich-Grenzen betonen und Abgrenzungsprozesse festigen.

Der Therapeut kann hervorheben, dass es die Gefühle der Patientin sind, die sie in die Therapie eingebracht hat, dass sie sich geöffnet hat und dass diese Offenheit ausgenützt und missbraucht wurde. Die *Unterscheidung zwischen Beteiligung an einer Handlung einerseits und Verantwortung* für sie oder gar Schuld andererseits kann entlastend wirken. Die Konfusion dieser Ebenen muss dazu führen, dass die Patientin – zumeist eher bewusstseinsfern – die eigene Sexualität als schuldhaft und als operante Komponente der traumatischen Situation versteht. Dieses kognitivemotionale Schema wird bestärkt, wenn der Ersttherapeut die Schuld gänzlich der Patientin zugeschoben oder die „Schuldanteile" zwischen sich und der Patientin „gerecht" verteilt hat nach dem Motto: „Zu so etwas gehören immer zwei."

Hier ist ein *Differenzierungslernen* erforderlich, das der Patientin gestattet, ihre sexuellen Wünsche von der Missbrauchserfahrung zu trennen. Ähnlich wie die „Fähigkeit zur Objektspaltung" hat dieser Schritt eine kognitive und eine emotionale Komponente. Um sich die eigene Sexualität und Liebesfähigkeit wieder anzueignen, kann die Einsicht hilfreich sein, dass im Missbrauch und in der sexuellen Ausbeutung letztlich der Täter nur sich selbst missbrauchen und ausbeuten kann. Dazu ist die *metakognitive Differenzierung* zwischen „Beteiligung" und „Verantwortlichkeit" notwendig. „Beteiligt" ist z.B. jedes Opfer einer Gewalttat, insofern es zum Tatzeitpunkt zumindest physisch anwesend ist. Darum ist es aber noch nicht „mitschuldig". Diese Differenzierung, auf einer verhaltensnahen Erfahrungsebene wie der Sexualität, überwindet erlernte Hilflosigkeit und fördert das Vertrauen in die eigene *Selbstwirksamkeit* („self-efficacy" im Sinne der sozialkognitiven Lerntheorie), wenn sie zum Resultat führt: Ich kann Wünsche äußern und aktiv handeln, bin aber nicht für alle Konsequenzen verantwortlich.

Im Gegensatz zu dieser Differenzierungsleistung kann die in der Psychoanalyse verbreitete „Deutung" unbewusster Wünsche und Handlungsimpulse die *magische Kopplung von Wunsch und Konsequenz*, von *Verhalten und Verhaltensfolgen* (dem sexuellen Missbrauch), unter der die Patientinnen leiden, unbeabsichtigt sogar noch verstärken. Hier bringt die übliche psychoanalytische Technik „Nebenwirkungen" hervor, die vom Therapieziel her dringend reflektiert werden müssen.

Das *emotionale Differenzierungslernen* ergibt sich aus einer „optimalen Differenz" von Arbeitsbündnis und Übertragungsbeziehung, wenn es der Patientin möglich wird, über sexuelle Wünsche und Fantasien zu sprechen oder solche Wünsche, die sich auf den Folgetherapeuten richten, zu äußern – diesesmal im Rahmen einer *sicheren Arbeitsbeziehung* und ohne dass es zu einer Erotisierung der Beziehungssituation kommt und/oder der Therapeut voyeuristisch auf Mitteilung von „Einzelheiten" dringt. Im Zweifelsfall hat in den Therapien von sexuell traumatisierten Patienten die *Stärkung von Selbsterleben und Selbstwirksamkeit* Vorrang vor sog. kathartischen Erinnerungen, vor „reexperiencing" oder dem detaillierten Durcharbeiten der traumatischen Situationskonstellation. Ist die Reorganisation des Ich-Selbst-Systems genügend vorangeschritten, so traut sich die Patientin „von selbst" eine Konfrontation mit den bis dahin unannehmbaren (subjektiven und objektiven) Situationsfaktoren zu.

Nach dem Veränderungsschritt der Objektspaltung kann die Therapie beim Professionalen Missbrauchstrauma überwiegend in therapeutisch gewohnten Bahnen verlaufen. Falls die Patientinnen das Vertrauen in Psychotherapie wiedergewonnen haben, bestehen gute Chancen – so sind auch die Erfahrungen von Kluft (1989) –, die Ausgangsproblematik aufzuarbeiten und das klassische Ziel der Psychotherapie zu erreichen: die Fähigkeit zu lieben und zu arbeiten.

6 Juristisches Vorgehen gegen Tätertherapeuten nach sexuellen Übergriffen

6.1 Vorüberlegungen zu Motivation und Konsequenzen rechtlicher Schritte gegen Tätertherapeuten

Die Motivation für jurstische Schritte kann vielfältig sein. Ähnlich wie bei „processing-sessions" oder der „mediation" können mehr oder weniger bewusste Wünsche, die Beziehung aufrechtzuerhalten oder wiederaufzunehmen, eine wichtiger Motor solcher Bestrebungen sein. Solange diese virulent, die innere Bindung an den Ersttherapeuten noch sehr stark und die Selbstvorwürfe und Schuldgefühle noch überwältigend sind, wird das Verhalten der Betroffenen zu ambivalent sein, als dass sie zu diesem Zeitpunkt bereits sinnvoll und erfolgreich diese Wege beschreiten könnten. In der *Zerrissenheit* zwischen Selbst- und Fremdvorwürfen, Rachewünschen, Schuld- und Schamgefühlen ist der Impuls zu prozessieren oft einer inneren Unsicherheit verdankt. Die Patientinnen hoffen, durch einen eindeutigen Richterspruch Klarheit zu erlangen, vor allem darüber, wer für das Geschehen wirklich verantwortlich ist.

Diese Unsicherheiten sollten in ihren psychologischen Zusammenhängen geklärt sein, sonst wird das spätere juristische Urteil quasi zum „Damoklesschwert", das über existenzielle Fragen von Schuld und Verantwortung entscheidet. Ein möglicherweise erfolgender Freispruch eines Täters etwa – *in dubio pro re* – wird als erneute tiefe *Verletzung des Urvertrauens in die Verlässlichkeit der sozialen Welt* erlebt und kann leicht in suizidale Krisen führen. Die inneren Konfusionen sollten deshalb erst einigermaßen aufgelöst und eine gewisse psychische Stabilität wiederhergestellt sein, bevor rechtliche Schritte eingeleitet werden.

Mögliche Schritte zu überlegen und u.U. sorgfältig vorzubereiten, hat sich allerdings fast immer als produktiv für die *Verarbeitung der erlebten Ohnmacht und Hilflosigkeit* erwiesen. Schon allein um die *Verjährungsfrist* einzuhalten und sich spätere Möglichkeiten offen zu halten, empfiehlt es sich, rechtzeitig rechtliche Beratung zu suchen, auch wenn sich die Betroffenen zu diesem Zeitpunkt noch nicht vorstellen können, juristisch gegen den Tätertherapeuten vorzugehen. Während des Verarbeitungsprozesses verändert sich die Einstellung zu rechtlichen Schritten oft erheblich. Herrschen zunächst Ängste, Schuldgefühle und Loyalitätskonflikte vor, so tritt später der Wunsch nach Gerechtigkeit, Anerkennung des Schadens, Wiedergutmachung in den Vordergrund – vor allem aber auch der Wunsch, andere vor einem ähnlichen Schicksal zu schützen. Es kann dann sehr enttäuschend sein, wenn wegen Ablaufs der Verjährungsfrist keine Möglichkeiten mehr bestehen.

Bei allen Schritten, die gegen die Therapeuten unternommen werden, muss mit *massiven Gegenangriffen* gerechnet werden. Einstweilige Verfügungen, Verleumdungsklagen oder indirekte und direkte Bedrohungen sind an der Tagesordnung. In diesem Zusammenhang sind die Erfahrungen der Oldenburger „Arbeitsgruppe gegen sexuelle Übergriffe und Machtmissbrauch in Therapie und Beratung" sehr aufschlussreich, die Ache (1995) in ihrem Beitrag darstellt.

6.2 Einleitung rechtlicher Schritte gegen Tätertherapeuten

Für die Einleitung rechtlicher Schritte kommen mehrere Möglichkeiten in Betracht, die unabhängig voneinander und gegebenenfalls auch gleichzeitig wahrgenommen werden können. Wenn die nachfolgend aufgeführten Institutionen ihrer Aufgabe verantwortungsbewusst nachkommen, sexuellen Missbrauch in der Psychotherapie von Amts wegen zu verfolgen, so wirkt bereits dies oft heilend auf die Patientin.

Strafanzeige. Mit dem 6. Strafrechtsreformgesetz (zuletzt überarbeitet 2003 durch das Gesetz zur Änderung der Vorschriften über Straftaten gegen die sexuelle Selbstbestimmung) wurde 1998 ein Straftatbestand geschaffen, der denjenigen mit *Freiheitsstrafe* von drei Monaten bis zu fünf Jahren bestraft, der sexuelle Handlungen an einer Person, die ihm zur psychotherapeutischen Behandlung anvertraut ist, unter Missbrauch des Behandlungsverhältnisses vornimmt oder an sich von ihr vornehmen lässt. *Der Versuch ist strafbar.* Nach bislang herrschender Meinung sollte sexueller Missbrauch auch nach Beendigung der psychotherapeutischen Behandlung, solange die so genannte Übertragungsbeziehung noch maßgeblich nachwirkt, noch nach § 174c Abs. 2, 3 StGB strafbar sein, doch tendiert die Rechtsprechung dazu, *täterfreundlich* die Strafbarkeit auf das *formelle Therapieverhältnis* zu beschränken.

Für die Betroffenen hat das Strafrecht u.a. den Vorteil, dass sie hier *Zeugenstatus* haben und nicht wie in einem zivilrechtlichen Verfahren Ankläger sind. Eine Verurteilung erleichtert die Durchsetzung zivilrechtlicher Ansprüche auf *Schadenersatz* und/oder *Schmerzensgeld*. Eine Anzeige wegen sexuellen Missbrauchs gem. § 174c ist bei der Polizei oder der Staatsanwaltschaft zu erstatten.

Die *Verjährungsfrist* beträgt gem. § 78 Abs. 3 Ziffer 4 StGB grundsätzlich fünf Jahre, von der Beendigung der Tat an gerechnet. Kommt es aufgrund des sexuellen Missbrauchs zu einer psychotraumatisch bedingten Erkrankung des Missbrauchsopfers, deren Symptomatik unter Umständen erst Jahre später manifest werden kann, so liegt zusätzlich eine Körperverletzung gem. §§ 223 ff. StGB vor, deren Verjährungsfrist gem. § 78a StGB mit dem Eintritt des pathologischen Zustands zu laufen beginnt (Jerouschek, § 2 Rn. 14).

Ermittlungen müssen von Amts wegen aufgenommen werden. Allerdings sind Ermittlungsverfahren aus Sicht der Staatsanwaltschaft oft schwierig. Das mag damit zu tun haben, dass der Täter die Tat in aller Regel leugnet und damit Aussage gegen Aussage steht. Bei eingehender Ermittlung scheint es aber durchaus möglich, sich eine Überzeugung vom angezeigten Sachverhalt zu verschaffen.

Schadenersatz und/oder Schmerzensgeld können im Wege des sog. *Adhäsionsverfahrens* auch im Strafprozess geltend gemacht werden. Von dieser Möglichkeit sollten die Gerichte schon deshalb Gebrauch machen, um dem Missbrauchsopfer, das dem Prozess als Nebenkläger beitreten kann, die Beschwerlichkeit eines zusätzlichen Zivilprozesses zu ersparen. Im Strafverfahren besteht auch die Möglichkeit, gem. § 70 StGB ein – grundsätzlich befristetes – Berufsverbot auszusprechen.

Schadenersatz und Schmerzensgeld. Der sexuell missbrauchende Psychotherapeut verletzt den Behandlungsvertrag und begeht zudem eine unerlaubte Handlung, was ihn zivilrechtlich zur Zahlung von Schadenersatz und Schmerzensgeld verpflichtet. Auch wenn dieser Weg etwas beschwerlich erscheint, da die Patientin für den sexuellen Missbrauch beweispflichtig ist, so hat er aber schon in einigen Fällen zum Erfolg geführt.

Wenn der Psychotherapeut in einen *Vergleich* einwilligt, um einer Verurteilung zu entgehen, kann dies zwar juristisch als Erfolg gewertet werden, für die Patientin ist es aber zumeist wenig hilfreich, da die Verantwortung des Psychotherapeuten rechtlich nicht dokumentiert wird. Haben die Betroffenen die Therapie privat bezahlt, sollten sie unbedingt darauf achten, neben den Kosten der Therapie, in der der Missbrauch stattfand, auch diejenigen einer *Folgetherapie* als Schadensposten geltend zu machen. Bei einer Abrechnung über eine Krankenkasse oder eine sonstige Institution können diese den missbrauchenden Therapeuten in Regress nehmen.

Beschwerde bei der Krankenkasse. Wurde die psychotherapeutische Behandlung über die Krankenkasse oder eine sonstige öffentlich-rechtliche Institution abgerechnet, so empfiehlt es sich, die Krankenkasse oder die sonstige Institution über den sexuellen Missbrauch zu informieren. Hat der Therapeut die Stunden, in die der sexuelle Missbrauch fiel, abgerechnet, so kommt eine *Strafbarkeit wegen Betrugs* gem. § 263 StGB und die Verpflichtung zum Schadenersatz in Betracht.

Dieser Weg ist aber nur ein Notbehelf, da die rechtlichen Konsequenzen hier allein von der *Klagegeneigtheit* der Kasse oder der Institution abhängen. Eine Möglichkeit besteht auch in der Anrufung der zuständigen *Schlichtungsstelle für Arzthaftungsfragen*. Dabei muss an mögliche Verjährungsfristen gedacht werden.

Beschwerde bei Ärzte- bzw. Psychotherapeutenkammer. Ist der Therapeut ein Arzt, so muss sich an die zuständige *Ärztekammer*, ist er Psychologischer Psychotherapeut, so muss sich an die zuständige *Psychotherapeutenkammer* gewendet werden. Solche Kammern sind in mittlerweile fast allen Bundesländern eingerichtet und müssen dem Verdacht auf sexuellen Missbrauch durch ein Kammermitglied von Amts wegen nachgehen und Ermittlungen anstellen.

Die Kammern können dem Therapeuten eine Rüge erteilen, eine Geldbuße auferlegen oder seine Berufsunwürdigkeit feststellen. Bei sexuellem Missbrauch ist letztere Maßnahme – *Berufsunwürdigkeit* – angezeigt. Die Kammern kooperieren zudem mit der zuständigen Verwaltungsbehörde, die gem. § 3 Abs. 2 i.V.m. § 2 Abs. 1 Ziff. 3 des Psychotherapeuten-Gesetzes die Approbation als Psychologischer Psychotherapeut widerruft, wenn er sich eines Verhaltens schuldig gemacht hat, aus dem sich die Unwürdigkeit oder Unzuverlässigkeit zur Ausübung seines Berufs ergibt.

Darunter fallen auch sexuelle Kontakte im Rahmen einer psychotherapeutischen Behandlung. Der Therapeut verliert damit die Berechtigung zur Ausübung des Berufs des Psychologischen Psychotherapeuten. Unter den nämlichen Voraussetzungen kann auch bei Ärztlichen Psychotherapeuten die *Approbation* widerrufen werden.

Beschwerde beim Gesundheitsamt. Ist der Therapeut *Heilpraktiker*, ist das zuständige *Gesundheitsamt* der Ansprechpartner für eine Beschwerde.

Beschwerde bei der Geschäftsleitung. Ist der Psychotherapeut Beschäftigter einer Klinik, so sollten sich Betroffene an den *ärztlichen Direktor* wenden. Ist er Angestellter einer sonstigen Institution, so sollte der Kontakt zur Geschäftsleitung gesucht werden.

Beschwerde beim Berufsverband. Ist der Psychotherapeut Mitglied eines Fachverbandes oder psychologischen Berufsverbandes – regelmäßig vermerken dies die Psychotherapeuten auf ihrem Praxisschild oder ihrem Stempel –, so sollte der Verband über den sexuellen Missbrauch informiert werden. Verfügt der Verband über eine *Ethikkommission* oder *Schiedsstelle*, so erteilt diese Auskunft darüber, welche Schritte die Betroffenen einleiten können. Manche Verbände stellen auch von sich aus Ermittlungen an und sprechen Sanktionen aus. Gehören missbrauchende Therapeuten keinem Verband an oder treten aus ihrem Verband aus, um einem Ausschluss zuvorzukommen, dann entfällt diese Möglichkeit.

6.3 Wichtige Voraussetzugen und Rahmenbedingungen bei rechtlichen Schritten gegen Tätertherapeuten

Angesichts der Gefahr, von der Behörde nicht mit dem gehörigen Verständnis behandelt zu werden, ist es ratsam, sich immer anwaltlich beraten und vertreten zu lassen. Missbrauchsmandate erfordern seitens der Anwälte ein erhöhtes Ausmaß an Geschick und Einfühlungsvermögen, sodass Betroffene nach Möglichkeit eine Rechtsanwältin oder einen Rechtsanwalt konsultieren sollten, die/der bereits Erfahrung im Umgang mit Missbrauchsopfern hat. Bei geringem Einkommen wird *Prozesskostenhilfe* zugestanden.

Da es sich beim sexuellen Missbrauch in der Psychotherapie um ein *Beziehungsdelikt* handelt, bei dem zunächst Aussage gegen Aussage stehen wird, ist es angeraten, die Glaubwürdigkeit durch *Indizien*, z.B. Kartengrüße, Briefe, Geschenke o.ä., zu erhärten. Da zumeist keine Zeugen vorhanden sind und objektive Tatnachweise fehlen, kommt diesen Indizien erhöhte Bedeutung zu. Hierfür sollten Betroffene *Gedächtnisprotokolle* über die einzelnen Vorfälle anfertigen, den *Zeitpunkt* der sexuellen Kontakte so präzise wie möglich angeben und auch festhalten, worauf sich die *Erinnerung* stützt. Auch scheinbar belanglose Einzelheiten z.B. *körperliche Besonderheiten des Therapeuten*, können hier von Bedeutung sein.

Sollten die Betroffenen sich selbst rechtliche Schritte gegen den missbrauchenden Therapeuten noch nicht zutrauen oder ihre Anonymität wahren wollen, so können sie auch eine *Person ihres Vertrauens* oder ihre *Folgetherapeutin* bzw. ihren *Therapeuten* bitten, den Missbrauchsvorfall bei der Polizei oder der Staatsanwaltschaft anzuzeigen oder die genannten Institutionen darüber zu informieren. Zwar wird man mit einer *anonymen Anzeige* bei den Strafverfolgungsbehörden in der Regel wenig ausrichten. Da jedoch die missbrauchenden Psychotherapeuten zumeist keine Einmaltäter, sondern *Mehrfachtäter* sind, ist es nicht ausgeschlossen, dass bereits Anzeigen und Beschwerden weiterer Betroffener vorliegen. Das verbessert die *Beweislage* für die einzelne Patientin erheblich.

6.4 Forderungen an die Rechtsprechung: Opferorientierung und verlängerte Verjährungsfrist

Obwohl die rechtlichen Möglichkeiten für die Betroffenen seit der Einführung des Paragraphen § 174c StGB deutlich verbessert wurden, gibt es weiterhin deutlichen Handlungsbedarf innerhalb der deutschen Rechtspraxis. So beispielsweise eine Abwendung von täterorientiert hin zu *opferorientiert ausgerichteten Strafverfahren*, in deren Rahmen die speziellen Problematiken von durch professionalen sexuellen Missbrauch Betroffener (wie bspw. das *Gefühl der Mitschuld*) berücksichtigt werden. Nach Tschan (2005) muss die Justiz in Anbetracht der vielfältigen Traumatisierungen durch die Verfahren selbst vermehrt auf die besondere Situation der Betroffenen eingehen. Gefordert ist eine Berücksichtigung der Opferperspektive.

So sollte dem Autor zufolge die Verpflichtung bestehen, die Verfahren erheblich zu *beschleunigen* und zu *verkürzen* (vgl. auch Luepker, 1999). Des Weiteren muss die *Ausbildung der Richter* (und Rechtsanwälte etc., vgl. Strasburger et al., 1992) im Zusammenhang mit sexuellem Missbrauch in therapeutischen Beziehungen *professionalisiert* werden. Es ist hier Tschan (2005) zufolge ein ähnliches Umdenken nötig wie bei Vergewaltigungsfällen: Das *Schweigen der Opfer* darf nicht als deren Zustimmung zum missbräuchlichen Geschehen gewertet werden, sondern ist ein *Zeichen für deren Resignation* im Angesicht einer völlig ausweglosen Situation.

Nach Hinckeldey und Fischer (2002) müssen auf Grundlage der Erkenntnisse zu traumaspezifischen Verarbeitungsprozessen bei traumatisierten Personen die klassischen *aussagepsychologischen Realitätskriterien* modifiziert bzw. eingeschränkt werden. So wird hier beispielsweise die innere Stimmigkeit und Folgerichtigkeit von Aussagen durch die Notwendigkeit der *Traumakompensation* in sich brüchig. Statt *delikttypischen* finden sich eher *fragmentarische Details*, die sich in ein *delikttypisches Täterskript* fügen (zu weiteren modifizierten bzw. eingeschränkten aussagepsychologischen Realitätskriterien bei Traumaopfern vgl. Hinckeldey & Fischer, 2002, S. 174 ff).

Weitere Forderungen stellen sich an die deutsche Rechtspraxis im Kontext der Frage nach der *Verjährungsfrist*. Da missbrauchende Therapeuten nach Paragraf 174c StGB für ihr grenzverletzendes Verhalten mit bis zu fünf Jahren Haft bestraft werden können, ist dieses Vergehen nach fünf Jahren verjährt (§ 78 III Nr. 4 StGB). Opfer des professionalen Missbrauchstraumas führen jedoch oft erst nach einer gewissen *Latenzzeit* die auftretenden Folgebeschwerden auf das traumatische Ereignis zurück. Sie ziehen es darüber hinaus auch aus z.B. *emotionaler Gebundenheit* an den missbrauchenden Therapeuten erst lange Zeit nach der Tat in Erwägung, rechtliche Schritte einzuleiten. Auch zwei Betroffene unserer zweiten Studie nannten die Verjährung des Missbrauchs in der Therapie als Grund dafür, rechtliche Schritte nicht in Erwägung gezogen zu haben.

Die aktuelle Gesetzgebung wird dem *Langzeitverlauf des professionalen Missbrauchstraumas* also nicht gerecht. Dies könnte z.B. dadurch geändert werden, dass der *Beginn der Verjährungsfrist* erst geraume Zeit nach der Missbrauchshandlung zu laufen beginnt. Darüber hinaus belegen die Ergebnisse der vorliegenden und anderer Untersuchungen (vgl. Kap. 3.3.6), dass Patienten unter den Folgen von sexuellen Grenzverletzungen der Therapeuten nicht weniger leiden, wenn kein direkter körperlicher sexueller Kontakt stattfand. Nur *körperlicher sexueller Kontakt* ist bis dato in Paragraph 174c StGB beinhaltet. *Sexuelle Anzüglichkeiten* und „psychologisches Anmachen" können strafrechtlich höchstens als „Beleidigung" (§ 185 StGB) sanktioniert werden. Auch daraus ergeben sich Forderungen an die Neuformulierung der entsprechenden Gesetzestexte.

6.5 Vorbeugende Wirkungen rechtlicher Regelungen

Die Schwierigkeiten von Patientinnen, die unter den Folgen von sexuellen Übergriffen ihrer Therapeuten leiden, ist – wenn auch nicht immer leicht – zu lindern bzw. zu abzuschwächen. Ebenso dringend wie angemessene Hilfe ist, dem sexuellen Missbrauch in psychotherapeutischen Behandlungen vorzubeugen. Inwieweit sind angemessene *berufs-, zivil- und. strafrechtliche Normen bzw. Sanktionsmöglichkeiten* dazu geeignet, sexuelle Ausbeutung von Therapiepatientinnen einzudämmen? Durch ihre aufklärende Wirkung haben *Gesetze* insbesondere für Menschen, die Psychotherapie in Anspruch nehmen wollen oder bereits in Behandlung sind, immer auch eine vorbeugende Funktion. Sie stellen klar, was Recht und Unrecht ist, wann z.B. in sträflicher Weise Abhängigkeiten zu eigenen Zwecken ausgenutzt werden.

Aber können gesetzliche Regelungen, Strafandrohungen und Strafen *potenzielle Therapeutentäter* davon abhalten, ihre Patientinnen auszubeuten? Können sie Wiederholungen verhindern? Dies sind sehr wichtige, aber ebenso schwierige Fragen, die im Zusammenhang mit Sexualstraftätern in Wissenschaft und Politik immer wieder heftig diskutiert werden. Bislang sind allerdings keine zufriedenstellenden Antworten gefunden worden.

Bei den missbrauchenden Therapeuten müssen wir nach allen bisherigen Erkenntnissen zwischen zwei Gruppen unterscheiden (s. Kap. 2):
1. die Gruppe der uninformierten Naiven bzw. der Therapeuten, die vorwiegend aufgrund massiver situativer Belastungen die therapeutischen Grenzen überschreiten: Bei diesen nicht allzusehr gestörten Täterpersönlichkeiten kann damit gerechnet werden, dass sie bei bestehenden existenzbedrohenden rechtlichen Konsequenzen vor sexuellen Kontakten mit ihren Patientinnen zurückschrecken werden.
2. die Gruppe der Therapeuten mit massiven mit Charakterstörungen: Wieweit solche Regelungen jedoch auch die schwer gestörten Täter mit impulsiven, soziopathischen oder narzisstischen Charakterstörungen, mit psychotischen oder Borderlinestörungen erreichen und abschrecken, ist fraglich. Da sie in der Regel weder in der Lage sind,

den Unrechtscharakter ihres Tuns einzusehen, noch dieses überhaupt als ein Problem betrachten, ist die Wahrscheinlichkeit nicht sehr groß, dass die gesetzlichen Bestimmungen Einfluss auf ihr Handeln haben.

6.6 Rehabilitative Maßnahmen und Rückfallprophylaxe

Ähnlich ist es mit rehabilitativen Maßnahmen für die Tätertherapeuten. Wie aus den Täterklassifikationen ersichtlich ist, profitieren nicht alle Therapeuten von Rehabilitationsprogrammen. In den USA wurden insbesondere von Schoener und seinem Team differenzierte *Rehabilitationspläne* entwickelt und durchgeführt (Schoener, 1989; Schoener & Gonsiorek, 1989; Gonsiorek, 1989). Die Meinungen über die *Effizienz von Rehabilitationsmaßnahmen* sind kontrovers, insbesondere wenn diese nicht gründlich kontrolliert werden. Bestrebungen, den Therapeuten dabei behilflich zu sein, sich wiedereinzugliedern und in ihren Beruf zurückzukehren, steht das Interesse gegenüber, „Psychotherapieverbraucher" zu schützen.

Pope (1990) geht davon aus, dass aufgrund der *Rückfallquote*, die von amerikanischen Berufshaftpflichtversicherern der American Psychological Association (APA) und Holroyd und Brodsky (1977) sowie Pope (1989) auf 80 % geschätzt wird, die Rehabilitationschancen gering sind. Obwohl sich diese Schätzungen nicht nur auf Fälle beziehen, in denen Rehabilitationsprogramme tatsächlich durchgeführt worden sind, hält Pope die Aussichten auf Erfolg dieser Maßnahmen für minimal und sieht es als fraglich an, ob die Therapeuten jemals wieder praktizieren sollten.

Ein weiteres Problem der Rehabilitationsprogramme besteht darin, wieweit „informed consent" der Patientinnen gesichert ist, die von Ex-Tätern später im Rahmen von Rehabilitationsprogrammen behandelt werden. Das heisst: Sind sie vor Behandlungsbeginn wirklich hinreichend darüber aufgeklärt werden, dass dieser Therapeut zuvor Patientinnen sexuell missbraucht hat und welche Folgen derartige Grenzüberschreitungen möglicherweise haben können.

Entsprechendes wird in den Ethikrichtlinien der APA ausdrücklich gefordert. Diese Patientinnen sind dem Risiko ausgesetzt, schwer geschädigt zu werden. „Patientinnen, die von einem Therapeuten behandelt werden, der früher missbraucht hat, sind in einer ähnlichen Lage wie Teilnehmerinnen eines potenziell gefährlichen Experimentalprogramms" (Strasburger et al., 1992, S. 553). Aus diesem Grunde plädiert Pope dafür, dass die psychologische Profession überkommene Widerstände gegen die Sammlung und Veröffentlichung von Informationen über Rehabilitationsversuche aufgeben solle.

Gabbard (1992) schätzt die Erfolgsaussichten von Rehabilitationsmaßnahmen aufgrund seiner Erfahrungen aus Therapien mit Tätern erheblich optimistischer ein. Die leichter gestörten Therapeuten seien durchaus rehabilitierbar. Zu ihnen rechnet er die seiner Auffassung nach größte Gruppe der „Liebeskranken" und die masochistischen Störungen. Auch Schoener hält Rehabilitationsprogramme in gewissen Fällen für erfolgreich, allerdings betont er, diese dürften sich nicht allein auf Therapie beschränken. Spezielle Rehabilitationskriterien, zu denen darüber hinaus berufliche und therapeutische Trainingsprogramme gehören, müssten genau kontrolliert und in jedem Stadium überprüft werden, bevor die Wiedererlaubnis zum Praktizieren gegeben werden könne (Schoener, 1994; vgl. zu dieser Diskussion auch Menninger, 1991; Gartrell et al., 1989; Pope, 1989, in Gabbard; Gonsiorek, 1987).

7. Aufklärung der psychotherapeutischen Berufsgruppen und Folgerungen für die Ausbildung

Ein nicht geringer Anteil der Therapeutentäter scheint unter schweren Persönlichkeitsstörungen zu leiden. Bei einer größeren Gruppe von Therapeutentätern führen offensichtlich Naivität oder Belastungssituationen zu Grenzüberschreitungen in der therapeutischen Situation. Die Frage ist naheliegend, inwieweit die verschiedenen Therapieschulen vorbeugende Maßnahmen – vor allem bessere Aufklärung, Ausbildung und genauere Auswahl angehender Psychotherapeuten – ergreifen können, ja müssen, um sexuelle Übergriffe in Psychotherapie und Psychiatrie zu verhindern.

Gibt es in den Konzepten der verschiedenen Therapieverfahren und -richtungen Schwachstellen, die für sexuelle Übergriffe gegenüber Patientinnen besonders anfällig machen oder Rechtfertigungen für dieses Verhalten liefern?

7.1 Hinweise auf missbrauchfördernde Schwachstellen der verschiedenen Therapierichtungen

Einen ersten Eindruck von *therapieschulenspezifischen Schwachstellen* vermitteln die Begründungen, die missbrauchende Therapeuten den Patientinnen unserer ersten Studie für den Vorfall gaben in der Absicht, den sexuellen Übergriff zu legitimieren (Becker-Fischer & Fischer, 1995; vgl. *Tabelle 7*). Über alle Therapierichtungen hinweg gaben die meisten Therapeuten den Missbrauch als *therapeutische Maßnahme* aus (24,5 %). Dabei können sie sich auf das bereits erwähnte Buch von Pintér (1995) „berufen". An zweiter Stelle standen Schuldzuweisungen an die Patientin (22,4 %) oder der Hinweis auf das Schicksal (18,5 %).

Je nach Therapierichtung – psychoanalytisch, verhaltenstherapeutisch, humanistisch, köpertherapeutisch orientiert – sind die Schwerpunkte in den Begründungen unterschiedlich gesetzt.

Tab. 7: Keine Schuldgefühle: Begründung (zitiert aus
Becker-Fischer & Fischer, 1995)

	Häufigkeit	Prozent
Schuld der Patienten	11	22,4
Schicksal ist schuld	9	18,4
Vorf.therapeutisch	12	24,5
Gefühlslage des Therapeuten	5	10,2
Leugnung des Vorfalls	2	4,1
Agieren ohne Reflexion	4	8,2
Sonstiges	6	12,2
Total	49	100,0
12 (9,7%) Missing		

(zitiert aus Becker-Fischer & Fischer, 1995)

7.1.1 Schuldzuweisungen der psychoanalytischen Therapierichtung

Typische Begründungen für die Schuldzuweisung fanden sich vor allem in der psychoanalytischen Richtung: „Opfer finden immer ihren Täter"; „Du hast mich provoziert". Eine interessante Besonderheit zeigen die „Freudianer". Während fast alle Therapeuten anderer Richtungen keinerlei Schuldgefühle erkennen ließen, nahmen bei ungefähr der Hälfte der „Freudianer" die Patientinnen Schuldgefühle wahr. Allerdings führten diese nicht zu Reaktionen des Bedauerns oder gar Entschuldigungen, sondern wurden an die Patientinnen delegiert mit Kommentaren wie
- „andere Verstöße von Therapeuten sind erheblich schlimmer",
- „du bist eben als Kind zuwenig geschlagen worden";
- „du hast mich da hineinmanövriert";
- „das ist alles nur passiert, weil du nicht liebesfähig bist".

Ein analytischer Therapeut, der in einem Wutanfall seiner Patientin die Brille zerschlagen und sie schwer verletzt hatte, teilte ihr mit, es habe sich dabei um eine *projektive Identifikation* gehandelt. Dieses Konzept aus der *Schule von Melanie Klein* scheint sich für die *Vertuschung von Verantwortlichkeiten* besonders gut zu eignen und sollte daher auch in Ausbildungsgängen unter diesem Gesichtspunkt diskutiert werden. Es impliziert die Vorstellung, dass ein Patient Teile seiner inneren Beziehungsmodelle auf eine andere Person, in diesem Falle auf den Therapeuten „projiziert", ihn veranlasst, sich diesen Tendenzen gemäß zu verhalten, und sich dann mit dem Therapeuten identifiziert, um so indirekt an eigenen Wünschen und Handlungstendenzen zu partizipieren, die nun aber der Therapeut austrägt. Therapeuten, die mit diesem Konzept arbeiten, können damit natürlich die Verantwortung für ihr Verhalten der Patientin zuschieben. Sie haben dann nur „stellvertretend" für die Patientin deren Wünsche ausagiert.

In eine ähnliche Falle führt der Begriff der *Gegenübertragung*, wenn man ihn so versteht, dass der Therapeut hier nur reaktiv auf die Übertragung des Patienten antwortet. Dann liegt immer die Initiative, wenn auch vielleicht nur unbewusst, bei der Patientin. Wie einflussreich diese doch sehr einseitige Denkweise noch bei vielen Psychoanalytikern ist, kann das Beispiel des ehemaligen Vorsitzenden einer der großen deutschen psychoanalytischen Vereinigungen verdeutlichen, der einem Kollegen, dessen Frau von einem Verbandsmitglied missbraucht worden war, riet, die Angelegenheit doch „psychoanalytisch" zu betrachten. Auf Nachfrage berief er sich auf einen Psychoanalytiker aus der Schule Melanie Kleins, nämlich Bion, dessen Konzepte er über alles schätzte. Bion habe den Begriff der „identifikativen Projektion" geprägt, und das genau sei der Mechanismus, der hier vorliege.

Der Denkfehler ist keineswegs nur unter Psychoanalytikern verbreitet und besteht darin, die *Wechselseitigkeit* auszuklammern, die für alle zwischenmenschlichen Beziehungen charakteristisch ist (zur dialektischen Struktur von Wechselseitigkeit in der Sozialpsychologie vgl. Fischer 1981, 1993). Um zu betonen, dass auch Übertragung und Gegenübertragung wechselseitige und nicht einseitige Prozesse sind, wurde das Konzept der „Eigenübertragung" (Heuft, 1990) vorgeschlagen. Dieses Konzept macht darauf aufmerksam, dass der Therapeut eigene Übertragungsmuster an den Patienten/die Patientin heranträgt und dass diese wiederum auf die Eigenübertragung des Therapeuten reagieren. So bezeichnet ein Konzept wie „projektive Identifizierung" eigentlich nur Ausschnitte einer komplexen, wechselseitigen *Beziehungskonfiguration*, an deren Ausprägung der Therapeut stets beteiligt ist.

Werden zwischenmenschliche Phänomene mit „monadologischen" Begriffen beschrieben, wie etwa *Projektion* oder *Introjektion* (die Monade verlagert etwas nach außen oder zieht es sich nach innen herein), so kann diese Begriffswahl das Verständnis der unbewussten Beziehungsdynamik sehr erschweren. Wird der Therapeut von der Patientin unbewusst zum Übergriff manipuliert, so trägt er ja nicht allein die Verantwortung. Zwar hat er vielleicht die „Projektion", die Übertragungstendenz nicht rechtzeitig erkannt und mitagiert, aber „die schwierige Patientin hat ihn halt dazu gebracht". Eine Mitbeteiligung und Mitschuld der Patientin an dem Vorfall ist für Therapeuten, die in monadologischen Begriffen denken, sozusagen das Mindeste, das der „Gerechtigkeit" wegen festzuhalten ist.

Sollmann (1994) rechtfertigt seine Sichtweise über die *Mitverantwortlichkeit der Patientinnen* mit den angeblich fatalen Auswirkungen für diese, wenn der Therapeut allein verantwortlich gemacht werden würden:

> „Ehlert bezieht sich im einzelnen auf empirische Untersuchungen zum sexuellen Missbrauch in der Psychotherapie, diskutiert die Haltung Sigmund Freuds und die der Psychoanalyse zum Thema, um hieraus Forderungen an einen psychologischen Berufsverband aufzustellen. Die Erörterung der professionellen Verantwortung, vor deren Hintergrund eine sexuelle Beziehung zwischen Therapeut und Patient auf keinen Fall befürwortet werden darf, kann aber selbst in der Radikalität ihrer jeweiligen Einstellung und ethischen Forderung Teil der erregten Öffentlichkeit sein. Wenn Ehlert mit Wirtz (bekannt durch ihr Buch „Seelenmord") davon ausgeht, dass bei der Grenzüberschreitung in der Therapie der Therapeut allein die Verantwortung für das Geschehen trägt, so muß befürchtet werden, dass die Patientinnen, und davon geht man in der Regel aus, infantilisiert werden und in ihrer Opferhaltung belassen bleiben. Eine Gefahr, die zu einer Fortschreibung der Missbrauchsdynamik führen kann!" (S. 189-190).

Derartige Einstellungen erleichtern nicht nur die Rechtfertigungsstrategien der missbrauchenden Therapeuten und forcieren die *sekundäre Traumatisierung* der Betroffenen, sondern können sich wiederum sehr lähmend auf die Klärung von Fällen sexuellen Missbrauchs auswirken. Die Frage ist ja dann nur noch, etwas überspitzt formuliert: Wer hat was auf wen projiziert oder was von wem introjiziert usf.? Wenn der Therapeut sich eingesteht, dass er kein leerer Bionscher „Behälter" ist, sondern grundsätzlich auch eigene Wünsche und Probleme in die therapeutische Beziehung einbringt, eben eigene „Übertragungen", die ihrerseits die Patientin beeinflussen, können Verwicklungen und therapeutische Missallianzen früher erkannt und analysiert werden.

Zur Prävention von sexuellem Missbrauch ist es dringend wünschenswert, dass in der psychoanalytischen Ausbildung auch über sexuelle Wünsche gegenüber Patient(inn)en gesprochen werden kann und diese nicht nur reaktiv als „Gegenübertragung", Folgen von „projektiver Identifikation" oder „identifikativer Projektion" usf. verstanden bzw. abgewehrt werden müssen. In diesem Zusammenhang sind die oft sehr rigiden, unoffenen Einstellungen, z.B. eine fast inhuman strenge und starre „Abstinenzhaltung", die keinerlei situative oder fallbezogene Flexibilität duldet, ebenso zu diskutieren wie die wenig durchschaubaren Entscheidungsstrukturen in psychoanalytischen Ausbildungsinstituten (vgl. Kruschitz, 1995). Sie können daneben aber auch Spaltungen in den ehrbaren, strengen, in Ethik- und Ausbildungskommissionen engagierten Analytiker einerseits und den sexuell Missbrauchenden andererseits fördern.

Eine besonders verwirrende Reaktion der Therapeuten ist die *Leugnung des Vorfalls* selbst. Das Ereignis wird zur Fantasie der Patientin erklärt. Diese Variante findet sich in unserer ersten Untersuchung bei zwei tiefenpsychologisch ausgerichteten Therapeuten der Jungschen Schule und einem Adlerianer. Einen dieser Therapeuten zitierte seine Patientin folgendermaßen: „Das hast du dir nur eingebildet, es ist nicht beweisbar, ich kann ja einfach den Spieß umdrehen". Ein Therapeut, der den Vorfall nicht nur nach außen hin, sondern auch gegenüber der Patientin abstreitet, stellt damit ihren Realitätssinn in Frage und erzeugt bei ihr eine intensive, evtl. bis ins Psychotische reichende Verwirrung. Diese Verwirrung kann dann wiederum von Ehrengerichten und Kommissionen als Beweis für eine Psychose der Patientin gewertet werden. Die häufigste „Diagnose", zu denen in solchen Fällen gegriffen wird, ist „Paranoia". Patientinnen, die Ungewöhnliches berichten und dabei verwirrt erscheinen, werden als „paranoid" eingestuft.

7.1.2 Schuldzuweisungen der Verhaltenstherapie

Verhaltenstherapeuten geben den Übergriff vorwiegend als *therapeutisch notwendige Maßnahme* aus, ohne die der erwünschte Fortschritt nicht zu erzielen sei. Wie wir aus unseren Interviews mit Betroffenen entnehmen konnten, scheinen sie sich auf objektive Sachverhalte und Verhaltensweisen zu beziehen und die mit dem Missbrauch verbundene Gefühlsproblematik eher auszublenden. Eine typische Beobachtung einer betroffenen Patientin:

> „Der Therapeut sagt, ich müsse lernen, mich zu öffnen. Er begründete es damit, dass dies auch zur Therapie gehöre und eine ‚Ehre' für mich sein müsste. Zu den analen Vergewaltigungen sagte er, dass ich ruhig schreien könne, dass, solange ich nichts Gutes dabei empfinden könne, ich eben Schmerz spüren müsse; er tat so, als wäre alles ganz normal; es wurde überhaupt nicht darüber gesprochen."

Bei der Inhaltsanalyse haben die Rater der Untersuchung eine Kategorie „wortloses Agieren" gebildet. In dieser ergab sich für Verhaltenstherapeuten die höchste Besetzungsfrequenz.

Bezieht man diese sich abzeichnende Tendenz auf Konzepte der Verhaltenstherapie, so könnte ein *präventiver Bedarf* darin bestehen, in der Ausbildung den Umgang mit Gefühlen stärker zu betonen und vor allem auch die *gefühlshafte Seite der Therapeut-Klient-Beziehung* systematisch einzubeziehen. Manchmal werden verhaltenstherapeutische Techniken eingesetzt, damit die Behandelnden über Beziehungsprobleme und eigene Gefühlsanteile nicht nachdenken müssen. Eine wirksame Selbstkontrolle können Therapeuten allerdings nur dann gewährleisten, wenn sie die eigenen Gefühle, Fantasien und Handlungsimpulse, kurz ihre „Eigenübertragung", wahrnehmen können. Ohne differenzierte Selbstwahrnehmung entbehren Techniken der Selbstkontrolle und Selbstinstruktion ihrer Wirkungsgrundlage.

Bei der Verhaltenstherapie bestehen möglicherweise auch Unklarheiten über die *Gültigkeit der Abstinenzregel* gerade im Bereich der Abstinenz von Privatkontakten bis hin zu intimen Beziehungen. Darauf deuten die Ergebnisse einer Befragung von 143 Verhaltenstherapeuten und -therapeutinnen hin, die Arnold und Retsch (1991) durchgeführt haben. Demnach hielten von den Befragten für vertretbar:

- Patientinnen zu einer Tasse Kaffee einzuladen oder eine solche Einladung anzunehmen: rund 90 %.
- Einladungen zu privaten Feiern oder gemeinsamem Abendessen hielten: etwa zwei Drittel.
- Patientinnen mitzuteilen, dass man sie sexuell begehrt: 24 %.
- Sexuelle Kontakte zu Patientinnen: 10 %.

Als ethisch unbedenklich, *zu ehemaligen Patientinnen sexuelle Beziehungen* aufzunehmen, empfanden hingegen 63 %!

Bei diesen Ergebnissen ist allerdings zu bedenken, dass die Untersuchung inzwischen ca. 15 Jahre zurückliegt. Damals war die Diskussion in der Fachöffentlichkeit über Grenzen in psychotherapeutischen Beziehungen noch relativ selten. Es ist zu vermuten, dass die Antworten heute bereits anders ausfallen würden. Dennoch weisen die Befunde darauf hin, dass in der Verhaltenstherapie die Gefahr besteht, sich der Besonderheit der therapeutischen Beziehung neben der Therapietechnik nicht hinreichend bewusst zu sein.

7.1.3 Schuldzuweisungen humanistisch orientierter Therapeuten und Körpertherapeuten

Humanistisch orientierte Therapeuten. Die Szenarios der sexuell missbrauchenden humanistisch orientierten Therapeuten bieten ein gemischtes Bild. Teils betonen die Therapeuten noch sehr viel strikter als die Psychoanalytiker die *Eigenverantwortung der Patientin*, teils pflegen sie einen *Kult der Spontaneität und Authentizität*. Typische Zitate der Betroffenen unserer Untersuchung lautet:

> „Ich hätte sagen müssen, wie ich die Situation empfinde, er hätte nichts gewusst"; „Ich hätte es ja selbst gewollt, er hätte gedacht, die sexuelle Beziehung wäre gut für die Therapie"; „Er habe sich eben angezogen gefühlt, mich begehrt"; „Er habe sehen wollen, was zwischen uns wachsen könne, hielt das für normal"; „Das Schicksal habe uns füreinander bestimmt, wahre Liebe kenne keine Grenzen".

Wie Sollmann, nach eigenen Angaben Körpertherapeut und diplomierter Sozialwissenschaftler, berichtet, waren *sexuelle Kontakte zwischen Ausbildern und Auszubildenden* in den Anfangsjahren der humanistischen Therapieverfahren allgegenwärtig waren.

> „Dabei besinne ich mich auf unsere ‚Väter' und ‚Mütter', die therapeutischen Ausbildungseltern. Heute international bekannte Therapeutinnen. Es herrschte damals eine freizügige, lockere Atmosphäre. Es war beinahe selbstverständlich, dass anerkannte Trainerinnen und Lehrtherapeutinnen mit Ausbildungskandidatinnen ins Bett gingen. Ethische Richtlinien und Themen wie sexuell-therapeutischer Missbrauch waren zu jener Zeit in der Regel belächelte Fremdworte" (Sollmann, 1994, S. 191).

Körpertherapeuten. Auch von körpertherapeutisch arbeitenden Missbrauchern werden die sexuellen Übergriffe gern behandlungstechnisch begründet.

> „Er erklärte, dass Atemübungen, Reflexzonenmassage und Körpermassage zur Therapie gehören würden; schließlich meinte er im Rahmen der Ganzkörpermassagen, dass es wohl in Scheidennähe eine Schranke gäbe und

diese direkt massiert werden müsste; auf diese Weise würden meine Probleme sehr viel schneller besser werden" (Zitat aus unserer ersten Studie).

Insbesondere für körpertherapeutisch orientierte Therapieverfahren ist eine Auseinandersetzung mit und genaue Klärung von therapeutischen Grenzen präventiv von entscheidender Bedeutung. In der letzten Zeit haben in Reaktion auf einige spektakuläre Fälle intensive fachinterne Diskussionen zu diesem Thema stattgefunden.

7.2 Therapieschulenübergreifende Unklarheiten als Ursachen für sexuelle Übergriffe

7.2.1 Sexuell-erotische Gefühle der Therapeuten

Bei sexuell-erotischen Gefühlen der Therapeuten scheint relativ therapieschulenübergreifend eine große Scheu zu bestehen, diese z.B. in *Fallbesprechungen* überhaupt zu thematisieren. Wie groß die Unsicherheiten in diesem Bereich sind, geht z.B. aus der oben genannten Befragung von Arnold und Retsch (1991) hervor. Über ein Drittel der Befragten hatte sich schon einmal in eine Patientin oder einen Patienten verliebt. Diesen stand ein Viertel der Kolleg(inn)en gegenüber, das solche Gefühle für absolut unethisch hielt. Auch die Autorinnen sehen darin einen Hinweis auf die heftigen Tabus, die in diesem Bereich noch wirksam sind.

Pope et al. (1986) bezogen in ihre breit angelegte Befragung, an der sich Arnold und Retsch orientierten, die Gefühle der Therapeuten über ihre *Verliebtheit* mit ein. Erheblich mehr als in der deutschen Befragung, nämlich 95 % der männlichen klinischen Psychologen und 80 % der weiblichen gaben in dieser amerikanischen Untersuchung an, sich von Klienten oder Klientinnen schon sexuell angezogen gefühlt zu haben. 66 % von ihnen hatten deswegen Schuldgefühle, Angst und waren verwirrt. Fast ein Viertel behandelte diese Verliebtheitsgefühle wie ein „dunkles Geheimnis".

Diese Gefühle und Gedanken werden allerdings in neueren Untersuchungen von den Therapeuten selbst im Vergleich zu den Befragungen

früheren Datums als akzeptabler eingestuft (vgl. Reschke & Kranich, 1996; Reschke et al., 1999). Giovazolias und Davis (2001) beispielsweise kamen in einer Umfrage unter britischen Psychologen zu folgendem Ergebnis:
- Nur 22,1 % der Antwortenden hatten sich noch nie von einem Patienten angezogen gefühlt.
- 39 % der übrigen Therapeuten reagierten zwar mit Überraschung, Schock und Schuldgefühlen auf ihre diesbezüglichen Gedanken und Fantasien,
- in 45 % der Fälle wurden die sexuellen Gefühle jedoch als normal betrachtet und akzeptiert.
- Des Weiteren gaben 50,5 % der Therapeuten einen positiven Einfluss dieser Empfindungen auf den Therapieverlauf an.

Die Autoren betrachten dieses Ergebnis als Anzeichen dafür, dass Therapeuten damit beginnen, ihre diesbezügliche Einstellungen zu Patienten zu überdenken und eine weitere Perspektive im Hinblick auf sexuelle Gefühle und Fantasien gegenüber den von ihnen Behandelten einzunehmen. Dass nur 9 % ihre Ausbildung und Supervision für diese Problematik als angemessen hielten, ein weiteres Ergebnis dieses Studie, spricht eine deutliche Sprache: Gerade Therapeuten, die sexuelle Gefühle ihren Patienten und Patientinnen gegenüber verleugnen, sind gefährdet, schließlich die Grenzen zu überschreiten.

In einer psychodynamisch orientierten Analyse sexuellen Ausagierens in der Therapie gelangt Dujovne (1983) zu dem Schluß, dass häufig ein *fundamentales Missverständnis* ursächlich sei:. Entweder halte der Therapeut sexuelle Gefühle Patientinnen und Patienten gegenüber für unüblich, oder er verstehe nicht, dass sexuelle Wünsche der Patientinnen bzw. Patienten für andere unbewusste Inhalte ständen, z.B. Widerstandscharakter hätten, Wiederholungen von sexuellem Missbrauch in der Kindheit darstellten oder der Abwehr von Feindseligkeit, Neid, Masochismus dienten. Ähnlich würden mit dem sexuellen Ausagieren *vom Therapeuten in der Regel Unzulänglichkeitsgefühle, sadistische und Machtimpulse* abgewehrt, immer allerdings, wegen der

Sabotage des Therapieerfolgs und dem Risiko des Berufsverlusts, *masochistische Anteile*.

Therapieschulenübergreifend ist ein erheblicher Mangel, wenn nicht gar eine vollständige Lücke in der Behandlung des *narzisstisch-sexuellen Machtmissbrauchs* in Therapien festzustellen. Eine verbesserte Aufklärung ist dringend erforderlich. Diese sollte die Einstellung zur Glaubwürdigkeit von Patientenaussagen einbeziehen. Forensisch-psychologische Untersuchungen haben ergeben, dass nur etwa 5 % der Anklagen, die gegen Psychotherapeuten wegen sexuellen Missbrauchs ihrer Patientinnen vorgebracht worden sind, auf fehlerhaften Angaben beruhen. In 95 % der Fälle treffen diese Angaben zu (vgl. Schoener & Milgrom, 1989; Pope & Vetter, 1991). Der vor allem von Psychoanalytikern verbreiteten Unterstellung, dass diesen Aussagen die Enttäuschung ödipaler Wunschfantasien der Patientinnen zugrunde lägen, muss mit weit größerer Skepsis, als bislang üblich, begegnet werden.

Wir wollen in diesem Zusammenhang auch auf eine qualitativ zureichende *Verlaufsdokumentation* von Psychotherapien als prophylaktisches Mittel hinweisen. Wenn Psychotherapeuten ihre Arbeit stärker als bisher als eine angewandte Forschungs- und Untersuchungstätigkeit verstehen, werden sie auch dahin kommen, ihre therapeutischen Erfahrungen und Beobachtungen genauer zu diskutieren, um im Laufe ihrer therapeutischen Karriere immer weitere Regelhaftigkeiten psychotherapeutischer Veränderungsprozesse herauszufinden.

Diese Forschungsorientierung der praktischen Tätigkeit hat unseres Erachtens einige *missbrauchsprophylaktische Aspekte*. Zunächst liegen bessere Verlaufsdokumentationen vor, die in eventuellen ehrengerichtlichen oder auch gerichtlichen Verfahren zur Grundlage für die Bewertung eines lege artis durchgeführten Therapieprozesses herangezogen werden können. Zum anderen ist die Forschungseinstellung sehr viel stärker an den klinischen Phänomenen orientiert und mit der egozentrischen Missbrauchshaltung, die der Ausnutzung des therapeutischen Abhängigkeitsverhältnisses zugrunde liegt, weniger vereinbar als der bisher praktizierte *klinische Intuitionismu*s, der geeignet war, *Allmachts- und Allwissenheitsfantasien* beim Therapeuten zu nähren. Inzwischen liegen softgewaregestützte und leicht handhabbare Psychotherapiedokumentations- und -evaluationsinstrumente vor, die mit wenig Aufwand eine ökonomisch wie valide Protokollierung des Therapieverlaufs vermöglichen (siehe z.b. das Kölner Dokumentationssystem für Psychotherapie und Traumabehandlung (KÖDOPS), Fischer, 2000; www.koedops.de).

Bislang haben nur wenige, fortschrittliche Verbände – dank des Engagements überwiegend weiblicher Mitglieder – die Thematik in ihr Curriculum aufgenommen und Fortbildungsveranstaltungen dazu durchgeführt. Die DGVT hat sogar ein Ausbildungsmanual veröffentlicht (Vogt & Arnold, 1993). Dies ist allerdings noch eine Seltenheit.

Bedenkt man die oben genannten recht abenteuerlichen Begründungen der grenzüberschreitenden Therapeuten, so geht aus ihnen eine krasse Unwissenheit über therapeutische Grenzen und Folgen von Grenzüberschreitungen hervor, selbst wenn sie teilweise auch „wider besseren Wissens" abgegeben sein mögen.

Unter präventiven Gesichtspunkten ist somit höchst relevant, die Gefahr sexueller Grenzverletzungen in der Aus- und Weiterbildung von Therapeuten vermehrt zu thematisieren. Eine Reihe von Therapeutenbefragungen belegt einheitlich, dass die Fachpersonen selbst ihre Ausbildung über sexuelle Gefühle und Fantasien in der Therapie und deren Ausagieren als höchst unzureichend betrachten. Die von Arnold und Retsch (1991) befragten deutschen Therapeuten gaben in 28,3 % der Fälle an, die Thematik in ihrer Ausbildung „nie" behandelt zu haben, weitere 40 % nur „selten". Kotter et al. (2000) berichten, dass etwa drei Viertel der von ihnen befragten Therapeuten, „nie", „selten" oder nur „gelegentlich" die Möglichkeit hatten, sich in ihrer Ausbildung mit dem Thema auseinanderzusetzen (zu ähnlichen Ergebnissen vgl. auch Pope et al., 1986; Pope & Tabachnick, 1993; Reschke & Kranich, 1996; Reschke et al., 1999; Rodolfa et al., 1994).

Ein Beispiel für ein ausgearbeitetes Trainingskonzept für Therapierende in der Ausbildung stellt bspw. die curriculare Ausgestaltung der ärztlichen Ausbildung durch die Arbeitsgruppe „Umgang mit Tätern" der Medizinischen Gesellschaft Basel dar; das Modell kann an andere Disziplinen entsprechend angepasst werden (vgl. Tschan, 2005).

7.2.2 Persönliche Probleme und Krisen, kollegialer Austausch und Supervision

Nicht nur sexuelle Gefühle Patientinnen und Patienten gegenüber scheinen professionellen Tabus zu unterliegen, sondern auch *persönliche Probleme und Krisen*. Gerade Psychotherapeuten scheuen sich oft, eigene Schwierigkeiten untereinander zu besprechen, als forderten sie als „Fachleute" von sich absolute Problemlosigkeit. Viele mögen aus Angst vor Brüchen der Vertraulichkeit und daraus resultierenden beruflichen Schwierigkeiten davon Abstand nehmen, bei Kollegen Hilfe zu suchen. Da aus allen diesbezüglichen Untersuchungen hervorgeht, dass ein recht erheblicher Teil der Therapeuten zur Zeit der Grenzüberschreitungen heftige persönliche Krisen zu bewältigen hatten, sind die Berufsverbände aufgefordert, diesen Problemen mehr Beachtung zu schenken und Hilfen anzubieten. Eine offenere, persönlichere Atmosphäre in den regionalen Gruppen könnte es vielen leichter machen, sich über ihre Belastungen auszutauschen. In den USA haben sich inzwischen *Selbsthilfegruppen von gefährdeten Therapeuten* zusammen mit anderen Berufsgruppen, wie Pfarrern, gebildet – nicht nur in präventiver Hinsicht sicher eine wichtige Einrichtung.

Neben der persönlichen Hilfe sind kollegialer Austausch und Supervision von Behandlungsfällen unumgänglich, insbesondere für belastete Therapeuten. Die Gefahr ist groß, in Trennungssituationen und Einsamkeit persönliche Wünsche nach Nähe und Verständnis an eine besonders einfühlsame Patientin zu richten. Dazu trägt die Schwierigkeit vieler Therapeuten bei – die durch überfordernde Ausbildungsgänge oft gefördert wurde –, die Grenzen der eigenen Belastbarkeit bei sich überhaupt zu bemerken. Die Wahrnehmung für die oft *subtilen anfänglichen Grenzüberschreitungen* („the slippery slope", vgl. Strasburger et al., 1992) zu sensibilisieren und diese mit Blick auf eigene Bedürftigkeiten zu hinterfragen, wäre einer der ersten Schritte, um narzisstischem oder sexuellem Missbrauch Einhalt zu gebieten.

Pope (1987) hält es für optimal, wenn Therapeuten in Risikosituationen sowohl *kollegiale Supervision* aufnähmen, als auch umgehend eine *in-*

dividuelle Therapie begännen. An einem fiktiven Fall stellt er die besonderen Schwierigkeiten dar, die solche Behandlungen seiner Erfahrung nach mit sich bringen, und betont folgende Punkte: Aufklärung über die Thematik, insbesondere Einfühlung in die Lage der Patientin, z.B. durch Lektüre von Berichten Betroffener, das Thema „Gegenübertragungsgefühle" sowie das Einüben von Selbstkontrolltechniken.

Wir möchten hinzufügen, dass der Therapeut sein Augenmerk auf *mögliche Traumatisierungen seines Patienten* richten und diese aufzugreifen versuchen sollte. Der eklatante *Empathiemangel*, den missbrauchende Therapeuten ihren Patientinnen gegenüber erkennen lassen, ist oftmals in dem Alleinsein mit ihren eigenen Verletzungen begründet. Wenn diese Menschen mit ihrem Trauma angenommen und verstanden werden, entwickelt sich zugleich ihr eigenes Einfühlungsvermögen. Dann können sie auch Patientinnen in ihrer Andersartigkeit wahrnehmen und realitätsgerechte Schuld- und Verantwortungsgefühle erleben.

Nicht nur für akut gefährdete, sondern für im therapeutischen Bereich Tätige überhaupt sollte die Selbst- und Fremdwahrnehmung mit Hilfe theoretischer Fort- und Weiterbildungen geschult werden. In *Supervisions- und speziellen Übungsgruppen* kann dieses Wissen an exemplarischen Fällen verfestigt werden. In den USA hat insbesondere die Gruppe um Schoener ausführliche Präventionsprogramme für im psychosozialen Bereich tätige Fachleute ausgearbeitet und erprobt. Dabei verwenden sie *Videoaufzeichnungen* von Berichten Betroffener und arbeiten mit *Rollenspiel* und *praktischen Übungen* zur Frage, wie Therapeuten in besonders schwierigen Situationen reagieren könnten (Schoener, 1989, 1991). In Deutschland berichtet z.B. Fliegel (1995) von ähnlichen Veranstaltungen.

All diese Programme, Fort- und Weiterbildungsveranstaltungen werden sich allerdings, ähnlich wie die rehabilitativen Maßnahmen, nur auf die „gesünderen" Therapeuten auswirken, bei denen Naivität, Unwissenheit oder akute Lebenskrisen zu Grenzüberschreitungen führen. Voraussetzung ist, *dass sie selbst missbräuchliches Verhalten verhindern wollen.* Soziopathische, schwer narzisstische, psychotische, schwere Borderline-Störungen und Personen mit *gestörter Impuls-Kontrolle* (Kap. 2) werden vermutlich von diesen Maßnahmen nicht erreicht werden.

In präventiver Hinsicht sind bei ihnen wiederum die therapeutischen Ausbildungsinstitute gefragt. Bislang sind offensichtlich sowohl die Auswahlverfahren für die Zulassung als auch die Seminare und Fallsupervisionen im Rahmen der Ausbildung nicht hinreichend spezifiziert, um auf diese gefährdeten und schwer gestörten Persönlichkeiten aufmerksam zu werden. Dazu wären genaue differenzialdiagnostische Kenntnisse speziell auch über *dissoziative Persönlichkeitsstörungen* erforderlich, da gerade diese Persönlichkeiten – wie oben erwähnt – weder in alltäglichen noch in professionellen Zusammenhängen augenfällig in Erscheinung treten und unbedingt vor Aufnahme ihrer therapeutischen Tätigkeit behandelt sein müssten.

Supervisoren und Ausbildungstherapeuten müssten über die *Psychopathologie der Täter* sowie die Anzeichen für Gefährdung informiert sein, um rechtzeitig erste Warnsignale erkennen zu können. Allerdings sollten sie diese dann auch sehr ernst nehmen und „handeln". Uns sind einige Fälle bekannt, in denen erste Tendenzen zu Grenzüberschreitungen sich *bereits während der Ausbildung* zeigten und den Ausbildern auch bekannt wurden, in einem Fall sogar ein durch den Folgetherapeuten bestätigter sexueller Missbrauch einer Patientin. Hier waren „Warnzeichen" durchaus bekannt. Man wollte jedoch dem „armen Kollegen" nicht seine berufliche Karriere ruinieren und drückte noch einmal ein Auge zu mit der Folge, dass dieser seit Abschluss der Ausbildung als Routinetäter „praktiziert".

7.2.3 Frühe Traumatisierung der Tätertherapeuten

In den Ausbildungstherapien sollte frühen Traumatisierungen der Auszubildenden besondere Beachtung geschenkt werden. Wie in Kapitel 5 ausgeführt, haben viele Menschen, die Berufe im psychosozialen Bereich anstreben bzw. innehaben, in ihrer Kindheit schwere physische oder sexuelle Traumatisierungen erlebt. Werden diese nicht gründlich durchgearbeitet, kommt es in der Regel zu Wiederholungen. Männer scheinen es aufgrund rollenspezifischer Schwierigkeiten besonders heftig abzulehnen, sich als „Opfer" zu erleben und/oder zu erkennen zu geben. Unaufgearbeitet führen diese Traumata später notwendigerweise zu Verwicklungen, insbesondere mit ähnlich geschädigten Patientinnen und Patienten.

Dabei scheinen Frauen eher zu *identifikatorischen Verstrickungen* mit dem Opfer zu neigen, Männer hingegen dazu, in Identifikation mit dem Aggressor das Trauma durch *Übernahme der Täterrolle* abzuwehren (vgl. Kap. 2 und 3). Dieser Mechanismus führt dazu, dass narzisstisch-sexueller Missbrauch auch in Ausbildungstherapien stattfindet und sich an Ausbildungsinstituten endemisch verbreitet. Dies ist leider keine Seltenheit (vgl. dazu Ellinghaus & Große-Rohde, 1990; Pope, 1994; Pope & Feldman-Summers, 1992).

In der eigenen Ausbildung erfahrener Missbrauch wird – unaufgearbeitet – an die „nächste Generation" von Patientinnen, Patienten und Auszubildenden weitergegeben. Wie schon erwähnt, beschreibt Sollmann (1994) dies ja sehr offen. Tatsächlich scheinen viele Ausbilder darin kein Problem zu sehen. Sonntag (1995) z.B. zitiert einen Ausbilder der auf Carl Rogers basierenden Gesellschaft für wissenschaftliche Gesprächspsychotherapie (GwG), der in einer Publikation explizit dafür plädiert, „dem Lebensbereich Sexualität einen breiten Raum in der Ausbildung einzuräumen, der genügend Platz für gelebte Beziehungen ... zur Verfügung stellt" (Krenz, 1990, S. 120; zit. nach Sonntag, 1995).

An anderen Instituten scheint eher eine *Doppelmoral* vorzuherrschen. Man weiss von diesen Fällen, von anerkannten Ausbildern, Institutsleitern, deshalb muss man es ja auch nicht so genau nehmen, weder mit Patientinnen und Patienten noch mit Auszubildenden (vgl. Pope et al., 1979, 1989).Sonntag (1995) spricht in diesem Zusammenhang von „geheimen Curricula", die neben den offiziell vertretenen exisitieren und grenzüberschreitende Einstellungen Patientinnen und Patienten gegenüber vorbereiten.

Dazu gehört z.B. die weitverbreitete *Rollenkonfusion:* Zwischen Selbsterfahrungs- und Ausbildungsfunktion bestehen keine klaren Grenzen, Prüfer und Leiter von Selbsterfahrungsgruppen sind oft personell identisch. Machtmissbrauch durch „guruartiges" Verhalten von Ausbildern, die ihre Auszubildenden über regressive Mechanismen in Abhängigkeit und von ihrem sozialen Umfeld isolieren, ist ebenfalls nicht selten.

Subtile Formen dieser „sektenartigen" Mechanismen sind in vielen Psychotherapieschulen anzutreffen. Soziale Realitäten werden ausgeblendet, Auszubildenden wird, da sie ja ihre Selbsterfahrung noch nicht abgeschlossen hätten, die Fähigkeit zu gleichberechtigter Diskussion in Sachfragen abgesprochen. Insbesondere bei unliebsamen, kritischen Einwänden gegen Institutsdogmen werden gern *kindlich-persönliche Motive* (z.B. Protest gegen die Väter) unterstellt. Kontinuierliche *Kränkungen* während der Ausbildung und schwer durchschaubare, nicht kontrollierbare *Prüfungsrituale* stellen weitere Mechanismen dar, die infantilisierend wirken. *Auseinandersetzungen mit Kritik* seitens der sozialen Umwelt oder der Wissenschaft werden verpönt und ignoriert oder als „Abwehr" abgetan, weil nur das „echte Mitglied", das alle *Demütigungsrituale* durchlaufen hat, („all"-)wissend ist.

Ohne gründliche Auseinandersetzung mit der Problematik sexuellnarzisstischen Missbrauchs in der Therapie, ihrer Dynamik und den Mechanismen transgenerationaler Weitergabe können diese unheilvollen „Traditionen" nicht aufgelöst und „kollegiale" Komplizenschaften, Hemmungen gegen das Aufdecken solcher Missstände nicht abgebaut werden. Es wird den Therapieverbänden nicht erspart bleiben, sich mit den Tätern in den eigenen Reihen auseinanderzusetzen. Dies ist in der letzten Zeit, da sich Betroffene verstärkt zur Wehr setzen, immer häufiger geworden.

Schwieriger wird es, wenn Kolleginnen und Kollegen z.B. über Folgetherapien von solchen Fällen erfahren, ohne dass die Patientinnen und Patienten (bereits) etwas unternehmen wollen. Probleme der *Schweigepflicht* lassen sich unter Umständen lösen, wenn der Vorfall als solcher im Institut zuständigen Kollegen oder Gremien berichtet wird, ohne den Namen der Patientin zu nennen. Die Patientin kann allein von der Schweigepflicht über einen Sachverhalt entbinden, nicht aber über ihren Namen. Im Allgemeinen löst jedoch die dem Missbrauch inhärente Dynamik heftige Ängste aus, solche Fälle öffentlich zu machen – oft leider berechtigterweise. Die Mechanismen, die wir auch von der Aufdeckung sexuellen Missbrauchs an Kindern kennen, kommen in der

Regel mit all ihrer Destruktivität zum Einsatz. Spaltungen in den/die „Böse(n)", die alles zur Sprache gebracht haben, und den „bedauernswerten Kollegen", der jetzt meist noch krank wird oder dies zumindest vorgibt, können zu bösartigen Vorwürfen und Unterstellungen der Mitglieder untereinander, Spaltungen der Institute, Zerbrechen von Freundschaften usf. führen.

Trotz dieser belastenden und schmerzhaften Prozesse sind *institutsöffentliche Auseinandersetzungen* über die Vorfälle und das gemeinsame Durcharbeiten unerlässlich, um der Fortsetzung einer schweigenden Verbreitung missbräuchlichen Verhaltens entgegenzuwirken.

Über den engeren Kreis der Psychotherapieverbände hinaus gelten die oben genannten präventiven Vorschläge selbstverständlich für alle benachbarten Disziplinen wie z.B. *Sozialpädagogen oder Geistliche* – soweit sie in einer helfenden Beziehung zu einzelnen Klienten oder Gemeindemitgliedern stehen.

Für *Juristinnen und Juristen* und, nach Erlass einer entsprechenden Strafrechtsnorm, auch für *Beamtinnen und Beamte der Kriminalpolizei* sowie andere mit dem Themenkreis befasste Berufsgruppen, sollten ebenfalls gründliche Fortbildungsveranstaltungen angeboten werden.

8 Herstellung von Öffentlichkeit: Informationen und Hinweise für Betroffene und Angehörige

8.1 Psychotherapie und sexuelle Übergriffe von Tätertherapeuten in den Medien

Zunächst sollte in der Öffentlichkeit ein angemessenes Problembewusstsein über sexuelle Übergriffe in Psychotherapie und Psychiatrie geschaffen werden. Für Außenstehende ist in diesem Zusammenhang die therapeutische Beziehung selbst am schwersten verständlich. Aufgrund des ihr inhärenten *Machtgefälles* und der *Abhängigkeit* scheint sie so beunruhigend zu sein, dass viele Menschen sich schon deshalb schwer damit tun, sich in die Lage von Patienten einzufühlen und zu verstehen, dass es sich nicht um ein Verhältnis zwischen zwei gleichermaßen verantwortlichen Erwachsenen handelt. Die verbreiteten Vorurteile und diskriminierenden Einstellungen gegenüber dem „Psychokram" kommen hinzu.

Daneben werden alle in Kapitel 1 erwähnten *kognitiven Mechanismen,* mit denen Menschen sich davor schützen, mit traumatischen Erfahrungen in Berührung zu kommen, eingesetzt, um das Thema systematisch misszuverstehen. Um so wichtiger ist, dass die öffentliche Aufklärung möglichst sachlich und sachgemäß erfolgt.

Aus dem Umgang mit Opfern in der Öffentlichkeit können ebenfalls *Reviktimisierungen der Betroffenen* resultieren, die sexuellen Übergriffen durch Therapierende ausgesetzt waren. Diese werden Schuppli-Delpy und Nicola (1994) zufolge oft ein weiteres Mal missbraucht, wenn durch die „Vermarktung" des Themas durch die Medien das *voyeuristische Interesse der Öffentlichkeit* geweckt wird. Rückert (2006) ist der Ansicht, dass grundsätzlich eine neue Ära angebrochen zu sein scheint, in der Opfer aus dem Hintergrund ins *Scheinwerferlicht* treten.

Dies bringt verschiedene Gefahren mit sich. So kann durch den Presserummel das Trauma indirekt zum *Erfolgserlebnis* werden und somit für die Betroffenen identitätsstiftend sein. Ist dies der Fall, findet das traumatisierte Individuum aus seiner *Opferrolle* nicht mehr heraus. Die Fixierung in dieser Rolle stellt jedoch eine Unterbrechung der Traumaverarbeitung auf dem Weg vom Opfer zum „Überlebenden" des Traumas dar (vgl. Fischer & Riedesser, 1998).

Rückert (2006) zitiert den Chef der Psychiatrie der Uniklinik Greifswald, Prof. Freyberger, der zu bedenken gibt, dass die Anteilnahme der Öffentlichkeit in dem Moment stirbt, in dem das Interesse nachlässt, und das Opfer erkennen muss, dass Medienbeziehungen nicht von Dauer sind. Es besteht also die Forderung nach einem rücksichtvolleren und den Betroffenen *Respekt zollenden Umgang der Öffentlichkeit* bzw. der Medien mit der Information über sexuelle Kontakte in therapeutischen Beziehungen.

Einzelfallschilderungen zu sexuellem Missbrauch in der Psychotherapie, die darauf abzielen, voyeuristische und möglicherweise noch dazu sadomasochistische Bedürfnisse der Leser zu befriedigen, wirken absolut kontraproduktiv – außer vielleicht für den publizierenden Verlag. Sie spielen die sexuelle Komponente gegenüber dem Macht- und Vertrauensmissbrauch ungebührlich hoch und leisten dem populären Missverständnis Vorschub, dass es sich bei den Opfern sexueller Übergriffe in der Psychotherapie ja doch nur um „Masochistinnen" handle, die über kurz oder lang ohnehin ihren „Täter" finden würden.

Über die spezielle Thematik hinaus muss die Öffentlichkeit – insbesondere die potenziellen „Verbraucher" – besser über Psychotherapie informiert werden. Für Laien ist es so gut wie unmöglich geworden, sich in dem undurchschaubaren *Dschungel der unterschiedlichsten Psychotherapieanbieter* zu orientieren. Seit der Einführung des Psychotherapeutengesetzes (PsychThG) im Jahre 1999 ist der Titel "Psychotherapeut" geschützt, was diesen Bereich etwas durchschaubarer macht und die Gefährdung von Patienten durch unausgebildete, naive Täter und sektenartige Vereinigungen verringert.

Eine wichtige Hilfe können hier auch die *Krankenkassen* anbieten. Sie verfügen in der Regel über Listen von Psychotherapeuten, die von ihnen anerkannt sind und die notwendigen Ausbildungsvoraussetzungen aufweisen. Auch psychologische und psychotherapeutische Beratungsstellen, Ambulanzen und Frauenberatungseinrichtungen kommen als Ansprechpartner in Frage.

Über die einzelnen Therapiemethoden hinaus sollten die Verbraucher die *Grenzen und Pflichten der Therapeuten und ihre Rechte als Patienten* kennen. In den USA wurden in den vergangenen Jahren zahlreiche *Broschüren und Merkblätter* für Psychotherapiekonsumenten entwickelt, sowohl von den verschiedenen Psychotherapeutenverbänden als auch von den Landesregierungen. Diese stießen anfangs auf erhebliche Widerstände bei den psychotherapeutischen Fachleuten und mobilisierten bei ihnen starke Ängste. Auf Schriften, die Patienten auch über die Gefahr, in der Therapie sexuell missbraucht zu werden, informieren, reagierten Therapeuten mit der Sorge, dass Patienten ihren Therapeuten dadurch zu misstrauisch begegnen oder falsche Anschuldigungen erheben könnten.

Thorne et al. (1993) verglichen die Reaktionen von 50 potenziellen Psychotherapiekonsumenten und 50 Psychotherapeuten auf eine solche Broschüre. Diese enthielt Aussagen über adäquates und inadäquates Therapeutenverhalten, Rechte von Psychotherapiepatienten, normale Verliebtheitsgefühle in Psychotherapien, Warnzeichen für sexuelle Übergriffe und Handlungsmöglichkeiten für Patienten, die mit sexuellen Übergriffen konfrontiert waren. Die potenziellen Psychotherapiekonsumenten reagierten ausgesprochen positiv auf die Schrift. Sie plädierten für ihre Verbreitung, hielten sie für hilfreich, um inadäquates Therapeutenverhalten erkennen, sich gegen den Therapeuten behaupten sowie, bei Konfrontation mit einem sexuellen Übergriff, richtig handeln zu können. Falsche Anschuldigungen befürchteten die Patienten nicht. Auch die Therapeuten beurteilten die Informationsschrift ihrem Inhalt nach positiv. Sie äußerten aber die Befürchtung, die Patienten würden durch die detaillierte Aufklärung verunsichert werden. Die ganz andersartige Reaktion der potenziellen Patienten lässt vermuten, dass es sich eher um ein *Vorurteil der Therapeuten* handelt, das diese dann den Patienten unterstellen.

8.2 Patienteninformationen: Basisregeln, Warnsignale und Grenzüberschreitunge, Rechte und juristische Schritte

Aufgrund der positiven Auswirkungen, die Patienteninformationen nach den Erfahrungen vieler psychosozialer Einrichtungen in präventiver Hinsicht haben, und da wir nach öffentlichen Diskussionen über „Warnsignale" sehr häufig von gefährdeten Patientinnen um Rat gefragt wurden, möchten wir im Folgenden die *allgemeingültigen Regeln und Grenzen therapeutischen Verhaltens* zusammenfassen: Was gehört zu den Rahmenbedingungen einer Psychotherapie, und welche Rechte haben Patienten? Was kann als Warnsignal für späteren sexuellen Missbrauch gelten? Was können betroffene Patienten sowie deren Angehörige bei sexuellen Übergriffen tun?

8.2.1 Basisregeln der Psychotherapie

Aufgabe einer Psychotherapie ist es, seelisches Leiden oder seelisch verursachte körperliche Erkrankungen zu lindern bzw. zu heilen. Damit ist eine wesentliche Grenze der Behandlung festgelegt: Es geht um die Patienten und ihre Beschwerden und nicht um persönliche Wünsche und Bedürfnisse der Behandelnden – selbstverständlich abgesehen von ihrem Wunsch, beruflich kompetent ihre Aufgabe zu erfüllen und sich damit ihren Lebensunterhalt zu verdienen. Nicht jedoch um andere persönliche Bedürfnisse und Wünsche der Behandler, welcher Art diese auch immer sein mögen. Private, gesellschaftliche Beziehungen sind mit der Funktion eines Psychotherapeuten nicht vereinbar.

Vor Beginn der Therapie müssen klare Absprachen über die Rahmenbedingungen und die angewandten Therapiemethoden getroffen werden. Die Patienten müssen den Sinn verstehen und mit allen Bestandteilen einverstanden sein. Zu den Absprachen gehören:
- Ort der Therapie
- Dauer der Sitzungen
- Häufigkeit der Sitzungen pro Woche/Monat
- Voraussichtliche Dauer der Behandlung insgesamt

- Art und Höhe der Bezahlung
- Bestandteile der Therapie und deren Sinn: z.b. ob sie im Liegen oder Sitzen stattfindet, in Gesprächsform oder freier Assoziation, ob Körperkontakt einbezogen ist, welcher Art der Körperkontakt ist, wann und warum er wichtig ist, ob Medikamente verordnet werden, ob hypnotische Techniken eingesetzt werden etc.
- Sinn, Möglichkeiten, Grenzen und Risiken der Therapiemethode sowie alternative Behandlungsverfahren und deren Vor- bzw. Nachteile.

Die vereinbarten Bedingungen müssen von dem Therapeuten eingehalten werden. Veränderungen bedürfen der *Begründung durch die Therapeuten* in verständlicher Form und der ausdrücklichen Zustimmung der Patienten.

Patienten haben jederzeit sowohl zu Beginn als auch während der Behandlung das Recht, sich über die Behandlungsmethode oder Dinge, die sie verunsichern und nicht verstehen, *zu informieren und nachzufragen*, bis ihre Unklarheiten beseitigt sind. Therapeuten sind verpflichtet, diese Fragen sinngemäß und mit allen relevanten Informationen zu beantworten. Einwilligung zu einer Behandlung, die auf Aufklärung i.S. des „informed consent" beruht (vgl. Pope, 1994), beschränkt sich nicht auf Absprachen, die zu Behandlungsbeginn getroffen worden sind. Zu diesem Zeitpunkt sind Rahmenbedingungen und Bestandteile der Therapie für die Patienten oft in ihrer Bedeutung und ihren Auswirkungen nicht wirklich zu verstehen. In jeder Phase der Therapie sollten die Patienten ihre Fragen zu Methode, Rahmen und Wirkung der Behandlung besprechen können.

Zwischen Behandelnden und Patienten besteht ein *Machtgefälle*, das durch verschiedene Fakoren bedingt ist. Generell sind psychisch – ähnlich wie anders, z.B. körperlich – Leidende, wenn sie sich hilfesuchend an eine Fachkraft wenden, in einer schwächeren Position. Sie sind in einer Situation, die sie mit eigenen Kräften nicht glauben meistern zu können, und hoffen auf fachkompetente Hilfe. Die reale (oder in manchen Fällen auch vermeintliche) *Fachkompetenz der Behandelnden* ist eine grundsätzliche Komponente des Machtungleichgewichts in „helfenden" Beziehungen. Dieses Ungleichgewicht verstärkt sich in der Regel im Laufe einer Therapie, da die Patienten sich einseitig und in einem Maße, wie es in Alltagsbeziehungen unüblich ist, mit all ihren Sorgen, Schwächen, Verletzlichkeiten den Behandelnden anvertrauen. Damit entwickelt sich eine *Bindung an die Therapeuten*, die mit intensiven Gefühlen von Verliebtheit, Liebe, Wut und Hass verbunden sein kann.

Diese Vorgänge sind normal, gehören in eine Therapie und sollten dort besprochen werden, um sie zu verstehen. Dabei ist es wichtig, immer zu berücksichtigen, dass diese Gefühle nicht den Behandelnden als Privatpersonen gelten (auch wenn das manchmal so erlebt werden mag), sondern durch ihre berufliche Funktion hervorgerufen werden. Daher dürfen sie auch von den Therapeuten nicht als persönliche Gefühle verstanden oder gar beantwortet werden und z.B. nicht zur Anbahnung einer privaten Beziehung ausgenutzt werden. Dies betrifft nicht nur Liebesbeziehungen, sondern persönliche Beziehungen jeder Art, z.B.

- dem Therapeuten bei Schwierigkeiten zu helfen;
- seine Probleme zu besprechen;
- freundschaftliche Treffen;
- berufliche Beziehungen wie gemeinsame Arbeit, Büroarbeiten oder Babysitten beim Therapeuten;
- finanzielle Projekte;
- Aktivitäten, die durch gemeinsame Interessen geleitet sind, z.B. ins Theater gehen.

Alle so gearteten gemeinsamen Aktivitäten sind mit der therapeutischen Beziehung nicht vereinbar. Therapeuten müssen ihre privaten Angelegenheiten und Bedürfnisse strikt aus den Beziehungen zu ihren Patienten heraushalten, insbesondere ihre persönlichen Sorgen und Schwierigkeiten. Gespräche über die Probleme der Therapeuten haben nichts mit der psychotherapeutischen Behandlung zu tun, deren Ziel es ja ist, das Leiden der Patienten – und nicht die Probleme der Therapeuten – zu lindern.

Diese „Abstinenz" der Behandelnden von privaten, insbesondere von *Liebesbeziehungen* zu ihren Patienten, beschränkt sich nicht auf die Dauer der Therapie, sondern gilt auch *noch für lange Zeit danach*. Die intensiven Gefühle, die sich in der therapeutischen Beziehung entwickelt haben, lösen sich nur langsam. Sie gelten nicht den Behandelnden als Privatperson, sondern sind aufgrund der Funktion, die sie in der Therapie haben, entstanden. Sie können also keine realistische Grundlage für eine gleichberechtigte Liebesbeziehung sein.

Auch wenn heute die Therapie abgebrochen und morgen ein privates Verhältnis begonnen wird, würde die therapeutische Beziehung *von den Therapeuten zu eigennützigen Zwecken* ausgenutzt und missbraucht werden.

8.2.2 Rechte der Patienten

1. Genaue Information über die Rahmenbedingungen: die Therapiemethode, die Ausbildung der Therapeuten etc.
2. Diese Information muss verständlich sein. Patienten haben das Recht, so lange nachzufragen, bis sie wirklich verstanden haben, worum es geht, und auf dem Hintergrund dieses Wissens, der Behandlung und ihren Bedingungen zustimmen können.
3. Die Rahmenbedingungen müssen eingehalten werden. Mögliche Abweichungen müssen von den Therapeuten in verständlicher Form begründet werden, so dass die Patienten wissen, welche Konsequenzen ihre Einwilligung in die vorgeschlagene Veränderung hat bzw. haben kann.
4. Bei Unklarheiten, Unbehagen, Gefühlen von unauflösbaren persönlichen Verwicklungen sollten Patienten dieses mit den Behandelnden gründlich besprechen, auch wenn es ihnen schwerfällt.
5. Sollte keine Klärung zustandekommen, so können notfalls außenstehende Fachleute einbezogen werden.

8.2.3 Typische Grenzüberschreitungen im Vorfeld von sexuellen Übergriffen

Überschreitungen des therapeutischen Rahmens, die zu weitergehendem missbräuchlichem Verhalten bis hin zu sexuellen Übergriffen führen können, sind:
1. Überschreiten der o.g. Rahmenbedingungen z.b. der vereinbarten Sitzungsdauer, Erhöhung der Sitzungshäufigkeit, Minderung der Bezahlung.
2. Die Therapeuten lassen zunehmend Aspekte ihrer privaten Situation in die Therapie einfließen, insbesondere sprechen sie von ihren Schwierigkeiten, persönlichen Krisen, Trennungssituationen und Krankheiten. Bei den Patienten kommen Gefühle von Mitleid und „Sich-kümmern-Müssen" auf.
3. Die Therapeuten machen während der Sitzungen vertrauliche Anspielungen, Witzeleien, sexuelle Anzüglichkeiten, Äußerungen über die besondere Attraktivität der Patientinnen u.ä.
4. Die therapeutische Beziehung geht immer mehr in eine unangemessene persönliche Beziehung über; aus der Anrede mit „Sie" wird „Du". Es werden private Verabredungen im Café, Restaurant, Theater, in der Wohnung von Therapeut oder Patientin getroffen.
5. Die Behandelnden streben nicht danach – wie es ein sollte –, die Patientinnen in die Lage zu versetzen, unabhängig von ihnen Anerkennung und Liebe in ihrer Umwelt zu finden. Im Gegenteil, sie arbeiten auf die zunehmende Isolation der Patientinnen von ihren sozialen Beziehungen hin und fördern die Abhängigkeit zu ihnen nach Kräften.
6. Die Patientinnen bekommen infolge sich einschleichender Grenzüberschreitungen zunehmend das Gefühl, für die Therapeuten „etwas Besonderes" zu sein, fühlen sich aufgewertet, sind darauf stolz und „blühen auf". Zugleich spüren sie die Bedürftigkeit und Verletzlichkeit der Therapeuten. Da sie die Zuneigung und die besondere Bedeutung, die sie für ihre Therapeuten zu haben glauben, nicht verlieren möchten, richten sie sich nach den Bedürfnissen, die sie bei ihren Therapeuten wahrnehmen. Wenn sie das Gefühl haben, die Therapeuten wollten von ihnen bewundert oder begehrt werden, verhalten sie sich dementsprechend.

7. Warnende Gefühle, dass in der Therapie etwas nicht richtig läuft, dass sie und ihr eigentliches Anliegen, geheilt zu werden, zu kurz kommen, werden von den Patientinnen in den Hintergrund gedrängt: „Der Therapeut muss doch wissen, was er macht".
8. Die Behandelnden behaupten, die Berührung, Massage u.ä. intimer Zonen bzw. sexuelle Kontakte mit ihnen seien Bestandteil der Therapie. Ohne diese seien z.b. Sexualstörungen, „Verklemmungen" nicht abzubauen, sei kein therapeutischer Fortschritt zu erzielen.
9. Die Behandelnden schlagen vor, die Therapie zu beenden (d.h. abzubrechen) und eine „freundschaftliche, private Beziehung" einzugehen.

Wenn solche oder ähnliche Grenzüberschreitungen drohen oder bereits eingetreten sind, empfiehlt es sich zunächst, diese gründlich mit den betreffenden Therapeuten zu besprechen. Kommt es zu keiner Klärung, sollten außenstehende, unabhängige Fachleute zu Rate gezogen werden (Beratungsstellen, Ansprechpartner der betreffenden Therapie- bzw. Berufsverbände etc.). Einer ausführlicheren Darstellung dieser Abläufe widmet sich Kapitel 3.1.

8.2.4 Was tun, wenn es zu sexuellen Kontakten gekommen ist?

Wenn es zu sexuellen Kontakten gekommen ist, sollte die Therapie möglichst schnell beendet werden. Dies ist meist nicht leicht, weil die Gefühle den Behandelnden gegenüber im Allgemeinen sehr heftig sind. Sie können zwischen großer Liebe, Bewunderung, Vertrauen, dem Wunsch, sie zu schützen, und heftiger Wut und Empörung über die sexuelle Grenzverletzung schwanken. Die *Angst*, darüber zu reden, ist groß, weil der Vorfall für Außenstehende schwer verständlich ist. Patientinnen fühlen sich verantwortlich und schuldig für das, was geschehen ist, und schämen sich deswegen. Dabei ist es wichtig, immer wieder zu bedenken: Selbst wenn der Wunsch nach oder die Initiative zu der intimen Beziehung von den Patientinnen ausgegangen sein sollte: *Verantwortlich sind immer die*

Therapeuten , wenn die Grenzen der beruflichen Beziehung nicht eingehalten werden – unter keinen Umständen hingegen die Patientinnen.

Trotz aller Hemmungen und Schwierigkeiten, mit anderen über das Geschehen zu sprechen, sind solche Gespräche ausgesprochen wichtig, um nach Beendigung der Beziehung zu dem Therapeuten mit dem Vorfall und seinen Folgen nicht allein dazustehen. Es ist oft besser, zunächst mit *guten Freundinnen oder Freunden* zu sprechen als mit den Partnern. Partner sind selbst stark mitbetroffen und es kann ihnen deswegen schwerfallen, Verständnis für den Vorfall aufzubringen. Fast immer ist es sehr hilfreich, *andere Betroffene* zu suchen, die ähnliche Erfahrungen gemacht haben, da mit ihnen ein Austausch darüber leichter ist. Ansprechpartner sind über einige *regionale Frauenberatungsstellen* oder die Kontaktadresse im Anhang zu erfahren.

Versuche, die Angelegenheit zunächst mit den Behandelnden zu klären, erweisen sich in der Regel als sehr schwierig. Die Patientinnen sind oft verletzenden Bemerkungen, Schuldzuweisungen, Drohungen und Verwirrungsstrategien der Therapeuten ausgesetzt, denen sie nicht gewachsen sind. Daher ist es dringend angeraten, derartige Gespräche *in Anwesenheit neutraler fachkompetenter Personen* zu führen.

Beratungen und Folgetherapien durch kompetente Fachleute sind aufgrund der schweren Schädigung durch die Erfahrung sexueller Ausbeutung meist unumgänglich (vgl. Kap. 5). Dabei ist es wichtig, Fachkräfte zu finden, die sich speziell mit der Problematik des sexuellen Missbrauchs in Psychotherapie und Psychiatrie befasst und Erfahrung in Beratung und Therapie Betroffener haben. Erneut sich in Psychotherapie zu begeben, fällt vielen Patientinnen vor dem Hintergrund ihrer Erfahrung verständlicherweise schwer. Ihr Misstrauen richtet sich nun gegen Psychotherapeuten schlechthin, was eine dringend notwendige Folgebehandlung verhindern kann. Andererseits ist es sehr wichtig, dass Patientinnen sich nach der Einstellung der Folgetherapeuten zu der Problematik erkundigen und sich vergewissern, ob sie oder er Erfahrung in Therapie von Opfern sexueller Gewalt hat.

8.2.5 Was tun, wenn Partnerinnen in der Therapie missbraucht worden sind?

Die Information, dass die eigene Partnerin in ihrer psychotherapeutischen Behandlung missbraucht worden ist, löst in der Regel heftige Gefühle von Verletztheit, Wut und Traurigkeit aus, verbunden mit dem Gefühl, von der Partnerin *hintergangen* worden zu sein. Das Geschehen ist für Menschen, die selbst noch nicht in Psychotherapie waren, sehr schwer zu verstehen. Die therapeutische Beziehung ist, selbst wenn es zu sexuellen Kontakten gekommen ist, etwas ganz anderes als Beziehungen im alltäglichen Leben. Patienten können sich in der therapeutischen Situation nicht frei entscheiden, wie sie das als erwachsene Menschen in ihrem Leben außerhalb der Therapie können. Es ist höchst unwahrscheinlich, dass sie sich für diesen Mann/diese Frau interessiert hätten, wenn sie bei ihm/ihr nicht in Therapie gewesen wären. Das heisst: Die gefühlsmäßige Bindung und das kindliche Vertrauen, das in jeder therapeutischen Beziehung entsteht, wurde vom Therapeuten ausgenutzt. *Verantwortung und Schuld für das Geschehen trägt allein der Therapeut.* Er hat diesen psychisch leidenden Menschen noch zusätzlich geschädigt und alle Personen, die diesem nahestehen.

Leicht kommt es nach sexuellen Übergriffen von Psychotherapeuten zu *heftigen Konflikten in Partnerschaft und Ehe.* Den Betroffenen geht es danach noch schlechter als zu Behandlungsbeginn, oft sind sie suizidgefährdet. Sie sind sehr misstrauisch geworden, sogar ihren Partnern gegenüber, und ziehen sich zurück. Die Partner sind wütend und verletzt wegen der „Untreue" der Betroffenen, machen ihnen Vorwürfe und können nur schwer Verständnis für ihr Leiden aufbringen. Intakte Beziehungen können zerstört werden.

Wenn die Probleme, die durch den Missbrauch in der Therapie ausgelöst wurden, nicht allein zu bewältigen sind, sollte unbedingt *professionelle Hilfe,* z.B. bei Beratungsstellen, niedergelassenen Therapeuten, gesucht werden. Wichtig ist, die Probleme gemeinsam anzugehen und die Betroffenen zu unterstützen. Je besser diese das Geschehen verarbeiten, um so eher werden die Partner wieder zusammenfinden.

In dem Wunsch, *juristische Schritte* zu unternehmen, sollten die Betroffenen unterstützt, keinesfalls jedoch unter Druck gesetzt werden. Solche Schritte müssen gut überlegt sein, da sie in der Regel sehr belastend sind. Die Betroffenen sind oft erneuten Verletzungen ausgesetzt. Sie sollten diese Entscheidung nicht ihren Partnern „zuliebe" fällen. In jedem Fall sollten sie rechtliche Beratung und geeignete psychosoziale Hilfe in Anspruch nehmen. Über die rechtlichen Möglichkeiten informiert Kapitel 6.1.

Anmerkungen

1) Interessanterweise wird diese Argumentationsfigur nicht nur gegenüber reisserischen Falldarstellungen eingesetzt, sondern auch von Herausgeberinnen solcher Darstellungen gegen eine wissenschaftlich-versachlichende Auseinandersetzung mit der Thematik gewendet.
2) Um Missverständnissen, die bei flüchtiger Lektüre entstehen können, vorzubeugen (vgl. Vogt, & Arnold 1993; Sonntag, 1995): Diese schwer gestörten Persönlichkeiten sind keineswegs solche, die nach außen hin in irgendeiner Weise „auffällig" wirken müssen. Im Gegenteil: Es handelt sich dabei allem Anschein nach um Personen, die sich in ihren alltäglichen, z.B. kollegialen Beziehungen äußerst angepasst verhalten. Immer wieder werden Therapeuten als Wiederholungstäter bekannt, von denen selbst gut befreundete Kollegen dies niemals erwartet hätten. Dies liegt in der Natur dissoziativer Störungen. Solche in sich gespaltenen Menschen verfügen über mehrere Persönlichkeiten, die ihrerseits eben voneinander abgespalten sind. D. h., die eine weiss nichts von der anderen, der gerade Missbrauchende weiss nichts von dem Ethikkommissionsmitglied.
3) Der unglücklich übersetzte Titel des Buchs von Pope und Bouhoutsos (dt. 1992) „Als hätte ich mit einem Gott geschlafen" mag auf diese Konstellation bezogen sein.
4) Wir möchten uns herzlich bei den Mitarbeitern des Zentrums dafür bedanken, dass sie uns diese Daten zur Veröffentlichung zur Verfügung gestellt haben.
5) Schon allein aufgrund unserer näheren Vergangenheit mit all den sekundär und tertiär traumatisierten Täter- und Opferkindern ist eher das Gegenteil zu vermuten.
6) Interessant ist in diesem Zusammenhang der Befund einer Untersuchung von Boatwright (1989), derzufolge in den USA Ehe- und Familienberater(innen) in einer anonymen Befragung signifikant häufiger angaben, sexuelle Beziehungen zu ihren Klient(inn)en zu unterhalten als Psychiater, Psychologen und Sozialarbeiter.

Sachregister

abgespaltene Schattenseite 73
abgespaltene Wut 148
Abhängigkeitssituation 145
Abspaltung der Aggressionen 150
Abstinenzgebot 9
Abstinenzregel 17ff, 175
Abwehrmechanismen 18, 23
Abwehrstrategien 122
- geschlechtsspezifische 131
- psychotraumatologische 122
addiction to the trauma 31
Adhäsionsverfahren 159
Adlerianer 30
Ätiologiemodell, universalistisches 122
Albträume 110, 126
Allmachtsphantasien 179
Allwissenheitsphantasien 179
amnestische Phänomene 145
analytische Ausbildung 47
Angststörung 57
anonyme Anzeige 162
Anti-Antimissbrauchsbewegung 18
Anything goes 52
Arbeitsbeziehung 132, 156
Arbeitsbündnis 132, 139
Arbeitsvertrag 132
assoziiertes Opfer 136
aufdrängende Erinnerungen 83
Ausbildungshintergrund 92ff
Ausbildungstherapien 121
Auschwitz-Persönlichkeit 49
Auswahlverfahren 47
authentische Gefühle 30
authentische therapeutische Beziehung 11

Bagatellisierung 25f, 28, 123
Banalität des Bösen 26
BDP 28f
Behandlungsfehler 22
berufliche Identität 10
berufliche Integrität 18
Berufsstand 50
Berufsverband Deutscher Psychologinnen und Psychologen 28
Berufsverbände 28
Beschwerde 160ff
Bewältigungsfaktoren 109
Beweispflicht 55
Beziehungsentwicklung 61ff
Beziehungsfalle 77
Bindung an den Ersttherapeuten 117
blaming the victim solution 25
Borderline-Persönlichkeiten 47, 49, 71, 151

Charakterstörungen 46
Covert Sex 85

delikttypisches Täterskript 164
depressive Erlebniszustände 78
Desillusionierung 101
Destruktionsimpulse 66
Deutsche Institut für Psychotraumatologie 9
Dezentrierungsfähigkeit 123
DGVT 180
Dialektik der Meinungsbildung 17
dialektisches Veränderungsmodell 133
Differenzierungsfähigkeit 134
Differenzierungslernen 155
direkte sexuelle Kontakte 84

direkter Geschlechtsverkehr 84
Dissonanzreduktion 25
Dissoziationstendenz 151
dissoziative Persönlichkeitsstörungen 144, 183
dissoziative Tendenzen 49
distanzierter Gott 67ff
Doppelmoral 184
Doubling-Phänomen 49, 71
Drehbuch-Modell 24
Drehtürargumentation 22
Drei-Parteien-Modell 53
Dunkelziffer 42, 92, 131

Ehrengericht 9, 28
ehrengerichtliche Schritte/Verfahren 28, 50, 119
Ehrengerichtsordnungen 28
Ehrlichkeit 129
Eigenübertragungsgefühle 116, 121
Eigenverantwortung der Patientin 176
Einfühlungsvermögen 105
Eingangssymptomatik 90
emotionale Bindung/Gebundenheit 107, 164
emotionaler Deprivationszustand 70
emotionales Differenzierungslernen 156
emotionales Erstarren 101
Empathiemangel 182
Empowerment 112
Entwertungstendenzen 147
Ereignis-Belastungsskala 81f
Erfolgsbeurteilung 53
erlernte Hilflosigkeit 139, 156
erotische Psychotherapien 54
erotische Wünsche 34
erotisches Potenzial 54f
erotisierte Übertragung 17

Ethikkommissionen 10, 117
Ethikrichtlinien 9, 86
ethische Integrität 18
ethische Regel 128
ethische Standards 21
exklusive Zweiersituation 22
exklusive Zweisamkeit 50

fachliche Kompetenz 52
fiktive Neutralität 129
Folgebeschwerden 99
Folgeschäden 42, 56, 73ff
Folgetherapeut(en) 27f, 42, 102f, 113, 115, 121, 124, 134, 162
Folgetherapie 27f, 57, 103, 113, 116ff, 137ff, 196
Fragebogen SKPP 88, 109
Freudianer 145
frühe(re) Traumatisierung 52, 111, 183ff
frühere sexuelle Gewalterfahrungen 50

Gedächtnisprotokolle 162
Gegen-Liebe 12
Gegenübertragung 12, 121, 141, 149, 171ff
Gegenübertragungsgefühle 147
Gegenübertragungsprobleme 139
Gegenübertragungsreaktionen 131
Gewalttraumata 122
golden phantasy 65f, 67ff
grenzlabile Psychotherapeuten 55
grenzüberschreitende Psychotherapie 52ff
Grenzüberschreitungen 62, 141, 147, 181, 194ff
Grenzverletzungen, sexuelle 164
Größenfantasien 148
Gruppenidentität 18

Gruppentherapie 135
Gurus Sextherapie 67ff

Habituation 11
Hassgefühle 102
Hassimpulse 66
Heilungschance 83
Helfersyndrom 63f
hilfloser Messias 67ff
humanistisch orientierte Therapeuten 30, 176f
humanistische Verfahren 121

Idealisierung des Therapeuten 61
Identifikation, unbewusste 118
identifikative Projektion 173
IES s. *Impact-of-Event Scale*
Imaginationstechniken 145
Impact-of-Event Scale (IES) 81f, 99f, 126
Impuls-Kontrolle, gestörte 182
infantile Traumatisierungen 131
informed consent 132
innerer Rückzug 142
Integrität des Berufsstandes 18
Integrität des Therapeuten 22
Introjektion 173
Intrusion 99f
Intrusions-Skala der IES 126
intrusive Erinnerung 83
intrusive Traumareaktionen 126
Inzest 61
Inzestopfer 130
Jungianer 30

Kassenzulassung 92ff
Kavaliersdelikt 10, 22, 25
Kindesmissbrauch, sexueller 17
klinischer Intuitionismus 179
KÖDOPS 180

kognitive Dissonanz 28
kognitive Dissonanzreduktion 23
kognitive Selbstmanipulation 23
kollegenidentifizierte Einstellung 120
kollegiale Dissonanzreduktion 119
kollegiale Komplizenschaften 185
kollegiale Supervision 181
Kollegialität 116
Kontaktbedürfnisse 114
Körpertherapeuten 176f
Kränkungswut 71f
Kunstfehler 86

Legitimationsstrategie(n) 30, 70
Lehranalysen 47
Libidostruktur 55
Liebe 12
Liebesbeziehungen 131
Liebeskranke 167
liebeskranke Therapeuten 48
Liebestherapie(n) 52, 56, 72
logisch-empirische Konvergenz 128

Macht der Therapeuten 107
Machtbedürfnisse 71
Machtgefälle 60
Machtmissbrauch 59ff, 179
Makropsie 26
Mediation 115
meditative Techniken 145
Mehrfachtäter 163
metakognitive Differenzierung 155
Mikropsie 26
Missbrauch des Missbrauchs 22
Missbrauchsdynamik 102
Missbrauchserfahrungen 122
Misstrauen 103
Misstrauen gegen den Therapeuten 134
Misstrauen, generalisiertes 143

misstrauischer Rückzug 77
Mitschuld am Missbrauch 138
Mitschuld der Opfer 31
Mitschuldargument 32
Morddrohungen 121
multiple Persönlichkeit 71, 152

Narzissmus 63f
narzisstische Aufwertung 77, 114
narzisstische Bedürftigkeit 62
narzisstische Verführung 71
narzisstischer Missbrauch 69, 86

Objektanalyse 151f
Objektspaltung 151f
Öffentlichkeit 113
offizielle Persönlichkeit 50
Online-Nachfolgeuntersuchung 87ff
Opferbeschuldigung 30f, 50
Opfererfahrungen 131
Opferrolle 188
Orientierungslosigkeit 74

Paartherapien 136
Paradiesfigur 71
parteiliche Abstinenz 127, 129
Patienteninformationen 190ff
peritraumatische Dissoziation 78
persönliche Ausstrahlung 59
persönliche Befriedigung 32
Persönlichkeit der Therapeuten 95f
Persönlichkeitsstörung des Therapeuten 51
Persönlichkeitsstruktur von Tätertherapeuten 48ff
Petting 84
prätraumatische Störung 154ff
Prinzip der Normalität 139ff
Problemlösungstechniken 145
Processing-Sessions 114

professional conspiracy of silence 120
Professionales Missbrauchstrauma 37, 59ff, 99, 109ff, 132ff, 139ff, 147ff,
Professionalisierung der Psychotherapie 10
professionelle Abstinenz 105
professionelle Identität 11
professionelle Wächter 41
Projektion 173
projektive Identifikation 171, 173
Prüfungsrituale 185
Pseudoharmonie 66
pseudoharmonische Verliebtheit 63
Psychoanalyse 47f, 121
psychoanalytisch orientierte Therapeuten 30
psychoanalytische Therapierichtung 170ff
psychoedukative Erklärung 138
psychologisches Anmachen 164
Psychopathologie von Wiederholungstätern 51
Psychotherapeutengesetz 10
Psychotherapeutenkammern 28
psychotherapeutische Logik 39, 41
Psychotherapiewissenschaft 12, 13
psychotische Persönlichkeiten 47
PTBS-Symptome 57

Rachegelüste 72
Racheimpulse 114
Rachetypus 67ff, 76ff, 96ff, 119
reaktivierte Triebimpulse 66
Reaktivierung von Traumata 64f
Rechtfertigungsstrategien 29ff
Rehabilitation 9, 115
rehabilitative Maßnahmen 166f
Relativierung von Normen 41
Relativierung von Werten 41
Retraumatisierung 66, 112

Rettungsengel 68
Rettungsfantasie(n) 65, 102, 147f
Reviktimisierungen 187
Rollenaufteilung 150
Rollenkonfusion 184
Rollenstereotypen, geschlechtsspezifische 42
Rollentausch 62f
Rollenumkehr 60, 70
romantische Beziehung 78
Rückfallprophylaxe 166f
Rückfallquote 166

sadistische Motivationen 50
sadistische Neigungen 71
Schadenersatz 159f
Schadensersatzzahlungen 121
Schadenswiedergutmachung 115
Schamgefühle 75ff, 110, 149
Schlafstörungen 126
Schmerzensgeld 159f
Schocktrauma 136
Schuldgefühle 75ff, 81, 110, 137, 142, 149
Schuldzuweisung an die Patientin 30, 136, 145, 170ff
Schweigepflicht 39, 145, 185
Scriptanalyse 24
Scripts 24ff, 67ff
sekundäre Opfer 136
Selbstanklagen 75
Selbsthilfegruppe 103, 109ff
Selbsthilfeinitiativen 109ff
Selbstmordfantasien 140
Selbstrettungsversuch 152
Selbstschutzstrategie 152
Selbstspaltung 152f
Selbsttäuschung 23
Selbstwirksamkeit 156
self-efficacy 156

sexualisierte Berührungen 84
Sexualisierung(en) 62f, 84
- versteckte 85
Sexualmoral 56
Sexualstörungen 81, 143
sexuelle Anzüglichkeiten 164
sexuelle Gegenübertragungsreaktionen 149
sexuelle Konfusionen 143
sexuelle Traumatisierung 122
SKPP s. *Fragebogen SKPP*
sokratischer Dialog 138
soziale Isolierung 135
soziale Netzwerke 109ff
sozialkognitive Abwehrstrategien 23
sozialkognitive Schemata 23f
soziopathischer Täter 48
Spaltungsphänomene 49
Spaltungstendenz 152
suizidale Krisen 115
suizidales Tendenzen 154
suizidales Verhalten 79
Suizidalität 81ff. 140
Suizidgedanken 81, 106
Suizidgefahr 137
Suizidimpulse 110
Superfrau 77
Supervision 86, 181ff
Supervisoren 47
Survivors 112
Symptomverschiebungen 54

Täteridentifikationen 131
Täterrolle 184
Tätertypologie 43ff
Therapeutenpersönlichkeit 95f
therapeutische Identität 11
therapeutische Missallianz 150
therapeutischer Vertrag 135
Therapieerfolg 128

Therapierichtungen 92ff
Therapieverbände 22, 48
Traumaabwehr, gemeinsame 66
Traumakompensation 164
Traumasucht 31
Traumatophilie 31
Traumaverarbeitung 110
Triangulation 128

Überdramatisierung 25f
Über-Ich-Defizite 49
Überidentifikation mit Betroffenen 122f
Überrumpelungstaktik 69
Übertragung 12
Übertragungsbeziehung 37, 132
Übertragungskonstellationen 147
Übertragungsliebe 10, 11, 13, 17
Unprofessionalität 11

Verantwortlichkeit 51
verbalerotische Manipulationsstrategien 86
Verbot der Berufsausübung 9
Verbraucherschutzgruppen 111
Verführungswünsche 74
Verhaltenstherapeuten 30

Verhaltenstherapie 48, 121, 174ff
Verliebtheit 177
Verliebtheitsgefühle 74, 149
Vermeidung 99f
Vernetzung 111
Verschwiegenheitspflicht 117
Vertrauensbruch 59ff, 73, 85
Vertrauensverlust in Psychotherapeuten 103
Verwirrung 74
Verwirrungsstrategien 144ff
Viktimisierungssyndrom 102

Wertschätzungskultur 40
Wiederholungstäter 10, 43, 48ff, 51, 71ff, 111
Wiederholungszwang 31f, 147
- der Routinetäter 67
- neurotischer 31
Wunscherfüllertypus *s. Wunscherfüllungstypus*
Wunscherfüllungstypus 67ff, 76ff, 96ff
Wutgefühle 102
Wutimpulse 114

Zerstörungsimpulse 72
Zerstörungslust 146

Literatur

Ache, E. (1995). Beratung von betroffenen Frauen – Handlungsmöglichkeiten zwischenOhnmacht, Kreativität und Konfrontationswillen. In Arbeitsgruppe Frauen gegensexuelle Übergriffe und Machtmissbrauch in Therapie und Beratung (Ed.), Übergriffeund Machtmissbrauch in psychosozialen Arbeitsfeldern, 27, 188- 201.

Aghassy, G. & Noot, M. (1987). Seksuele contacten binnen psychotherapeutische relaties. Psychotherapie (Niederlande), 6 (11).

Apfel, R. J. & Simon, B. (1985a). Patient-therapist sexual contact. I.: Psychodynamic perspectives on the causes and results. Psychotherapy and Psychosomatics 43 (2), 57-62.

Apfel, R. J. & Simon, B. (1985b). Patient-therapist sexual contact: II. Problems of subsequent psychotherapy. Psychother. Psychosom., 43, 63-68.

Arendt, H. (1995). Eichmann in Jerusalem. Ein Bericht über die Banalität des Bösen. (9thed.) München: Piper.

Armsworth, M. W. (1989). Therapy of incest survivors: Abuse or support. Child Abuse& Neglect, 13,549-562.

Armsworth, M. W. (1990). A qualitative analysis of adult incest survivors` responses to sexual involvement with therapists. Child Abuse & Neglect 14 (4), 541-554.

Arnold, E. & Retsch, A. (1991). Liebe, Sexualität und Erotik zwischen Therapeuten und Klientinnen. Verhaltenstherapie und psychosoziale Praxis, 3, 273-288.

Arnold, E., Vogt, I. & Sonntag, U. (2000). Umgang mit sexueller Attraktivität und Berichten über sexuelle Kontakte in psychotherapeutischen Beziehungen. Zeitschrift für Klinische Psychologie, Psychiatrie und Psychotherapie 48 (1), 18-35.

Bajt, T. R. & Pope, K. S. (1989). Therapist-patient sexual intimacy involving children and adolescents. American Psychologist, 455.

Bandilla, W. (1999). WWW-Umfragen – Eine alternative Datenerhebungstechnik für die empirische Sozialforschung? In B. Batinic, A. Werner, L. Gräf & W. Bandilla (Hrsg.), Online Research. Methoden, Anwendungen und Ergebnisse (S. 9-19). Göttingen: Hogrefe.

Bauriedl, T. (1992). Sexueller Missbrauch – Wie Opfer zu Tätern werden. Psychologie inder Medizin, 3 (4), 9-13.

BDP (1994). Jahresbericht 1993: Ehrengerichtsverfahren. In Berufsverband

Deutscher Psycholoinnen und Psychologen (Ed.), Report Psychologie (pp. 46-48). Bonn: Deutscher Psychologen Verlag

Becker-Fischer, M. (1995). Was hilft das Trauma verarbeiten? – Besonderheiten der Folgetherapie. In Arbeitsgruppe „Frauen gegen sexuelle Übergriffe und Machtmißbrauch in Therapie und Beratung" Oldenburg (Ed.), Übergriffe und Machtmissbrauch in der psychosozialen Arbeit

Becker-Fischer, M. & Fischer, G. (1995). Sexuelle Übergriffe in Psychotherapie und Psychiatrie. Forschungsbericht des Instituts für Psychotraumatologie Freiburg. In Bundesministerium für Familie, Senioren, Frauen und Jugend (Ed.), Materialien zur Frauenpolitik Nr. 51

Becker-Fischer, M. & Fischer, G. (1996). Sexueller Missbrauch in der Psychotherapie, was tun? Heidelberg: Asanger.

Belote, B. (1974). Sexual intimacy between female clients and male psychotherapists: Masochistic Sabotage. Unpublished doctoral dissertation, California School of Professional Psychology, Berkeley.

Ben-Ari, A. & Somer, E. (2004). The aftermath of therapist-client sex: exploited women struggle with the consequences. Clinical Psychology and Psychotherapy 11, 126-136.

Benowitz, M. S. (1991). Sexual expoitation of female clients by female psychotherapists: Interviews with clients and an comparison to women exploitated by male psychotherapists (Doctoral dissertation, University of Minnesota, 1991). Dissertation Abstracts International 52 (5-B), AAT9130138.

Berne, E. (1967). Spiele der Erwachsenen. Psychologie der menschlichen Beziehungen.Reinbek: Rowohlt (Original work published 1964).

Birck, A. (2000). Verarbeitungsprozesse nach sexualisierter Gewalt in der Kindheit. Dissertation an der Philosophischen Fakultät der Universität zu Köln.

Boatwright, D. (1989). Therapist/patient sex legislation sent to governor. Press release from the office of Senator Dan Boatwright (Ed.). State Capitol Sacramento, CA.

Bonner-Hearing (1992). Dokumentations des Öffentlichen Hearings am 19. Januar 1991 in Bonn: Sexuelle Übergriffe in der Therapie – Kunstfehler oder Kavaliersdelikt? In DGVT-Arbeitsgemeinschaft „Frauen in der psychosozialen Versorgung" (Ed.), (Tübinger Reihe; 12)

Bormann, M. & Sieg, M. (1995). Über den Missbrauch mit dem Missbrauch mit demMissbrauch. In Arbeitsgruppe Frauen gegen sexuelle Übergriffe und Machtmissbrauch in Therapie und Beratung (Ed.), Übergriffe und Machtmissbrauch in psychosozialen Arbeitsfeldern, 27, 274-297

Bouhoutsos, J. et al. (1983). Sexual intimacy between psychotherapists and patients.Professional Psychology, 14(2), 185-196.

Brown, L. S. (1988). Harmfull effects of posttermination sexual and romantic rela-tionships between therapists and their former clients. Psychotherapy, 25 (2), 249-255.

Butler, S. & Zelen, S. L. (1977). Sexual intimacies between therapists and patients. Psychotherapy: Theory, Research and Practice 14 (2), 139-145.

Calonego, B. (1995). Der Therapeut kennt keine Grenzen. Süddeutsche Zeitung, 22.4.1995,.

Cavenar, J., O. & Werman, D. S. (1983). The sex of the psychotherapist. American Journal of Psychiatry, 140 (1), 85-87.

Celenza, A. (1991). The misuse of countertransference love in sexual intimacies between therapists and patients. Psychoanalytic Psychology, 8 (4), 501-509.

Chesler, P. (1986). Sexuelle Beziehungen zwischen Patientin und Therapeut. In P. Chesler (Ed.), Frauen – das verrrückte Geschlecht? (S.134-157) (B. Stein, Trans.). Reinbek: Rowohlt. (Originalarbeit erschienen 1972).

Cremerius, J. (1984). Psychoanalytische Abstinenzregel. Vom regelhaften zum operativen Gebrauch. Psyche, 38, 769-800.

D'Addario, L. J. (1977). Sexual relations between female clients and male therapists (Doctoral Dissertation, California School of Professional Psychology, 1977). Dissertation Abtracts International 38 (10-B), AAT7732429.

Dahlberg, C. C. (1970). Sexual contact between patient and therapist. Contemporary Psychoanalysis 6, 107-124.

Dish, E. (1989). One day Workshops for female Supervisors of sexual abuse by psychotherapists. In G. R. Schoener et al. (Ed.), Psychotherapists'sexual involvementwith clients: Intervention and prevention (pp. 209-213). Minneapolis: Walk-InCounseling Center.

Dish, E. & Avery, N. (2001). Sex in the consulting room, the examining room, and the sacristy: survivors of sexual abuse by professionals. American Journal of Orthopsychiatry 71 (2), 204-217.

Dorniak, J. (2007). Sexuelle Übergriffe in Psychotherapie und Psychiatrie. Eine Befragungsstudie unter betroffenen Patienten. Unveröffentlichte Diplomarbeit am Institut für Klinische Psychologie und Psychologische Diagnostik der Universität zu Köln.

Dujovne, B. E. (1983). Sexual feelings, fantasies and acting out in psychotherapy. Psychotherapy, 20 (2), 243-250.

Ehlert, M., & Lorke, B. (1988). Zur Psychodynamik der traumatischen Reaktion. Psyche, 42 (6), 502-532.

Ellinghaus, E. & Große-Rhode, L. (1990). Plädoyer für die sexuelle Abstinenz in Therapie und Ausbildung. GwG-Zeitschrift, 79.

Feldman-Summers, S. & Jones, G. (1984). Psychological impacts of sexual contact between therapists or other health care practioners and their clients. Journal of Consulting and Clinical Psychology 52 (6), 1045-1061

Ferenczi, S. (1933). Sprachverwirrung zwischen Erwachsenen und dem Kind. Zeitschrift für Psychoanalyse, 19, 5-15.

Fischer, G. (1981). Wechselseitigkeit – Interpersonelle und gegenständliche Orientierung in der sozialen Interaktion. Bern: Huber.

Fischer, G. (1989). Dialektik der Veränderung in Psychoanalyse und Psychotherapie. Modell, Theorie und systematische Fallstudie. Heidelberg: Asanger.

Fischer, G. (1990). Die Fähigkeit zur Objektspaltung. Ein therapeutischer Veränderungsschritt bei Patienten mit Realtraumatisierung. Forum der Psychoanalyse, 6, 199-212.

Fischer, G. (1993). Arbeit und Liebe – zu Phänomenologie und Dialektik des psychoanalytischen Arbeitsbündnisses. In W. Tress & S. Nagel (Eds.), Psychoanalyse und Philosophie: Eine Begegnung. (S.115-139), Heidelberg: Asanger.

Fischer, G. (1996). Dialektik der Veränderung in Psychoanalyse und Psychotherapie. Modell, Theorie und systematische Fallstudie (2. Aufl.). Heidelberg: Asanger.

Fischer, G. (2000). Kölner Dokumentationssystem für Psychotherapie und Traumabehandlung (KÖDOPS). Much: DIPT. siehe auch www.koedops.de

Fischer, G. (2008). Logik der Psychotherapie. Philosophische Grundlagen der Psychotherapiewissenschaft. Kröning: Asanger.

Fischer, G. & Riedesser, P. (1998, 2003). Lehrbuch der Psychotraumatologie. München: UTB.

Fliegel, S. (1995). Sexuelle Übergriffe in der Therapie – Prävention durch Fort- und Weiterbildung. In Arbeitsgruppe Frauen gegen sexuelle Übergriffe und Machtmißbrauch in Therapie und Beratung (Ed.), Übergriffe und Machtmissbrauch in psychosozialen Arbeitsfeldern, 27, 175- 187.

Freud, A. (1977). Das Ich und die Abwehrmechanismen. („9th ed.). th. ed." München: Kindler.

Freud, S. (1915). Bemerkungen über Übertragungsliebe. Gesammelte Werke, 10.

Gabbard, G. O. (1994). Psychotherapists who transgress sexual boundaries with patients. Bulletin of the Menninger Clinic 58 (1), 124-135.

Gabbard, G., & Menninger, R. (1988). The psychology of the physician. Washington D.C.: American Psychiatric Press.

Gallagher, H. G. (1990). By trust betrayed. New York: Holt.

Garrett, T. & Davis, J. (1994). Epidemiology in the U. K. In D. Jehu (Ed.), Patients as victims. Sexual Abuse in Psychotherapy and Counselling (pp.37-58). Chichester: Wiley.

Gartrell, N. et al. (1989). Sexual abuse of patients by therapists: Strategies for offender management and rehabilitation. Legal implications of hospital policies and practices, 41,55-65. Gartrell, N. et al. (1986). Psychiatrist-patient sexual contact: Results of a national survey. I. Prevalence. Am. J. Psychiatry, 143 (9), 1126-1131.

Gartrell, N., Herman, J., Olarte, S., Feldstein, M. & Localio, R. (1987). Reporting practices of psychiatrists who knew of sexual misconduct by colleagues. American Journal of Orthopsychiatry 57 (2), 287-295.

Giovazolias, T. & Davis, P. (2001). How common is sexual attraction towards clients? The experiences of sexual attraction of counselling psychologists toward their clients and its impact on the therapeutic process. Counselling Psychology Quarterly 14 (4), 281-286.

Gonsiorek, J. C. (1987). Intervening with psychotherapists who sexually exploit clients. In P. A. Keller (Ed.), Innovations in clinical practice – a source book (Vol. 6, pp. 417-427). o.O.:Gonsiorek, J. C. (1989). Working therapeutically with therapists who have become

sexually involved with clients. In G. R. Schoener et al. (Ed.), Psychotherapists'-sexual involvement with clients: Intervention and prevention (pp. 421-433). Minneapolis: Walk-In Counseling Center.

Gonsiorek, J. C. (1990). Sexual exploitation by psychotherapists: Some observations an male victims and sexual orientation issues. In G. R. Schoener (Ed.), Psychotherapists'involvement with clients: Intervention and prevention (pp. 113-120). Minneapolis: Walk-In Counseling Center.

Gutheil, T. G. (1989). Borderline personality disorder, boundary violations and patient-therapist sex: medicolegal pitfalls. American Journal of Psychiatry 146 (5), 597- 602.

Herman, J. L. & Kolk, B. A. v. d. (1987). Traumatic antecedents of borderline personalitydisorder.

Herman-Lewis, J. et al. (1987). Psychiatrist-patient sexual contact: Results of a National Survey, II. Psychiatrists' Attitudes. American Journal of Psychiatry,

144 (2), 164-169. Heuft, G. (1990). Bedarfes eines Konzepts der Eigenübertragung? Forum Psychoanalyse, 6, 299-315

Heyne, C. (1991). Tatort Couch. Sexueller Missbrauch in der Therapie. Zürich: Kreuz.

Heyne, C. (1994). Verführung, Manipulation, Rechtfertigung – Konstanten im Verhalten sexuell Missbrauchender Therapeuten? In K. M. Bachmann & W. Böker (Eds.), Sexueller Missbrauch in Psychotherapie und Psychiatrie (pp. 105-122). Bern: Huber.

Heyne, C. (1995). Tatort Couch. Sexueller Mißbrauch in der Therapie. Ursachen, Fakten, Folgen und Möglichkeiten der Verarbeitung. Frankfurt a. M.: Fischer

Heyne, C. (1995). Grenzverletzungen in Therapie und Beratung: Typische Abläufe von Machtmissbrauch und Manipulation. In Arbeitsgruppe „Frauen gegen sexuelle Übergriffe und Machtmissbrauch in psychosozialen Arbeitsfeldern (Ed.), Übergriffe und Machtmissbrauch in psychosozialen Arbeitsfeldern, 27, 55-76

Hinckeldey, S. & Fischer, G. (2002). Psychotraumatologie der Gedächtnisleistung. München: Reinhardt.

Hirsch, M. (1994). Realer Inzest. Psychodynamik des sexuellen Mißbrauchs in der Familie 3., überarb. und aktual. Aufl.). Berlin: Springer.

Holderegger, H. (1993). Der Umgang mit dem Trauma. Stuttgart: Klett-Cotta.

Holroyd, J. & Bouhoutsos, J. (1985). Biased reporting of therapist-patient sexual intimacy. Professional Psychology, 16 (5), 701-709.

Holroyd, J. C & Brodsky, A. M. (1977). Psychologists'attitudes and practices regarding erotic and nonerotic physical contact with patients. American Psychologist, (October), 843-849.

Horowitz, M. J., Wilner, N. & Alvarez, W. (1979). Impact of event scale: A study o subjective stress. Psychosomatic Medicine, 41 (3), 209-218.

Hütter, B. O. (1994). Wahrnehmung, Belastungswirkung und Bewältigung von invasiven Eingriffen in Kardiologie und Herzchirurgie. Weinheim: Deutscher Studienverlag.

Jackson, H. & Nuttall R. L. (2001). A relationship between childhood sexual abuse and professional sexual misconduct. Professional Psychology: Research and Practice, 32 (2), 200-204.

Janoff-Bulman, R. (1992). Shattered assumptions. Towards a new psychology of trauma. New York.: Free Press.

Jerouschek, G. (Hrsg.) (2004). Psychotherapeutengesetz. PsychThG. Gesetz über die Berufe des psychologischen Psychotherapeuten und des Kinder- und Jugendlichenpsychotherapeuten, zur Änderung des fünften Buches Sozialgesetzbuch und anderer Gesetze. Kommentar. München: Beck.

Kardener, S. H., Fuller, M. & Mensh, I. N. (1973). A survey of physicians attitudes and practices regarding erotic and nonerotic contact with patients. Am. J. Psychiatry, 130 (10), 1077-1081.

Kassenärztliche Bundesvereinigung (2002). Grunddaten zur vertragsärztlichen Versorgung in Deutschland 2002. [Online Dokument]. URL http://www.kbv.de/publikationen/125.html [21.06.07].

Kassenärztliche Bundesvereinigung (2004). Grunddaten zur vertragsärztlichen Versorgung in Deutschland 2004. [Online Dokument]. URL http://www.kbv.de/publikationen/125.html [21.06.07].

Kernberg, O. (1978). Borderline-Störungen und pathologischer Narzißmus. Frankfurt: Suhrkamp (Orig. 1975).

Kluft, R. P. (1989). Treating the patient who has been sexually exploited by a previoustherapist. Psychiatric Clinics of North America, 12 (2) 483-500.

Kotter, H., Reschke, K. & Kranich, U. (2000). Wie gehen PsychotherapeutInnen in den Neuen Bundesländern mit berufsethischen Standards zum Thema „Sexualität in der Psychotherapie" um? Verhaltenstherapie und psychosoziale Praxis 32 (4), 663-672.

Kottje-Birnbacher, L. (1994). Übertragungs- und Gegenübertragungsbereitschaften von Männern und Frauen. Psychotherapeut 39, 33-39.

Krenz, A. (1990). Der Kronprinz am Hofe – sexualisierte Beziehungen als gelebte, aber nicht thematisierte Tabus in der Ausbildung. GwG-Zeitschrift, 79, 116-121.

Kruschitz, W. (1995). Macht und Missbrauch in der Psychoanalyse. In Institut für Psychotherapie und Psychoanalyse (Ed.), Psychoanalyse im Widerspruch (Vol. 13,pp. 22-26). Heidelberg: Selbstverlag.

Krutzenbichler, H. S. (1991). Die Übertragungsliebe. Recherchen und Bemerkungen zueinem „obszönen" Thema der Psychoanalyse. Forum der Psychoanalyse, 7 (4), 291-303.

Lamb, D. H., Catanzaro, S. J. & Moorman, A. S. (2003). Psychologists reflect on their sexual relationships with clients, supervisees, and students: Occurrence, impact, rationales, and collegial intervention. Professional Psychology: Research and Practice 34 (1), 102-107.

Lifton, R. J. (1986). The nazi doctors: Medical killing and the psychology of genocide. New York: Basic Books.

Lindsay, P. H. & Norman, D. A. (1981). Einführung in die Psychologie: Informationsaufnahme und -Verarbeitung beim Menschen. Berlin: Springer (Original workpublished 1977).

List, A. (1989). A first experience in co-facilitating a group for victims. In G. R. Schoener et al. (Ed.), Psychotherapists'sexual involvement with clients: Intervention and prevention (pp. 195-200). Minneapolis: Walk-In Counseling Center.

Löw-Beer, M. (1990). Selbsttäuschung. Freiburg: Alber.

Luepker, E. T. (1995). Helping direct and associate victims to restore connections after practitioners sexual misconduct. In J. Gonsiorek (Ed.), The Breach of Trust (pp. 112-128). Thousand Oaks, Calif.: Sage.

Luepker, E. T. (1999). Effects of practioners` sexual misconduct: a follow-up study. Journal of the American Academy of Psychiatry and Law 27 (1), 51-63.

Luepker, E. T. & O'Brien, M. (1989). Support groups for spouses. In G. R. Schoener et al. (Ed.), Psychotherapists'sexual involvement with clients: Intervention and prevention (pp. 241-244). Minneapolis: Walk-In Counseling Center.

Marmor, J. (1972). Sexual acting out in psychotherapy. American Journal of Psychoanalysis, 22, 3-8.

Marmor, J. (1976). Some psychodynamic aspects of the seduction of patients in psychotherapy. American Journal of Psychoanalysis, 36, 319-323.

McCartney, J. (1966). Overt Transference. Journal of Sex Research, 2, 227-237.

Menninger, W. (1991). Identifying, evaluating and responding to boundary violations: A risk management program. Psychiatric Annals, 21, 675-680.

Meyer, A. E. et al. (Eds.) (1991). Forschungsgutachten zu Fragen eines Psychotherapeutengesetzes. Bonn: Bundesministerium f. Jugend, Familien, Frauen und Gesund-heit.

Milgrom, J. H. (1989). Secondary victims of sexual exploitation by counselors and therapists: Some observations. In G. R. Schoener et al. (Ed.), Psychotherapists' sexual involvement with clients: Intervention and prevention (pp. 235-240). Minneapolis: Walk-In Counseling Center.

Moggi, F., Bossi, J. & Bachmann, K. M. (1994). Sexuelle Kontakte zwischen Pflegepersonal und Patientinnen in psychiatrischen Kliniken. In K. M. Bachmann & Wolfgang Böker (Eds.), Sexueller Missbrauch in Psychotherapie und Psychiatrie (pp. 73-90). Bern: Huber.

Moggi, F. & Brodbeck, J. (1997). Risikofaktoren und Konsequenzen von sexuellen Übergriffen in Psychotherapie. Zeitschrift für Klinische Psychologie, 26 (1), 50-57.

Nicola, M. (1991). Möglichkeiten der Verarbeitung des Missbrauchs. In C. Heyne (Ed.), Tatort Couch (pp. 165-168). Zürich: Kreuz.

Notman, M. T. & Nadelson, C. C. (1999). Psychotherapy with patients who have had sexual relations with a previous therapist. In J. D. Bloom, C. C. Nadelson & Notman, M. T. (Eds.), Physician sexual misconduct (pp. 247-262). Washington D. C.: American Psychiatric Press.

Ochberg, F. M. (1993). Posttraumatic therapy. In J. P. Wilson & B. Raphael (Eds.), International handbook of traumatic stress Syndroms (pp. 773-785). New York: Plenum Press.

Ott, R. & Eichenberg, C. (Hrsg.) (2003). Klinische Psychologie und Internet. Potenziale für klinische Praxis, Intervention, Psychotherapie und Forschung. Göttingen: Hogrefe.

Piegler, T. (2003). Macht, Ohnmacht und Machtmissbrauch in psychotherapeutischen Beziehungen. Psychotherapie Forum 11 (3), 106-112.

Pintér, E. (1995). Nähe und Distanz in der Psychotherapie. Zürich: Satyr.

Pohlmann, A. (1985). Die Zulassung zur psychoanalytischen Ausbildung. Eine historische und empirische Studie. Material zur psychoanalytisch und analytisch orientierten Psychotherapie (Vol. 8). Göttingen: Vandenhoeck und Ruprecht.

Pope, K., Keith-Spiegel, P. C. & Tabachnik, B. G. (1986). Sexual attraction to clients. American Psychologist, 41, 147-158.

Pope, K. S. (1987). Preventing therapist-patient sexual intimacy: Therapy for a therapist at risk. Professional Psychology, 18 (6), 624-628.

Pope, K. S. (1989). Rehabilitation of therapists who have been sexually intimate with a patient. In G. O. Gabbard (Ed.), Sexual exploitation in professional relationships (pp. 129-136). Washington, DC..Pope, K. S. (1989). Therapists who become sexually intimate with a patient: Classifications, dynamics, recidivism and rehabilitation. Independent Practitioner, 9, 28-34.

Pope, K. S. (1990). Therapist-patient sex as sex abuse: Six scientific, professional and practical dilemmas in adressing victimization and rehabilitation. Professional Psychology, 21 (4), 227-239.

Pope, K. S. (1991). Dual relationship in psychotherapy. Ethics and Behavior, 1, 21-34.

Pope, K. S. (1994). Sexual involvement with therapists. Patient assessment, subsequent therapy, forensics. Washington, DC: American Psychological Association.

Pope, K. S. & Bouhoutsos, J. C. (1992). Als hätte ich mit einem Gott geschlafen -Sexuelle Beziehungen zwischen Therapeuten und Patienten. Hamburg: Hoffmann und Campe (Original work published 1986).

Pope, K. S. & Feldman-Summers, S. (1992). National survey of psychologists'- sexual and physical abuse history and their evaluation of training and competence in these areas. Professional Psychology, 23, 353-361.

Pope, K. S., Levenson, H. & Schover, L. R. (1979). Sexual intimacy in psychologytraining: Results and implications of a national survey. Am. Psychologist, 34, 682-689.

Pope, K. S. & Tabachnick, B. G. (1993). Therapists` anger, hate, fear, and sexual feelings: National survey of therapist responses, client characteristics, critical events, formal complaints, and training. Professional Psychology: Research and Practice 24 (2), 142-152.

Pope, K. S. & Vetter, V. A. (1991). Prior therapist-patient sexual involvement among patients seen by psychologists. Psychotherapy, 28,429-438.

Reschke, K. & Kranich, U. (1996). Sexuelle Gefühle und Phantasien in der Psychotherapie. Verhaltenstherapie und psychosoziale Praxis 28 (2), 251-271.

Reschke, K., Köhler, M. F. & Kranich, U. (1999). Wie stabil sind Umgangsmuster mit sexueller Attraktivität und Kontakten in der Psychotherapie? Verhaltenstherapie und psychosoziale Praxis 4, 551-570.

Reimer, C. (1990). Abhängigkeit in der Psychotherapie. Praxis der Psychotherapie und Psychosomatik, 35, 294-305.

Rodolfa, E., Hall, T., Holms, V., Davena, A., Komatz, D., Antunez, M. & Hall, A. (1994). The management of sexual feelings in therapy. Professional Psychology: Research and Practice 25 (2), 168-172.

Rückert, S. (2006). Gequält, begafft, vergessen. Die Zeit vom 16.11.2006 [Online Dokument]. URL http://www.zeit.de/2006/47/Opfer [20.11.06].

Rummelhart, D. E. (1978). Schemata: The building blocks of Cognition. La Jolla Chip Report.

Rutschky, K. (1994). Sexueller Missbrauch als Metapher. Über Krisen der Intimität in modernen Gesellschaften oder vom Umschlag der Aufklärung in Mythologie. In K. Rutschky & R. Wolff (Eds.), Handbuch Sexueller Missbrauch (pp. 13-31). Hamburg: Klein.

Rutter, P. (1991). Verbotene Nähe – Wie Männer mit Macht das Vertrauen von Frauen missbrauchen. Düsseldorf: Econ.

Ryan, W. (1971). Blaming the victim. NY: Pantheon.

Sartre, J. P. (1960; dt. 1967). Kritik der dialektischen Vernunft. Reinbek: Rowohlt.

Scharrelmann, D. (1998). Psychotherapeutischer Mißerfolg. Unveröffentlichte Diplomarbeit, Universität zu Köln.

Schmidbauer, W. (1983). Helfen als Beruf. Reinbek: Rowohlt.

Schmidbauer, W. (1997). Wenn Helfer Fehler machen. Reinbek: Rowohlt.

Schneider, P. (2007). Multiplentherapie. Konzepe, Materialien und ernste Spiele für eine integrative Praxis. Kröning: Asanger.

Schoener, G. (1991). Use of videotape, role play, and experiential exercises. Symposium: Therapist-client sex: Approaches to preventive education. Annual Convention of the American Psychological Association.

Schoener, G. & Milgrom, J. H. (1989). False or misleading complaints. In G. Schoener et al. (Ed.), Psychotherapists' sexual involvement with clients: Intervention and prevention (pp. 147-155). Minneapolis: Walk-In Counseling Center.

Schoener, G. R. (1984). Processing complaints of therapist sexual misconduct. Los Angeles: Symposium: Sexual Contact between therapist and patient.

Schoener, G. R. (1989). Supervision of therapists who have sexually exploited clients. In G. R. Schoener et al. (Ed.), Psychotherapists'sexual involvement with clients: Intervention and prevention (pp. 435-446). Minneapolis: Walk-In Counseling Center.

Schoener, G. R. (1990). Frequent mistakes made when working with victims of sexual misconduct by Professionals. Minnesota Psychologist, (Sept.), 5-6.

Schoener, G. R. (1993). Common errors in treatment of victims/ survivors of sexual misconduct by Professionals. New Zealand: Delwich-Center-Newsletter.

Schoener, G. R. (1994). Rehabilitation of Professionals who have sexually touched clients. In Schwebel, M. et al. (Ed.), Assisting impaired psychologists. Washington, DC: Practice Directorate, APA.

Schoener, G. R. & Conroe, R. M. (1989). The role of supervision and case consultation in primary prevention. In G. R. Schoener et al. (Ed.), Psychotherapists'sexual involvement with clients: Intervention and prevention (pp. 477-493). Minneapolis: Walk-In Counseling Center.

Schoener, G. R. & Gonsiorek, J. C. (1989). Assessment and development of rehabilitation plans for the therapist. In G. R. Schoener et al. (Ed.), Psychotherapists'sexual involvement with clients: Intervention and prevention (pp. 401-420). Minneapolis: Walk-In Counseling Center.

Schoener, G. R. & Milgrom, J. H. (1987). Helping clients who have been abused by therapists. In Keller, P. A. et al. (Ed.), Innovations in clinical practice (Vol. 6).

Schoener, G. R. & Milgrom, J. H. (1989). Processing sessions. In G. R. Schoener et al. (Ed.), Psychotherapists'sexual involvement with clients: intervention and prevention (pp. 345-358). Minneapolis: Walk-In Counseling Center.

Schoener, G. R., Milgrom, J. H. & Gonsiorek, J. (1990). Therapeutic responses to clients who have been sexually abused by psychotherapists. In G. R. Schoener (Ed.), Psychotherapists´ sexual involvement with clients: Intervention and prevention (pp. 95-112). Minneapolis: Walk-In Counseling Center.

Schoener, G. R., Milgrom, J. H., Gonsiorek, J. C, Luepker, E. T. & Conroe, R. M. (1989). Psychotherapists' sexual involvement with clients: Intervention and prevention.. Minneapolis: Walk-In Counseling Center.

Scholich, B. (1992). Frühkindlicher sexueller Missbrauch und Psychotherapie. Zeitschrift Individualpsychologie, 17, 102-110.

Schultz-Hencke, H. (1940, 1989). Der gehemmte Mensch: Entwurf eines Lehrbuches der Neo-Psychoanalyse. Thieme: Stuttgart.

Schuppli-Delpy, M. & Nicola, M. (1994). Folgetherapien mit in Psychotherapie mißbrauchten Patientinnen. In K. M. Bachmann & W. Böker (Eds.), Sexueller Missbrauch in Psychotherapie und Psychiatrie (pp. 123-138). Bern: Huber.

Seligman, M. E. P. (1986). Erlernte Hilflosigkeit. Weinheim: Psychologie Verlagsunion.

Sex auf der Couch (1991). [Umfrage des Münchner Instituts für Rationale Psychologie (GRP) bei ehemaligen Psychotherapiepatientinnen]. Petra, (9), 185 ff.

Simon, R. (1989). Sexual exploitation of patients: How it begins before it happens. Psychiatric Annals, 19 (2), 104-112.

Smith, S. (1984). The sexually abused patient and the abusing therapist: A study in sadomasochistic relationships. Psychoanalytic Psychology, 89-98.

Sollmann, U. (1994). Begierige Verbote – Sexueller Missbrauch – Therapie – Schamlose Beziehungen. Zürich: Orell-Füssli.

Somer, E. & Saadon, M. (1999). Therapist-client sex: clients' retrospective reports. Professional Psychology: Research and Practice 30 (5), 504-509.

Somer, E. & Nachmani, I. (2005). Constructions of therapist-client sex: a comparative analysis of retrospective reports. Sexual Abuse: A Journal of Research and Treatment 17 (1), 47-62.

Sonne, J. et al. (1985). Clients reactions to sexual intimacy in therapy. American Journalof Orthopsychiatry, 55 (2), 183-189.

Sonne, J. L. & Pope, K. S. (1991). Treating victims of therapist-patient sexual involvement. Psychotherapy, 28 (1), 174-187.

Sonntag, U. (1995). Früh übt sich ... – die Rolle der Aus- und Weiterbildung für den verantwortlichen Umgang mit Macht und Grenzen. In Arbeitsgruppe Frauen gegen sexuelle Übergriffe und Machtmissbrauch in Therapie und Beratung (Ed.), Übergriffe und Machtmissbrauch in psychosozialen Arbeitsfeldern, 27, 159-174.

Stake, J. E. & Oliver, J. (1991). Sexual contact and touching between therapist and client: A survey of psychologists' attitudes and behavior. Professional Psychology: Research and Practice 22 (4), 297-307.

StGB. Strafgesetzbuch. (42. Aufl.). (2006). München: dtv.

Straker, G. (1990). Seelische Dauerbelastung als traumatisches Syndrom – Möglichkeiten des einmaligen therapeutischen Gesprächs. Psyche, 44 (2), 144-163.

Strasburger, L. et al. (1992). The prevention of psychotherapist sexual misconduct: Avoiding the slippery slope. American Journal Psychotherapy, 46 (4), 544-555.

Strupp, H. et al. (1977). Psychotherapy for better or worse. New York: Aronson.

Thorne, B. E. et al. (1993). Sexual misconduct in psychotherapy: Reactions to a consumer-oriented brochure. Professional Psychology, 24 (1), 75-82.

Tschan, W. (2005). Missbrauchtes Vertrauen. Sexuelle Grenzverletzungen in professionellen Beziehungen. Ursachen und Folgen (2., neu bearb. und erw. Aufl.). Basel: Karger.

Twemlow, S. W. & Gabbard, G. O. (1989). The lovesick therapist.. In G. O., Gabbard (Ed.), Sexual exploitation in professional relationships (pp. 71-89). Washington, DC: American Psychiatric Press.

Ulanov, A. B. (1979). Folow-up treatment in cases of patient/ therapist sex. Journal American Psychoanalysis, 7 (1), 101-110.

van Eimeren, B. & Frees, B. (2006). ARD/ZDF-Online-Studie 2006. Schnelle Zugänge, neue Anwendungen, neue Nutzer? media perspektiven, 8, 2006, 402-415. [Online Dokument]. URLhttp://www.daserste.de/service/ardonl06.pdf [18.03.2007].

Vinson, J. S. (1987). Use of complaint procedures in cases of therapist-patient sexual contact. Professional Psychology: Research and Practice 18 (2), 159-164.

Vogt, L. & Arnold, E. (1993). Sexuelle Übergriffe in der Therapie. Tübingen: DGVT-Verlag.

Walker, L. E. A. (1989). Psychology and violence against women. American Psychologist, 44, 695-702.

Walker, L. E. A. (1994). Abused women and survivor therapy: A practical guide for the psychotherapist. Washington, DC: American Psychological Association.

Walter, U. (1990). Verführung und Entfremdung. Wo Es war, kann nicht Ich werden. Von der Zerstörbarkeit der Wünsche im psychoanalytischen Prozess. Unveröffentlichtes Vortragsmanuskript (Vortrag gehalten am 14.9.1990 im Rahmen des Zyklus „Verführung" am Psychoanalytischen Seminar Basel).

Wirtz, U. (1990). Seelenmord. Inzest und Therapie. Zürich: Kreuz.

Wohlberg, J. W., McCraith, D. B. & Thomas, D. R. (1999). Sexual misconduct and the victim/survivor: A look from the inside out. In J. D. Bloom, C. C. Nadelson & M. T. Notman (Eds.), Physician Sexual Misconduct (pp. 181-204). Washington D. C.: American Psychiatric Press.

Anhang

Kontaktadressen für Betroffene

Betroffene, die sich mit anderen vernetzen möchten und/oder als *regionale* Ansprechpartnerinnen bzw. Ansprechpartner zur Verfügung stellen wollen, wenden sich bitte an info@misbruikdoorhulpverleners.nl
Unter http://www.misbruikdoorhulpverleners.nl existiert eine umfangreiche *niederländische Internetseite* zur Problematik. Die Informationen für Betroffene sind teilweise auch in deutscher Sprache aufbereitet.

Kontaktadressen für Psychotherapeuten

Therapeutischen Kollegen, die sich als regionale Ansprechpartner für Betroffene zur Verfügung stellen möchten und/oder bereit sind, Folgetherapien zu übernehmen, wenden sich bitte an:

Deutsches Institut für Psychotraumatologie (DIPT e.V.), Springen 26, 53804 Much, Fax-Nr. 02245 / 919410;
E-mail: info@psychotraumatologie.de

Dokumentationssystem

Sollten Sie bereits über Erfahrungen mit Folgetherapien verfügen, wären wir Ihnen dankbar, wenn Sie außerdem bereit wären, diese zu dokumentieren. Als Dokumentationsinstrument dient das Kölner Dokumentationssystem für Psychotherapie und Traumabehandlung (KÖDOPS, www.koedops.de), das Ihnen zu diesem Zweck kostenfrei zur Verfügung gestellt wird.

Nähere Informationen zu Teilnahmemodalitäten an dem Forschungsprojekte „Folgetherapien von in der Psychotherapie sexuell missbrauchten Patientinnen und Patienten" erhalten Sie per E-mail unter:

eichenberg@uni-koeln.de.

Die Daten werden selbstverständlich anonym i.S. der *datenschutzrechtlichen Bestimmungen* ausgewertet. Sie dienen der weiteren wissenschaftlichen Evaluation von Folgeschäden und Regeln für Folgetherapien im Rahmen des Forschungsprojekts.

Psychotraumatologie
Psychotherapie
Psychoanalyse

Herausgegeben von
PD Dr. phil. Rosmarie Barwinski
PD Dr. med. Robert Bering
Prof. Dr. Gottfried Fischer
Prof. Dr. León Wurmser

Band XIX: Claus Henning Bachmann (2008). Freiheitsberaubung. Eine Vatersuche: Die Spur führt nach Auschwitz. 210 S., 25.50 Euro (497-0)

Band XVIII: Monika Becker-Fischer und Gottfried Fischer, unter Mitarbeit von Christiane Eichenberg (2008, 2. völlig neu bearb. Aufl.). Sexuelle Übergriffe in Psychotherapie und Psychiatrie. Orientierungshilfen für Therapeut und Klientin. 220 S., 25.50 Euro (460-4)

Band XVII: Brigitte Dennemarck-Jaeger (2008). Der ungehörte Schrei. Ingeborg Bachmanns Roman Malina und seine Interpreten – eine psychotraumatologische Studie. 194 S., 24.50 Euro (498-7)

Band XVI: Ruthard Stachowske (2008). Sucht und Drogen im ICF-Modell. Genogramm-Analysen in der Therapie von Abhängigkeit. 400 S., 39.50 Euro (478-9)

Band XV: Silke Birgitta Gahleitner und Connie L. Gunderson (Hrsg.) (2008). Frauen – Trauma – Sucht. Neue Forschungsergebnisse und Praxiserfahrungen. 200 S., 24.50 Euro (493-2)

Band XIV: Robert Bering (2007). Suizidalität und Trauma. Diagnostik und Intervention zur Vorbeugung suizidaler Erlebniszustände. 200 S., 25.50 Euro (462-4)

Band XIII: Katrin Boege und Rolf Manz (Hrsg.) (2007). Traumatische Ereignisse in einer globalisierten Welt. Interkulturelle Bewältigungsstrategien, psychologische Erstbetreuung und Therapie. 230 S., 22.- Euro (483-3)

Band XII: Manfred Krampl (2007). Einsatzkräfte im Stress. Auswirkungen von traumatischen Belastungen im Dienst. 230 S., 25.- Euro (486-4).

Band XI: Robert Bering und Luise Reddemann (Hrsg.) (2007). Jahrbuch Psychotraumatologie 2007. Schnittstellen von Medizin und Psychotraumatologie. 144 S., 19.50 Euro (475-8).

Band X: Renate Hochauf (2007). Frühes Trauma und Strukturdefizit. Ein psychoanalytisch-imaginativ orientierter Ansatz zur Bearbeitung früher und komplexer Traumatisierungen. 290 S., 29.- Euro (485-7).

Band IX: Monika Götz-Goerke (2007). Psychoanalytische Therapie mit früh traumatisierten Patienten. Innere und gemalte Bilder als therapeutischer Zugangsweg bei gravierenden und kumulativen Mikrotraumata der Kindheit. 280 S., 29.- Euro (470-5).

Band VIII: Mats Mehrstedt (2007). Zahnbehandlungsängste. Analyse empirischer Forschungsergebnisse aus der Literatur und Untersuchungsergebnisse aus der Praxis. 242 S., 23.- Euro (479-6).

Band VII: Angelika Birck (2006, 3. Aufl.).Traumatisierte Flüchtlinge – Wie glaubhaft sind ihr Aussagen? 164 S., 17.- Euro (376-8).

Band IV: Maria Pia Andreatta (2006). Erschütterung des Selbst- und Weltverständnisses durch Traumata. Auswirkungen von primärer und sekundärer Traumaexposition auf kognitive Schemata. 330 S., 29.- Euro (458-1).

Band V: Gottfried Fischer (2005). Konflikt, Paradox und Widerspruch. Ausstieg aus dem Labyrinth – für eine dialektische Psychoanalyse. 185 S., 19.- Euro (434-5).

Band IV: Rosmarie Barwinski (2005). Traumabearbeitung in psychoanalytischen Langzeitbehandlungen. Einzelfallstudie und Fallvergleich auf der Grundlage psychotraumatologischer Konzepte und Modelle. 360 S., 39.- Euro (425-3).

Band III: Gaby Breitenbach und Harald Requardt (2005, 2. Aufl.). Psychotherapie mit entmutigten Klienten. Therapeutische Herausforderungen. 250 S., 29.- Euro (438-3)

Band II: Gottfried Fischer und Christiane Eichenberg (Hg.) (2005). Jahrbuch Psychotraumatologie 2005. Traumabehandlung in der tiefenpsychologischen und analytischen Psychotherapie. 182 S., 19.- Euro (440-6).

Band I: Doris Denis (2004). Die Angst fährt immer mit ... Wie Lokführer traumatisierende Schienenunfälle bewältigen. 280 S., 29.- Euro (423-9).